21世纪高职高专规划教材·汽车运用与维修系列

汽车发动机电控技术实训教程

主　编　杨洪庆　张凤云

中国人民大学出版社
·北京·

21 世纪高职高专规划教材·汽车运用与维修系列

编委会

出版说明

进入21世纪以来，随着我国汽车工业的迅猛发展和人民生活水平的不断提高，随着公路运输设施和城市基础设施建设投资的迅速增加，以及政府鼓励汽车消费政策的逐步实施，我国汽车保有量迅速增长。目前，我国汽车数量每年以两位数的增长率递增，据此，预计仅汽车维修业近两年就将新增80万从业人员，其中大部分从业人员需要接受职业教育与培训。中国人民大学出版社经过充分的市场调研，策划出版了这套高职高专汽车运用与维修专业的系列教材。

本套教材紧密贴近我国高职教学改革的实际，力求体现以下几个特点。

1. 以企业需求为基本依据，以就业为导向

教材的编写以就业为导向，以能力为本位，能够满足企业的工作需求，提高学生学习的主动性和积极性。我们对每本书的主编精心遴选，除了要求主编必须是高职院校的骨干教师外，还要求他们有在一线汽车相关企业的工作经验或实验实训经历，确保教材的内容既能紧密贴合教学大纲，又能准确把握市场需求、加强实践操作环节内容。

2. 适应汽车企业技术发展，体现教学内容的先进性和前瞻性

本套教材关注我国汽车制造和维修企业的最新技术发展，通过校企合作编写的形式，及时调整教材内容，突出本专业领域的新知识、新技术、新工艺和新方法，克服旧教材存在的内容陈旧、更新缓慢、片面强调学科体系完整、不能适应企业发展需要的弊端。每本教材结合专业要求，使学生在学习专业基本知识和基本技能的基础上，及时了解、掌握本领域的最新技术及相关技能，实现专业教学基础性与先进性的统一。

3. 教材内容按模块化形式编写

教材力求摆脱学科课程旧思想的束缚，从岗位需求出发，尽早让学生接触实践操作内容。根据具体的专业情况，有的是每本书一个模块，有的是每本书分为多个模块，每部分内容都以工作岗位所需要的技能展开。

4. 跨区域开发、整合多方优势

由于我国幅员辽阔，各地区经济发展都具有不同的地域特点，而作为与经济建设密切相关的职业教育也必然存在区域间的差异。为了打造出一套适用性强、博采众长的教材，我们在教材的策划阶段，即与不同区域的众多开设汽车相关专业的高职院校取得了联系，并进行了深入调研，经过反复研讨后确定了具体的编写大纲。教材在编写过程中得到了辽宁交通高等专科学校、承德石油高等专科学校、长春汽车工业高等专科学校、内蒙古交通职业技术学院、河南交通职业技术学院、河北交通职业技术学院、广东轻工职业技术学院等二十多家职业院校的参与与大力支持。

5. 教材配备完善的立体化教学资源

本系列教材在研发的同时，希望能够在相关课件的开发制作方面做出自己的特色，从而提升教材的核心竞争力。通过对市场的前期调研，我们对目前已经出版的相关教材配套

课件情况进行了分析，针对目前同类产品存在的不足，制定了专业基础课教材课件完整、专业主干课教材演示视频丰富、全系列教材教学资源整合形成网上资源平台的策划思路，力求使本套教材成为真正的立体化教材。

本套教材在编写过程中，除了得到多所高职院校的帮助外，《汽车维修技师》、辽宁省交通高等专科学校汽车研究所、辽宁鑫迪汽车销售服务有限公司、大连新盛荣汽车销售服务有限公司、辽宁宝时汽车销售服务有限公司、安徽宝德汽车维修有限公司等在技术和资料方面给予了很多支持，在此表示衷心的感谢。

希望本套教材的出版能够为高职高专院校汽车运用与维修专业的教学工作起到积极的促进作用，也欢迎本套教材的使用者针对教材中存在的不足提出宝贵的建议。

中国人民大学出版社

前言
Preface

随着汽车的逐步电子化，传统的维修设备和检测手段已满足不了新的检测需求。因而各种现代化的检测诊断仪器、设备和新的维修技术也应运而生。这就对汽车维修人员提出了更新、更高的要求，除了需要掌握传统的机械维修技术外，还必须掌握现代的电子维修技术。目前，汽车电子控制方面的教材已经有多种版本，也很系统和完整了，但是，相应的实训指导教材却寥寥无几。这个原因很多，比如：汽车车型发展太快，各学校实训条件差距大，资料少等，重要的是真正有维修和实训经验的人员，很难有机会参与教材的编写。因此，我们组织了一些具有维修和实训经验的人员编写了本书，解决了教材与实际维修脱节的问题。

本教材内容本着思路清晰、方法实用、易学易用的思想进行编写。根据不同的实训内容，给出了参考实训学时和实训目标，同时，给出了整个实训流程及内容、时间安排。这样，参加实训的学生和教师都会很容易知道本次实训的全过程及时间安排等。另外，实训教师可以根据本学校的条件在内容和时间上做些调整。

本教材明确指出了实训学生应知应会的理论知识。同时，给出了很多且非常典型的故障案例，实训教师可以根据实际情况设置故障或模拟客户，然后由学生独立完成任务，再让学生把实训时的实际资料和信息填写在实训记录单中，最后由实训教师对每个学生的实训能力给出评语和成绩。通过这样的学习，学生会很快掌握汽车故障诊断与维修的实际能力。

本教材由杨洪庆、张凤云主编，参与编写的人员有杨智勇、孙涛、王立刚、黄宜坤、郭大民、曲昌辉、王丽梅、张义、李培军、张劲松、马成、李政等。

由于编者水平有限，书中难免有疏漏和不足之处，恳请同行专家和广大读者批评指正。

2011年1月

目录

Contents

实训一

气缸压力的检测

实训计划

实训能力目标	内容及时间安排（分钟）		建议学时
1. 掌握气缸压力表的使用方法。 2. 掌握气缸压力的检测过程。 3. 能正确分析发动机各缸压缩压力值，并准确做出判断，找出故障原因。	实训准备工作的检查及实训安全工作的说明	10	4学时 (200分钟)
	组织学生讨论气缸压力检测的基本流程	10	
	指导学生用气缸压力表测试气缸压力	40	
	组织学生讨论气缸压力的测试过程	20	
	指导学生用测试仪测试起动电流	40	
	检验学生操作压力表、测试仪的能力	30	
	组织学生讨论起动电流的测试过程	20	
	学生完成记录单	15	
	教师总结及信息反馈	15	

实训过程

实训准备阶段

一、教师准备工作

教师在实训前准备试验发动机一台、压力表、气缸压力测试仪、安全护目镜、空气压缩机、气枪、常用工具等。

二、学生准备工作

（1）掌握与实训车型相关的气缸压力测试理论知识及测试标准。

（2）了解本次实训课所用仪器及设备的使用方法。

指导学生实训阶段

一、用气缸压力表测量气缸压力

1. 气缸压缩压力的测量方法

气缸压力表的类型很多，但结构和原理基本相同，如图1—1所示。一般由表头、导管、单向阀和接头等组成。其测量气缸压缩压力的方法及步骤如下：

（1）起动发动机，将水温升高到80℃以上。

（2）停机后，拆下空气滤清器，用压缩空气吹净火花塞或喷油器周围的灰尘和脏物。

（3）卸下全部火花塞或喷油器（柴油机），并按气缸次序放置，应将汽油机喷油器插头拔下，以防大量汽油进入三元催化器。

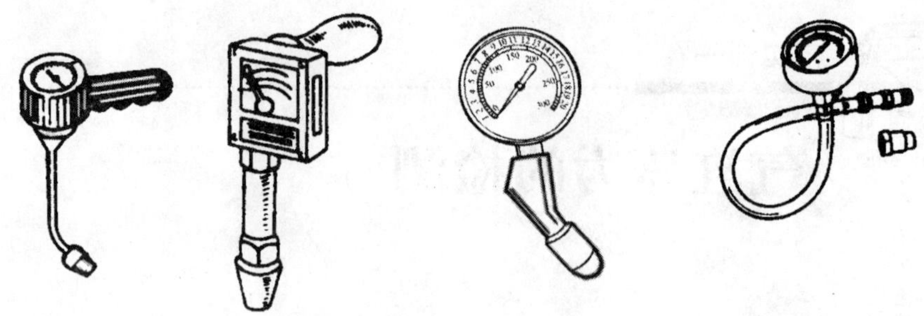

图 1—1 各种气缸压力表

(4) 把气缸压力表的橡胶接头插在被测缸的火花塞孔内，扶正压紧，如图 1—2 所示。

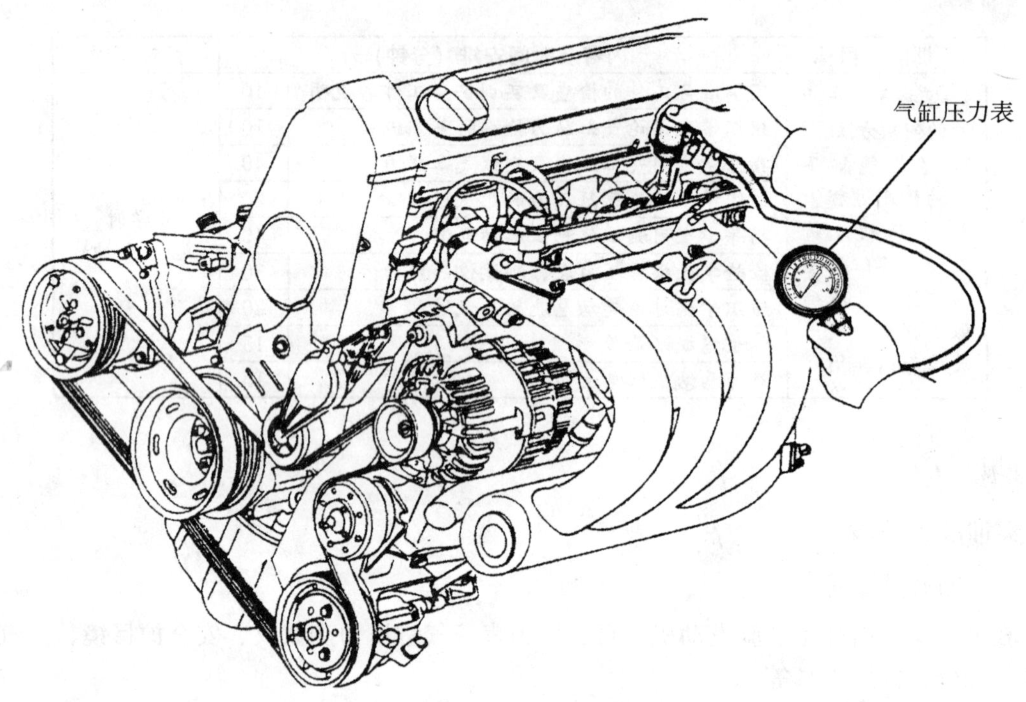

图 1—2 气缸压力测试

(5) 将节气门置于全开位置，用起动机转动曲轴 3～5s（不少于四个压缩行程）。
(6) 待压力表指针有指示，并保持最大压力后停止转动。
(7) 取下气缸压力表，记下读数。
(8) 按下单向阀使压力表指针回零。
(9) 按上述方法依次测量各缸，每缸测量次数不少于两次。
(10) 将测得结果与气缸压缩压力标准值进行对照分析。

⚠ **注意：**(1) 对于汽油机，应把分电器的中央电极高压线拔下，并可靠搭铁，以防止电击和着火。

(2) 就车检测柴油机气缸压力时，应使用螺纹接头的气缸压力表。如果该机要求在较高转速下测量，那么除受检气缸外，其余气缸均应工作。其他检测条件和检测方法同于汽油机。

2. 气缸压缩压力的标准值

大修竣工的发动机气缸的压缩压力应符合原设计规定，每缸压力与各缸平均压力的差，汽油机不超过8%，柴油机不超过10%。常见的几种车型的发动机气缸的压缩压力的标准值如表1—1所示。

表1—1　　常见几种车型的发动机气缸的压缩压力值

汽车型号	压缩比	气缸压缩压力标准值（kPa）	测定转速（r/min）
桑塔纳2000 AJR	9.3	900～1 100	200～250
奥迪100	8.5	1 000～1 350	200～250
捷达EA827	8.5	900～1 100	200～250
富康TU3	8.8	1 200	200～250
本田雅阁	8.9	930～1 230	200～250
切诺基	8.6	1 068～1 275	200～250

通过对比分析，若测量值超出标准值的允许范围时，可向该缸火花塞或喷油器孔内注入适量机油，然后用气缸压力表重测气缸压力并记录。如果第二次测出的压力比第一次高，说明气缸、活塞环、活塞磨损过大或活塞环对口、卡死、断裂或缸壁拉伤等造成气缸不密封；如果第二次测出的压力与第一次相近，说明进、排气门或气缸衬垫不密封；如果两次检测某相邻两缸压力均较低，说明该两缸相邻处的气缸衬垫烧损窜气。

二、用气缸压力检测仪检测

发动机气缸压力是表征气门和活塞密封性的指标，在发动机不解体的情况下，可以通过检测起动电流的大小来检测气缸压缩压力的变化量，可以对各缸压缩压力的均衡性做出判断。用检测仪KES200测量气缸压缩压力的方法和步骤如下：

（1）按检测仪KES200的要求将检测仪与发动机连接牢固，如图1—3所示。

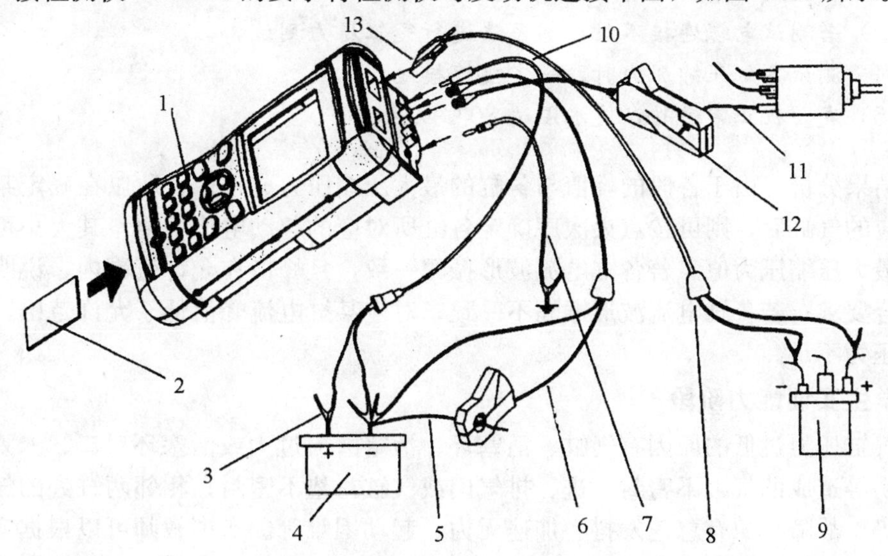

图1—3　检测仪的接线方法

1—主机；2—测试卡；3—蓄电池电缆；4—蓄电池；5—起动机电流线；6—电流适配线；7—接地电缆；8—断缸电缆；9—点火线圈；10—点烟器；11—一缸信号夹；12—一缸信号高压线；13—15PIN连接头

（2）将蓄电池的电缆线带夹子的一端连接到蓄电池上，红色夹接正极，黑色夹接负极。或将点烟器电缆线插入汽车仪表板上的点烟器插口内，以获得电源，另一端和主电缆相连。

（3）将起动电流的适配线的一端接到 KES200 的通道 4 上，另一端夹到汽车上与蓄电池相连的起动机电流线上。注意：电流方向与起动电流夹上的箭头方向一致。

（4）将接地一端的夹子夹在汽车搭铁部件上，另一端接到 KES200 的通道 5 上。

（5）将断缸电缆上带夹子的两端分别与初级点火线圈的正负极接线柱相连。15PIN 连接头连接到主电缆的一端。主电缆的另一端连接到主机的主电缆口上。

（6）将发动机测试卡插入主机中。

（7）起动发动机，记录发动机各缸的起动电流曲线，如图 1—4 所示。

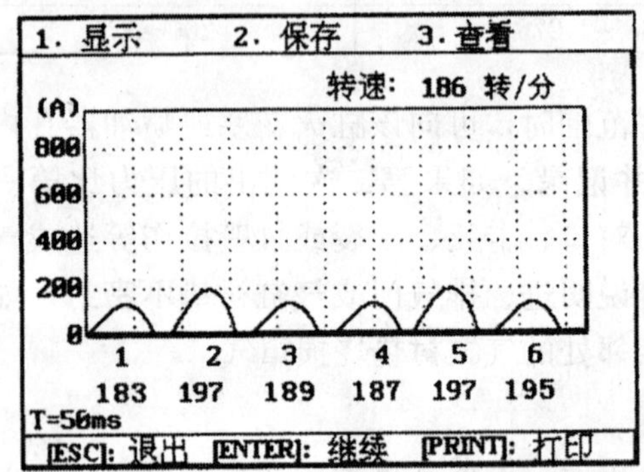

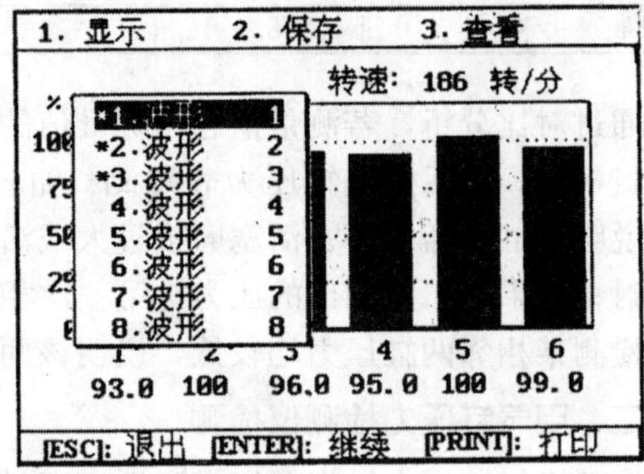

图 1—4 发动机各缸的起动电流曲线及柱形图

⚠ **注意：**（1）一定要在连接好测试电缆后，再起动发动机。

（2）在使用中不要用手触摸探针。

（3）若测试电缆连接不对，则无法进行气缸压力测试。

（4）测试各缸压缩压力时，一定要连接地线。

（5）发动机正常运转，使水温达 80℃以上。

（8）结果分析。由于各段的峰值与各缸的最大压缩压力成正比，所以在确定某一电流峰值所对应的气缸后，则可按点火次序确定各缸所对应的起动电流峰值，其大小可表示相应气缸的最大压缩压力值。若各缸电流波形振幅一致，且峰值在允许范围内，说明各缸压缩压力符合要求；若各缸电流波形振幅不一致，对应某缸电流峰值低于允许范围，则说明该缸压缩压力不足。

检验学生实训能力阶段

常见气缸压力过低的原因有气缸、活塞环、活塞磨损过大或活塞环对口、卡死、断裂或缸壁拉伤等造成的气缸不密封；进、排气门或气缸衬垫不密封；相邻两缸处的气缸衬垫烧损窜气等。故障现象有怠速发抖、加速无力、起动困难等。实训教师可以根据实际情况设计一或两个故障，由学生独立完成故障的诊断与排除；或者由教师充当客户模拟一或几个场景，让学生分组完成故障排除。

某辆桑塔纳 2000 轿车，出现加速无力现象。据车主讲：这辆车在其他维修厂维修过，高压线和点火线圈是新换的，清洗了喷油器，油泵也检查了，但故障仍然存在。客户现在要求维修人员诊断维修。

让学生分析并说出检查步骤和方法（参考方法）：

（1）检查发动机高速时火花塞的跳火情况。

（2）用燃油压力表检查系统油压。

（3）用气缸压力表检查气缸压缩压力。

（4）电控系统的检修。

由学生对下列问题，向教师进行解释并提出解决方案：

（1）根据检查情况，分析可能导致加速无力的原因有哪些？

（2）在进行气缸压力检测之前要进行哪些准备工作？

（3）对检查结果进行理论分析。

组织学生填写实训记录单

教师总结及信息反馈

（1）总结本次实训的要点内容；

（2）解答学生实训记录单中提出的各种疑问及实训中存在的难点；

（3）对学生解决实际问题的能力进行考核，做出点评，并给出本次实训成绩；

（4）结合本次实训存在的问题，比如在问题答疑、实训步骤、方法及故障设置等方面的问题，完成本次实训记录。

学生实训记录单

班级		车型			
姓名		发动机型号			
学号		VIN 码			
日期		行驶里程		年款	

1. 测量记录各缸气缸压力值：

1 缸	2 缸	3 缸	4 缸

2. 分析压力值低的原因：____

____

3. 向压力低的气缸喷射少量的机油，转动发动机数转，使机油均匀分布在气缸壁周围，重新测量气缸压力，并记录。

____

4. 比较两次测量的压力值，分析原因：______________________________

____

____

5. 本次实训存在的疑问有哪些？最大的难点是什么？

____

____

____

____

____

<table>
<tr><td rowspan="3">教师评语：

年　月　日</td><td colspan="3">本次实训成绩</td></tr>
<tr><td>良好</td><td>合格</td><td>不合格</td></tr>
<tr><td></td><td></td><td></td></tr>
</table>

实训二

机油压力及品质的检测

实训计划

实训能力目标	内容及时间安排（分钟）		建议学时
1. 掌握机油品质的检测方法。 2. 掌握机油压力过高、过低的检测流程。 3. 通过实训，掌握润滑系统的故障检测流程。	实训准备工作的检查； 实训安全工作的检查及说明	10	2 学时 （100 分钟）
	指导学生进行机油品质检测	20	
	组织学生讨论机油压力过低检测的基本流程	10	
	指导学生用机油压力表检测机油压力	30	
	组织学生讨论机油压力过低、过高的原因	10	
	学生完成记录单	10	
	教师总结及信息反馈	10	

实训过程

实训准备阶段

一、教师准备工作

教师在实训前准备试验轿车一台、机油压力表、万用表、各种导线、电工钳子、螺丝刀等。

二、学生准备工作

（1）掌握与实训车型相关的润滑系统的理论知识。

（2）了解本次实训课所用仪器及设备的使用方法。

指导学生实训阶段

一、机油品质的检测

1. 简易检测法

可以通过目测方法检查机油的品质，如检查机油颜色判断发动机故障。可以拿出一张白纸，拔出机油尺在纸上擦拭，观察白纸上的机油颜色和杂质的情况。一般在换过机油，车辆使用一段时间后机油颜色会变黑，这是正常现象；而如果机油显现其他颜色都是不正常现象。如果发现机油的颜色变灰、变白或有乳化现象，说明机油中混入有水，可能是发动机缸垫泄漏、机油散热器损坏等。

也可以通过目测方法检查机油的黏度，例如冬季检查机油尺，观察机油是否能自动滴下，太黏会造成发动机不易起动的故障。

2. 仪器检测法

仪器检测法通常有滤纸斑点分析法、清净性分析法、介电常数分析法、透光率分析法、理化性能指标分析法、光谱分析法、铁谱分析法和磁性探测器分析法等多种方法。指导教师可以根据实际情况选择 1～2 种方法进行实训。具体可以依据仪器使用说明给出的方法进行。

二、机油压力的检测

1. 机油压力的检测方法

当机油压力报警灯亮或机油压力表的指示过低，且机油量还正常时，应进行机油压力检测，找出原因并排除。其检测方法和步骤如下：

（1）拔下机油压力传感器插头，拆下机油压力传感器，如图 2—1 所示。

（2）将机油压力表软管上的管接头拧进机油压力传感器的安装孔中，并拧紧。

⚠ **注意：**机油压力表放置时要远离发动机上的旋转部件及炙热部件。

（3）起动发动机，检查机油压力表的管接头处，确保无泄漏现象时，再进行下一步。

（4）使发动机工作至正常温度，观察并记录发动机在怠速和 2 000 转/分时的机油压力值。

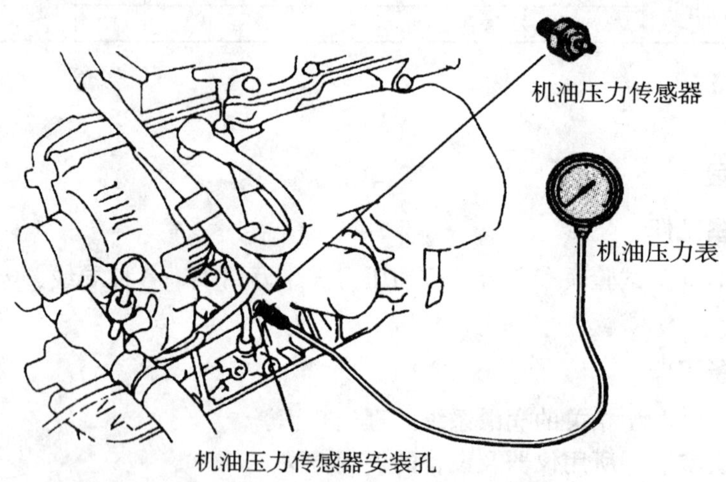

图 2—1　机油压力检测

（5）将测试压力值与该车规定的机油压力值进行对比分析。

（6）将机油压力表从机油压力传感器的安装孔上拆下。

（7）装上机油压力传感器，并将其拧紧到规定的转矩，将线束插头接上。

（8）起动发动机，检查机油压力传感器处是否有机油泄漏现象。

2. 机油压力过高故障的检测

发动机在正常工作温度和转速下，机油压力表读数高于规定值时，应使发动机停止工作，进行故障检测与诊断。故障检测与诊断的流程如图 2—2 所示，其诊断方法如下：

（1）连接机油压力表到发动机主油道，起动发动机观察检测油表与发动机机油压力表的指示是否相符。如不符，检查机油压力传感器及油压表是否正常。

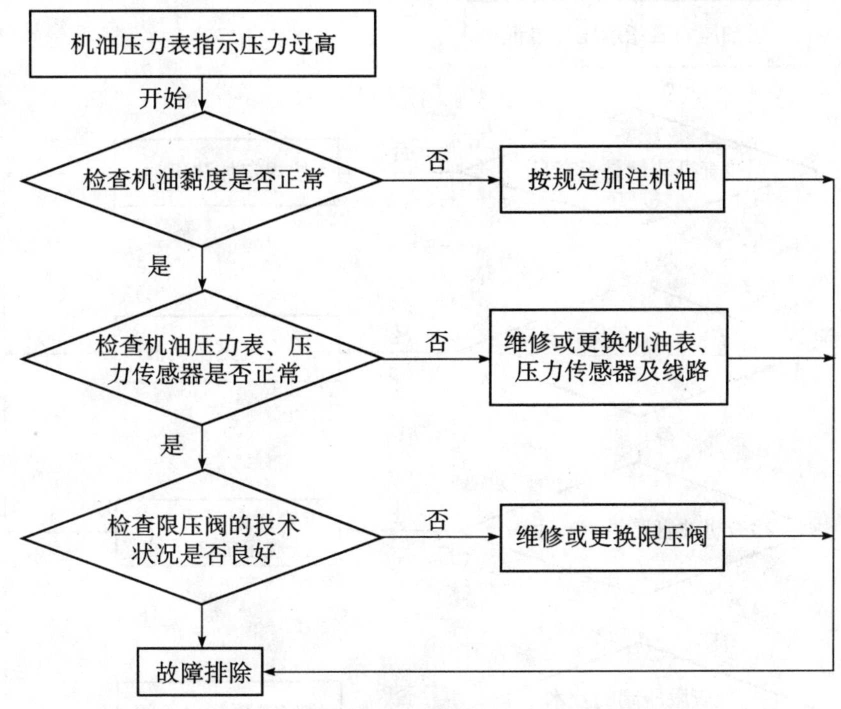

图 2—2　机油压力过高故障的诊断流程

（2）检查机油限压阀的技术状况是否正常，若不正常应更换。

（3）检查机油池的油面。

（4）检查机油黏度是否正常，若不正常应按规定更换和加注。

（5）若上述检查都正常，而故障现象仍存在，则应检查主轴承、连杆轴承、凸轮轴轴承等间隙，必要时进行调整。

（6）结果分析。

3. 机油压力过低故障的检测

发动机在正常工作温度和转速下，机油压力表读数低于规定值时，应使发动机停止工作，进行故障检测与诊断。故障检测与诊断的流程如图 2—3 所示，其检测方法如下：

（1）起动发动机，观察机油压力表的指示情况。若刚起动时压力正常，然后迅速下降至低于规定值，说明油量不足，应加注。

（2）若刚起动时，机油压力就低，应检查传感器或机油压力表。

（3）检查机油品质和机油油面高度是否正常。

（4）检查机油压力表与传感器导线两端的连接状况如何。若连接完好，可将导线从传感器上拆下，然后打开点火开关，将导线直接搭铁，如果机油压力表指针急速上升到最大，说明压力表良好；否则，说明压力表有故障。

（5）检查传感器的技术状况。从发动机机体上拆下传感器，观察传感器进油道有无堵塞，在压力表正常的情况下，换修机油压力传感器。

（6）如机油限压阀露在发动机机体外部，可直接检查限压阀的技术状况。

（7）若上述检查都正常，则应进一步检查机油泵、集滤器、内部管路或各处轴承间隙。

（8）结果分析。

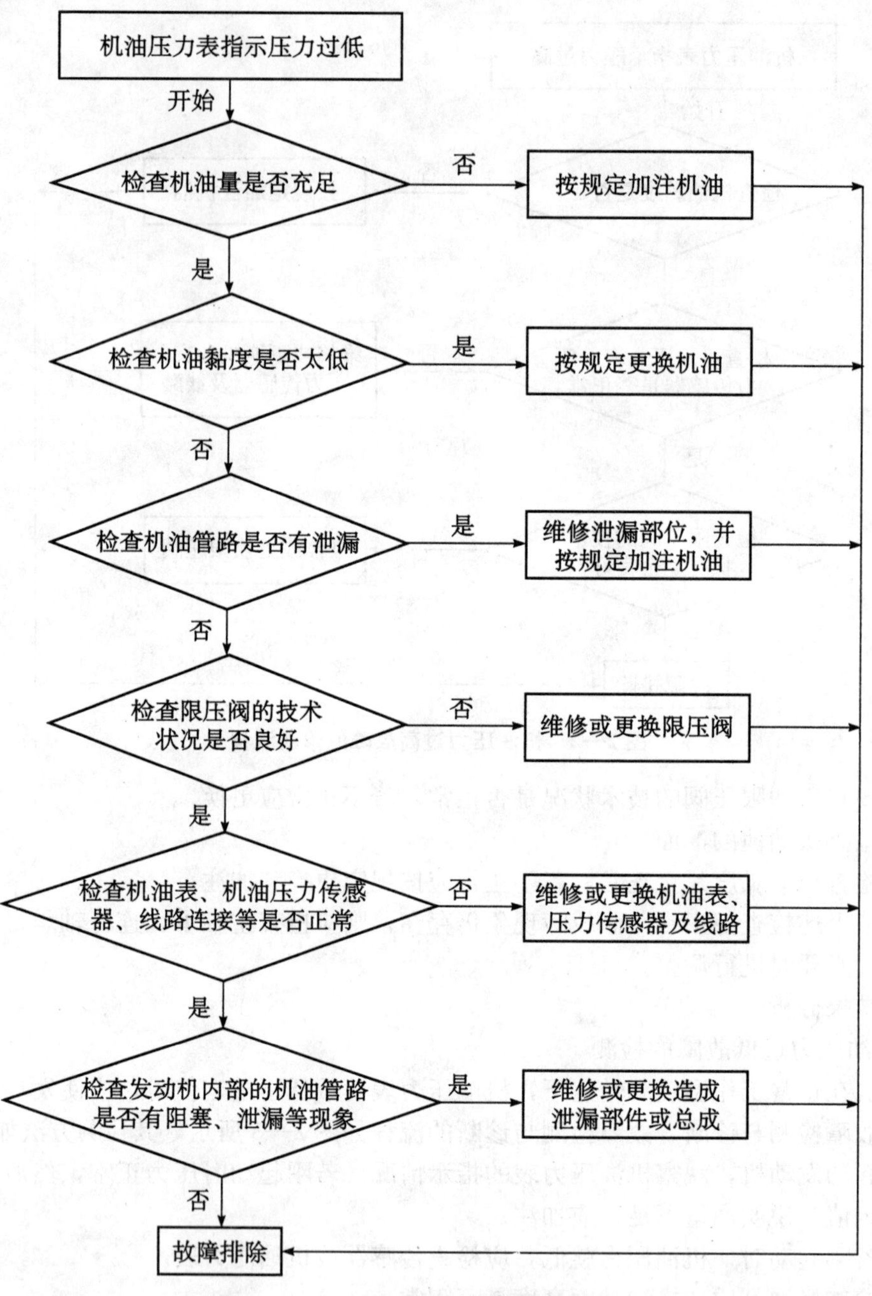

图 2—3　机油压力过低故障的诊断流程

⚠ 注意： (1) 发动机在正常转速范围内，汽油机机油压力应为 196～392kPa，柴油机机油压力应为 294～588kPa。当机油压力过高或过低时，将影响发动机的工作性能和使用寿命。

(2) 多数发动机，当机油压力过低时，必须拆下油底壳来检查机油泵及其限压阀；而某些发动机，不用拆下油底壳，就可以检查机油泵及其限压阀。

检验学生实训能力阶段

常见润滑系统的故障有机油变质、机油压力过高、机油压力过低等。实训教师可根据实训条件设置故障，比如可设计机油压力传感器故障、机油泵故障、集滤器故障、油道故障等。然后在实训教师的监督下，由学生独立完成故障的诊断与排除；或者由教师充当客户模拟一或几个场景，让学生分组完成故障排除。

⚠ **注意**：在操作过程中，注意操作程序与规范，注意设备的正确使用，防止出现实训事故。

场景

一辆桑塔纳轿车，在行驶中机油压力报警灯突然亮了。司机不知道什么原因，并且担心会发生其他故障，于是要求维修人员进行诊断。据司机讲：这辆汽车前不久新换了机油，也没发现机油泄漏。

由学生分析并说出检查步骤和方法（参考方法）：

（1）检查机油量和机油品质。

（2）对机油压力传感器进行电路检查。

（3）观察发动机运转时机油压力报警灯的变化。

（4）检查机油压力是否正常。

由学生对下列问题，向教师进行解释并提出解决方案：

（1）根据检查情况，分析可能导致上述现象的原因有哪些？

（2）在进行机油压力测试之前要先进行什么检测？

（3）对检查结果进行理论分析。

组织学生填写实训记录单

教师总结及信息反馈

（1）总结本次实训的要点内容；

（2）解答学生记录单中提出的各种疑问及实训中存在的难点；

（3）对学生解决实际问题的能力进行考核，做出点评，并给出本次实训成绩；

（4）结合本次实训存在的问题，比如在问题答疑、实训步骤、方法及故障设置等方面的问题，完成本次实训记录。

学生实训记录单

<table>
<tr><td>班级</td><td></td><td>车型</td><td colspan="3"></td></tr>
<tr><td>姓名</td><td></td><td>发动机型号</td><td colspan="3"></td></tr>
<tr><td>学号</td><td></td><td>VIN 码</td><td colspan="3"></td></tr>
<tr><td>日期</td><td></td><td>行驶里程</td><td></td><td>年款</td><td></td></tr>
</table>

1. 检查机油量是否正常？　　　是□　　否□

2. 检查机油黏度是否正常？　　是□　　否□

3. 检查机油是否变质？　　　　是□　　否□

4. 连接机油压力表，并记录读数：

怠速时		2 000 转/分	

参照标准值，对测量结果做出判断：该发动机机油压力为____________________。

5. 如果机油压力过高，故障可能是____。

6. 如果机油压力过低，故障可能是____
____。

7. 本次实训中存在的疑问有哪些？最大的难点是什么？

____
____
____。

<table>
<tr><td rowspan="3">教师评语：

年　月　日</td><td colspan="3">本次实训成绩</td></tr>
<tr><td>良好</td><td>合格</td><td>不合格</td></tr>
<tr><td></td><td></td><td></td></tr>
</table>

实训三

冷却系及防冻液的检测

实训计划

实训能力目标	内容及时间安排（分钟）		建议学时
1. 掌握冷却系密封性的检测方法。 2. 掌握冷却系零件的检测方法。 3. 掌握冷却液的检测方法。	实训准备工作的检查； 实训安全工作的检查及说明	10	4学时 （200分钟）
	组织学生讨论冷却系密封性的检测流程	10	
	指导学生用仪器测试冷却系统的密封性	50	
	组织学生讨论冷却系统密封性的测试过程	10	
	指导学生对冷却系零件进行检测	50	
	组织学生讨论冷却系零件的检测过程	10	
	组织学生对冷却液进行检测	30	
	组织学生讨论并完成记录单	20	
	教师总结及信息反馈	10	

实训过程

实训准备阶段

一、教师准备工作

教师在实训前准备试验轿车、压力检测仪、废气分析仪、张紧力测试仪、万用表、冰点测试仪、加热容器、酒精灯、温度计及待测零件。

二、学生准备工作

（1）掌握与实训车型相关的冷却系统的理论知识。

（2）了解本次实训课所用仪器及设备的使用方法。

指导学生实训阶段

一、冷却系统密封性检测

冷却系统密封性检测的目的是检查水箱、水泵、水管、水套等部位是否有泄漏。方法是首先进行外观检查，看是否有泄漏部位；对于不明原因缺水的可以使用系统压力检测仪或废气分析仪来确定泄漏部位。实训教师可以根据实际情况选择检测仪类型。

1. 压力检测仪

使用压力检测仪检测冷却系统泄漏情况的方法和步骤如下：

（1）打开散热器盖，将压力检测仪安装在散热器注水口上，如图3—1所示。

（2）操作检测仪上的泵，直到在检测仪表上显示的值为散热器盖上的额定压力值为止

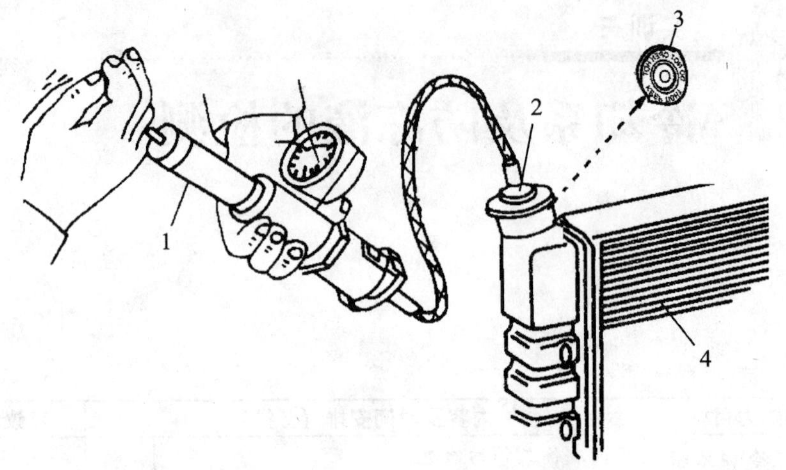

图 3—1 用压力检测仪检测冷却系统的泄漏

1—压力检测仪；2—适配器；3—散热器盖；4—散热器

（部分车型该值已标注在散热器盖上，或可通过查找维修手册获得，通常加压到 100kPa）。

（3）等待几分钟，然后观察仪表压力，如果在这段时间内仪表上的压力值没有降低，说明冷却系统没有泄漏；如果压力下降，就说明冷却系统存在泄漏。

（4）如果压力降低了，但是外部没有明显的泄漏时，应拆下火花塞，转动发动机，观察是否有冷却液从火花塞孔处泄漏出来。如果有泄漏，说明气缸垫、气缸盖或气缸壁存在泄漏。

⚠ **注意：** 不要旋松炙热发动机上的散热器盖。如果旋松此盖，冷却液的压力会被释放，冷却液会突然喷出，这个动作会使维修人员或站在旁边的人员被严重地烫伤。热车应先进行冷却，再逐渐打开散热器盖！

2. 废气分析仪

使用废气分析仪检测冷却系统泄漏情况的方法和步骤如下：

（1）拆下散热器盖，并将废气分析仪的测试探头放置在散热器注水口上，如图 3—2 所示；如果没有散热器盖的话，也可以放置在冷却液膨胀罐注水口上。

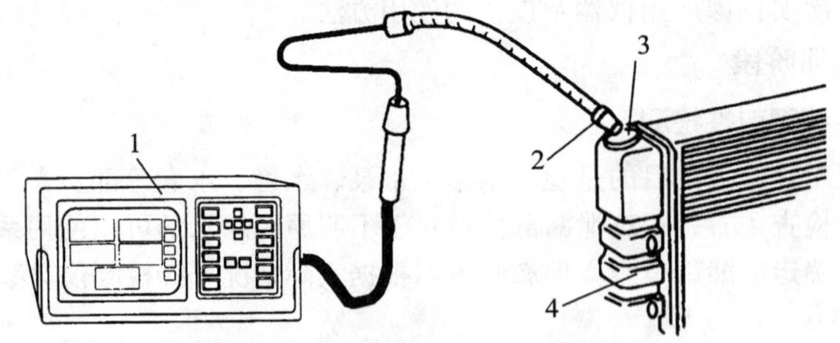

图 3—2 废气分析仪检测冷却系统泄漏

1—废气分析仪；2—测试探头；3—注水口；4—散热器

（2）起动发动机，使发动机转速达到 1 500～2 000r/min，同时观察读数。

（3）如果分析仪是两种气体的红外线分析仪，那么观察 HC 的读数，若 HC 的读数上升，说明存在燃烧室泄漏。如果分析仪是四种气体的红外线分析仪，那么当观察到二氧化碳数值出现，且上升时，说明燃烧室内部存在泄漏。

（4）如果冷却剂液面高度下降，但外部没有明显的泄漏迹象，那么冷却剂有可能是从缸体的裂纹流入油底壳了。如果怀疑是这种泄漏，就要进行机油油面高度检测。暖风水箱及节气门体加热水道的泄漏，也是不明泄漏原因之一。

⚠ **注意：**（1）当打开散热器盖时要非常小心，尤其是在发动机已经很炙热的时候。如果冷却系统中存在压力，要先使冷却系温度降下来，否则很危险。

（2）测试时，千万不要将探头浸在冷却液中，要避免冷却液进入分析仪装置中，否则就会损坏分析仪。

二、冷却系零件性能检测

1. 散热器的检测

（1）散热器芯管堵塞。

发动机预热后，用手触摸芯管的上部与下部，若上、下部有温差，但相差不大，应属正常；若感到芯管上、下温差明显，则说明该芯管堵塞。

（2）散热片变形粘连。

可通过目测检查散热片是否存在变形、污垢阻塞等现象。

（3）散热器盖密封失效。

在发动机不工作时，将 50kPa 的压缩空气从散热器放水口导入，如果气压不降低，表示散热器加注口密封正常。

2. 风扇皮带检查

（1）皮带失效。

检查皮带是否出现橡胶脱层或纤维层折断、裂纹、撕裂、磨光、油污等现象，如图 3—3 所示，若出现其中的一种，则应更换皮带。

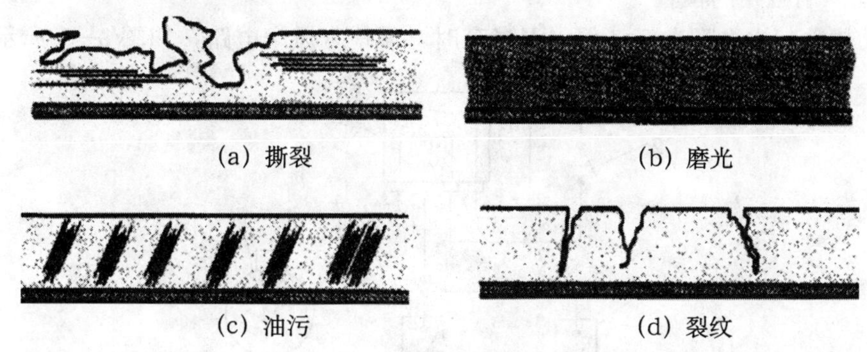

（a）撕裂　（b）磨光　（c）油污　（d）裂纹

图 3—3　皮带磨损情况的检查

（2）张紧力检测。

丰田车系采用张紧力测试仪检查皮带的张紧力，其外观如图 3—4a 所示；也可以对皮带施加压力检查其变形量，如图 3—4b 所示。然后将张紧力调整至规定范围（一般要求施加 15 公斤力时，皮带产生的挠度为 10～15mm）。

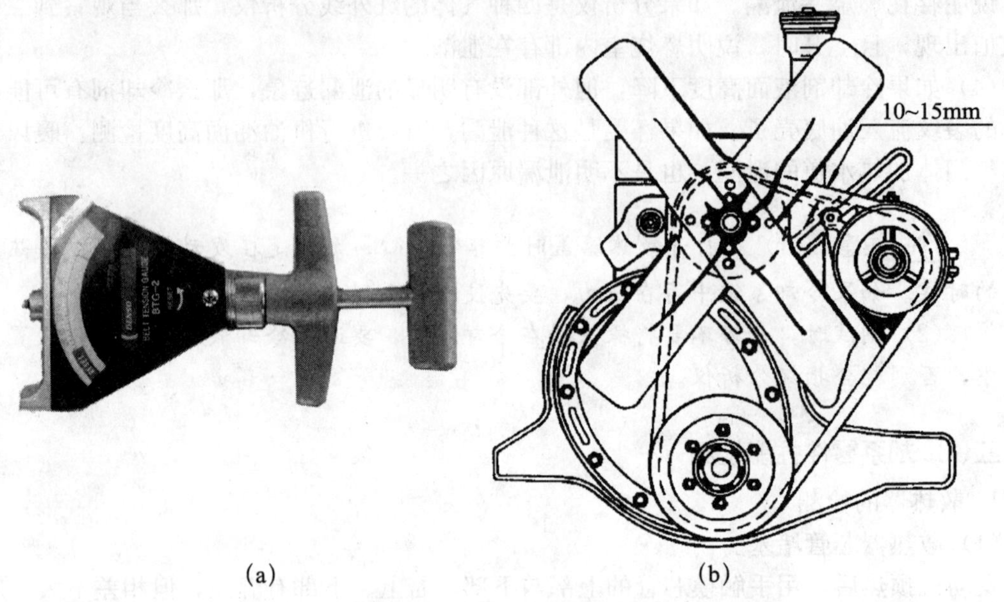

图 3—4 张紧力的检测与调整

3. 风扇与风扇离合器的检查

（1）冷车打滑检查。

起动发动机，以中速运转 1～2 分钟，使工作腔内的硅油返回储油室，然后将发动机熄火，用手拨动风扇，应转动轻松，用力较小；否则，说明硅油的黏度高或风扇离合器故障。

（2）热车接合检查。

起动发动机，待水温达到 90～95℃，仔细倾听风扇处的响声变化。如几分钟内噪声明显增大，风扇转速迅速提高，说明离合器正常。当风扇达到全速时，立即将发动机熄火，此时用手拨转风扇，感觉较费力为正常。

4. 电动风扇电路的检查

当发动机冷却水循环良好，但水温过高时，需检查风扇电路，如图 3—5 所示。

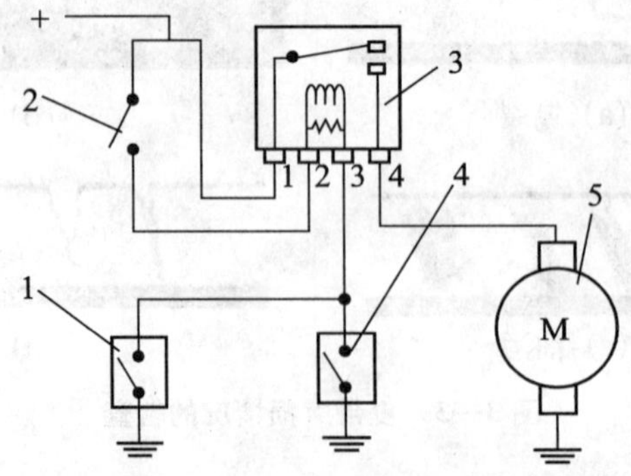

图 3—5 电动风扇电路的检查

1—冷凝器开关；2—点火开关；3—风扇继电器；4—温度开关；5—风扇电机

(1) 如果空调系统正常，打开 A/C 开关观察风扇电机是否工作，如果工作，说明风扇电机、风扇继电器良好，应检查发动机温度开关及相关线路。

(2) 就车检查温度开关。断开发动机温度开关处的接线，并接通点火开关，用一条跨接线将温度开关线和接地相连接。如果此时冷却风扇运转了，则说明继电器和风扇电动机是好的，而发动机温度开关或其连接导线发生损坏。

(3) 打开 A/C 开关后，如果风扇电机不工作，应检查风扇继电器是否良好。

(4) 打开点火开关，端子 1、端子 2 与接地之间应有电源电压，否则检查相关线路。在端子 1、端子 2 与接地之间有电源电压的状态下，将端子 3 接地，端子 4 和接地之间应有电源电压，否则更换风扇继电器。

(5) 若端子 4 和接地之间电源电压正常，那么将测试灯连接在风扇电动机供电端子上。如果不亮，应检查继电器与风扇电动机供电端子之间是否断路；如果亮，则断开风扇电动机导线，用万用表将电动机的接地线与接地端连接起来。万用表的读数应该非常接近于 0。如果万用表读数高于 0，那么就需要解决电动机接地线中的高电阻问题。可通过电路图查找接地点，并清理氧化物，重新紧固螺钉。

(6) 如果风扇电动机供电及接地都正常，那就需要更换冷却风扇电动机了。

⚠ **注意**：在现代轿车上大都使用电子扇来控制冷却水温。一般情况下，水温在 89～92℃时，电子扇以低速旋转；水温在 97～103℃时则以高速旋转。

5. 节温器的检查

就车检查方法及步骤：

(1) 在出现冷却水温度过高故障时，拆下气缸盖通往散热器上水室接头的胶管，用纱布塞住上水室接头，如图 3—6 所示。

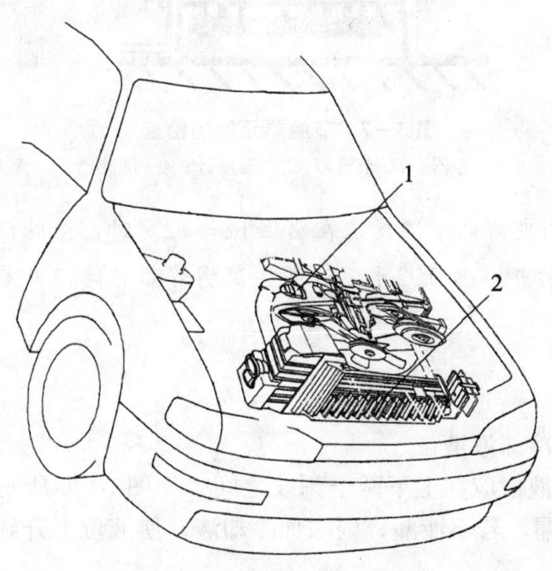

图 3—6　节温器就车检查法

1—节温器；2—散热器

（2）向散热器内加注冷却水，然后起动发动机。当水温达到80℃时，节温器处于开启状态，此时看到散热器中的水从用纱布塞住的上水室接头冒出。

（3）当发动机转速升高时，冷却水泵出的距离变远。

（4）高温水泵出一段时间后，向散热器内加入冷却水，节温器随着发动机冷却水的温度降低而关闭，通往上水室的胶管就没有水泵出了。

（5）如果发动机继续运转，冷却水温升到80℃以上时，节温器又重新开启。

（6）若节温器开启和关闭温度不符合标准或动作失灵，则应更换节温器。

元件检查方法及步骤：

（1）将节温器拆下，放在盛有水的器皿中加热，如图3—7所示。

（2）用量程为100℃的温度计，测量主阀门开始开启和完全开启时的温度，并用量具测量主阀门全开时的升程来检查节温器的性能。不同车辆装用的节温器可能有不同的要求，应参照该车型说明书给出的标准。

（3）检查节温器的主阀门在全开时的最大升程，一般要求为8.5mm，使用限度为6mm；节温器的性能检验若不符合上述要求，一般应予以更换。

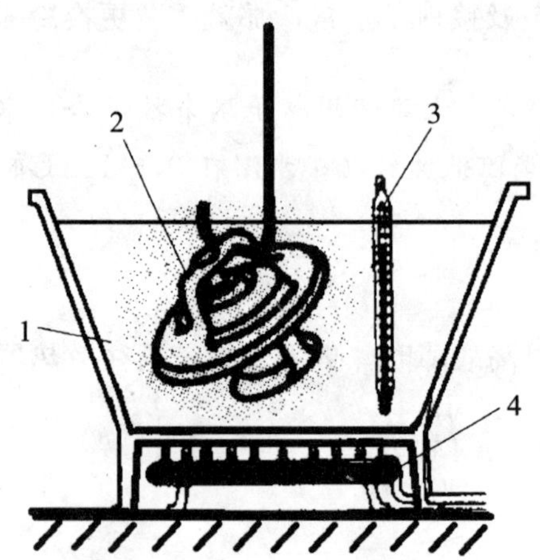

图3—7　节温器元件的检查

1—容器；2—节温器；3—温度计；4—加热器

⚠ **注意：**性能良好的节温器应在水温68～72℃时，主阀门开始开启，80～85℃时主阀门完全打开。若开启水温过高，说明节温器阀门开启过晚，会导致冷却水温度过高。

三、冷却液检测

1. 检查储水箱处的冷却液液位

温度在20℃以下，液位应在上下两个刻线之间，如图3—8所示，如果液位低于下刻线，则应检查是否有泄漏，若不泄漏，则添加冷却液，使液位上升到上刻线。

⚠ **注意：**如果冷却液温度高于20℃，则冷却液的液位应高于上线。

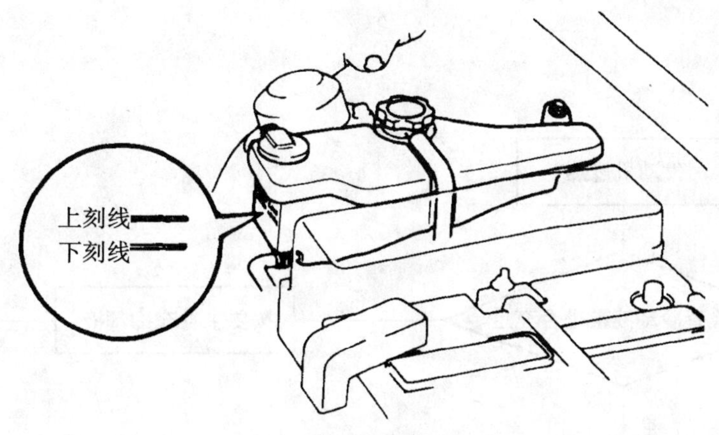

图 3—8 储水箱液位检查

2. 检查冷却液的质量

检查散热器盖或散热器加水口的周围应无锈斑和水垢沉淀物；检查冷却液中应无机油。

⚠ **注意：**（1）如果检查发现冷却液很脏，应清洗冷却液水道，并更换冷却液。

（2）不要在发动机高温的情况下，打开储水箱盖，以免烫伤。

3. 检查冷却液冰点

用取液管汲取冷却液，滴在冰点测试仪测试片上，如图 3—9 所示，测试时测试仪要水平放稳，最后目视观察窗即可读取冰点值。

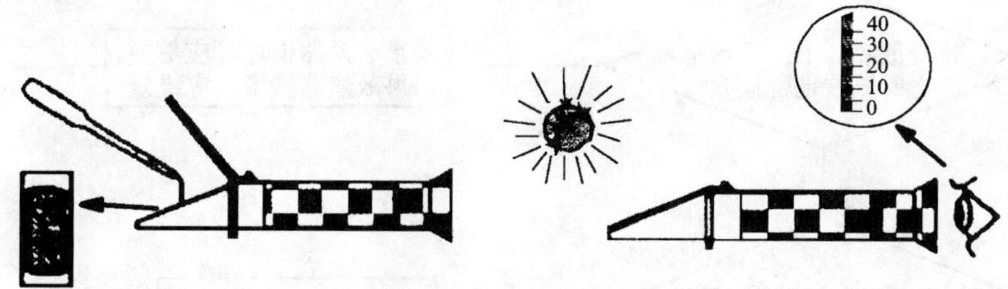

图 3—9 冰点测试仪

⚠ **注意：**（1）行驶一定的公里数或每隔一定的时间间隔（一般为两年）后应进行冷却液的检查和更换。

（2）防冻液与水的比例在 40：60 时，冷却液沸点为 106℃，冰点为－26℃，比例在 50：50 时，冷却液沸点为 108℃，冰点为－38℃。

（3）要求按照冰点低于当地最低温度 5℃左右配制冷却液。

四、冷却液温度异常诊断流程

当发动机出现温度过高（开锅）现象时，可根据流程图 3—10 所示进行诊断。当发动机出现温度过低现象时，可根据流程图 3—11 所示进行诊断。

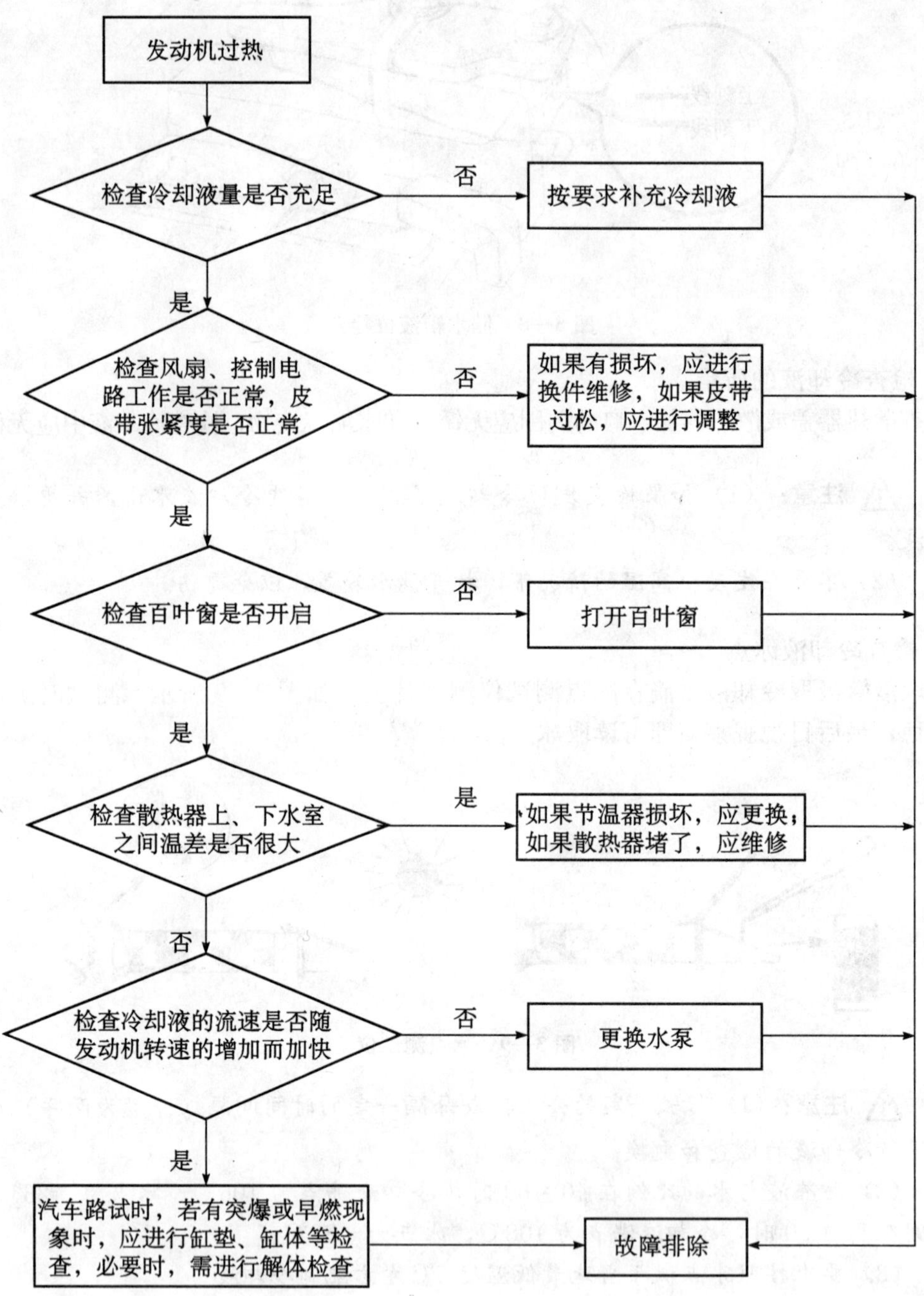

图 3—10　发动机温度过高诊断流程

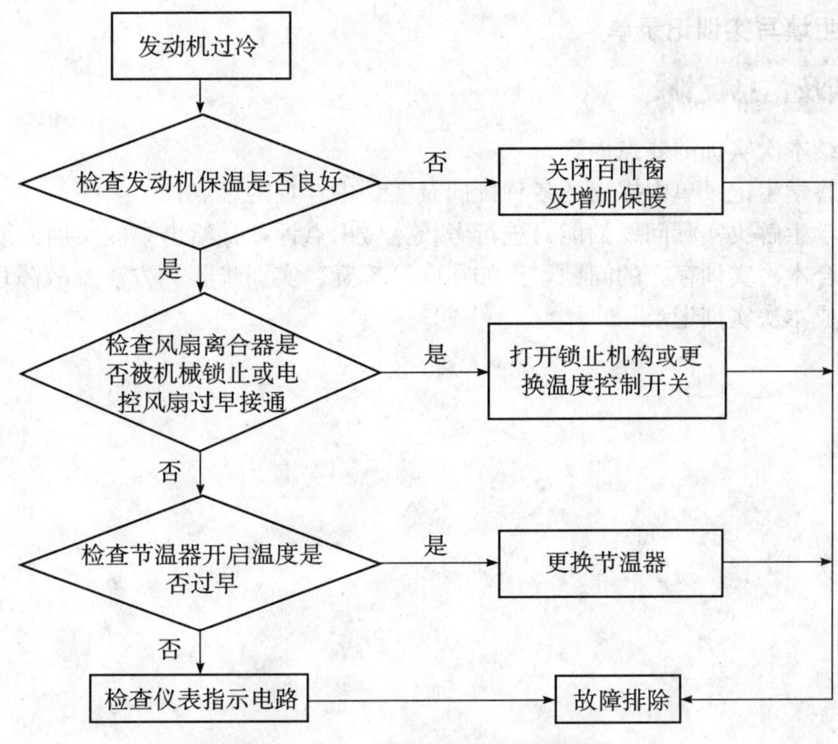

图 3—11　发动机温度过低诊断流程

检验学生实训能力阶段

常见的冷却系统故障有冷却液泄漏、冷却液温度过高（开锅）、冷却液温度过低等。实训教师可根据实训条件设置冷却系统故障，比如可设计风扇皮带过松、节温器损坏、水箱盖漏气、风扇电路故障、散热器故障、水泵故障、缸体或缸垫故障等。然后在实训教师的监督下，由学生独立完成故障的诊断与排除，或者由教师充当客户模拟一或几个场景，让学生分组完成故障排除。

一辆桑塔纳轿车经常会出现开锅现象，尤其夏天在高速公路上行驶时，会很快出现开锅现象。据车主讲：由于这个原因，这辆车一周前做过保养，而且新换了一个节温器，冷却液够量，外部也没发现泄漏，但故障现象仍然出现。现在，客户要求维修人员对他的车进行诊断维修。

由学生分析并说出检查步骤和方法（参考方法）：

（1）检查风扇皮带是否正常。

（2）检查温度控制开关。

（3）检查风扇高速性能是否良好。

（4）检查点火正时。

由学生对下列问题，向教师进行解释并提出解决方案：

（1）根据检查情况，分析可能导致冷却液温度过高的原因有哪些？

（2）在进行测试之前要先进行哪些基本检查？

（3）对检查结果进行理论分析。

组织学生填写实训记录单

教师总结及信息反馈

(1) 总结本次实训的要点内容；

(2) 解答学生记录单中提出的各种疑问及实训中存在的难点；

(3) 对学生解决实际问题的能力进行考核，做出点评，并给出本次实训成绩；

(4) 结合本次实训存在的问题，比如在问题答疑、实训步骤、方法及故障设置等方面的问题，完成本次实训记录。

学生实训记录单

班级		车型			
姓名		发动机型号			
学号		VIN 码			
日期		行驶里程		年款	

1. 检查冷却液液面是否正常？　是□　否□
2. 检查皮带的张紧度是否正常？　是□　否□
3. 起动发动机并怠速，用手握住水箱与水泵之间的橡胶软管，是否有水流动时的脉动感觉？　是□　否□
4. 发动机转速提高到大约 1 500r/min 时，感觉水流动的强度如何？
5. 发动机工作时，检查风扇高低速工作的情况是否正常？　是□　否□
   如果不正常，请检查风扇控制开关的工作情况，判断其是否正常？　是□　否□
   若风扇控制开关工作正常，请检查风扇电机工作是否正常？　是□　否□
6. 对冷却系统的密封性进行检测时，测量的压力值是______________________
   参照标准值，写出结果______________________________
7. 记录检测节温器的结果：

主阀门刚开启时的温度	主阀门开到最大位置时的温度	主阀门最大升程

参照标准值，写出该节温器的性能如何？______________________

8. 该车发动机冷却液的冰点是__________，该数值是否正常？　是□　否□
9. 本次实训中存在的疑问有哪些？最大的难点是什么？

____

____

教师评语：	本次实训成绩		
	良好	合格	不合格
年　月　日			

实训四

电控系统常用检测仪器的使用

实训计划

实训能力目标	内容及时间安排（分钟）		建议学时
1. 掌握测试灯的使用方法。 2. 掌握万用表的使用方法。 3. 掌握解码器的使用方法。 4. 掌握示波器的使用方法。	实训准备工作的检查及安全工作的说明	10	4 学时 （200 分钟）
	指导并检验学生使用测试灯的情况	30	
	指导并检验学生使用万用表的情况	30	
	指导并检验学生使用解码器的情况	50	
	指导并检验学生使用示波器的情况	50	
	学生完成记录单	20	
	教师总结及信息反馈	10	

实训过程

实训准备阶段

一、教师准备工作

教师在实训前准备试验轿车、万用表、各种导线、示波器、解码器、测试灯、常用工具。

二、学生准备工作

了解本次实训课所用仪器及设备的使用方法。

指导学生实训阶段

一、测试灯的使用

1. 测试灯的原理

测试灯由一个 12W 的灯泡和引线组成，用于线路短路、断路的检测。类型有两种，如图 4—1 所示。

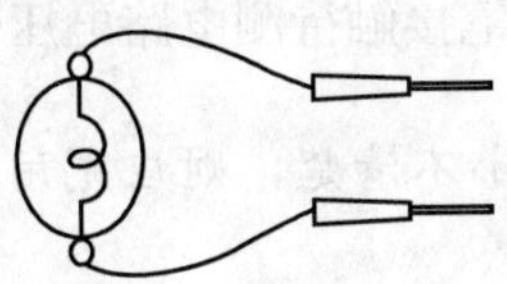

（a）普通测试灯

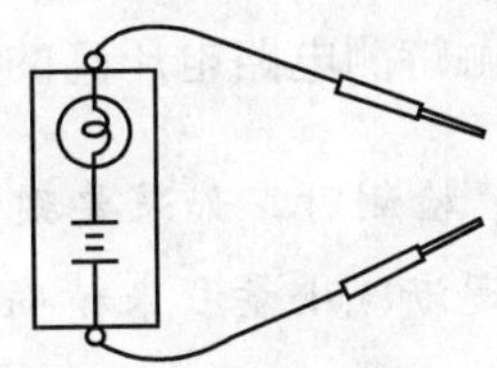

（b）内置电源测试灯

图 4—1　测试灯

⚠ **注意：**切勿用测试灯检查 ECU 或与 ECU 有关的电路。

使测试灯的一端夹子夹住搭铁线，另一端的夹子触及带电的电路，若工作电路正常，则灯泡应点亮。若灯不亮，说明电路有故障。

如图 4—1b 所示为一种自带电源的通、断测试灯。使用时，要将电路的电源断开，将搭铁夹子接负载部件的搭铁端子，探头接检测电线的另一端。若电路是连通的，内装电池便将灯点亮。若电路是不连通的（有断路的地方），则灯不亮。

⚠ **注意：**切勿用通、断测试灯接带电的电路，否则，会损坏测试灯。必须弄清测试灯的类型，才能进行电路测试。

2. 测试灯的用法

测试灯的用法如图 4—2 所示，可用于电路断路检测。

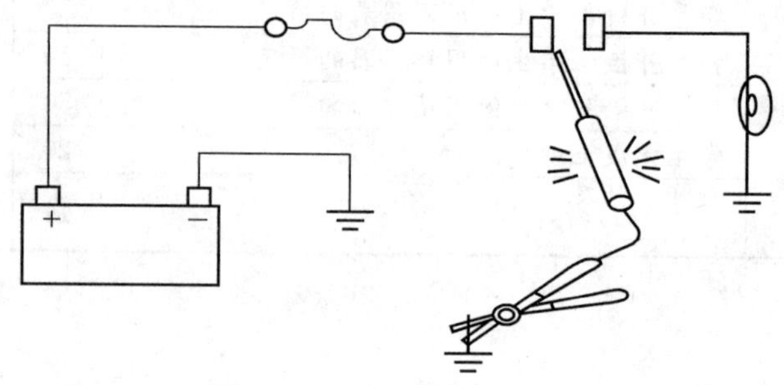

图 4—2　测试灯的用法

二、万用表的使用

目前用于诊断和检测发动机电路故障的数字万用表类型很多，但功能基本相同。下面以 UNI-T 系列 UT-105 数字式万用表（如图 4—3 所示）为例，介绍其主要功能及使用方法。

1. 交、直流电压测量

（1）根据电压的大小选择适当的电压测量量程。

（2）检测时红表笔的一端插入“V/Ω”插孔中。

（3）黑表笔接触电路“地”端，红表笔接触电路中的待测点。

2. 直流电流测量

（1）根据测量电流的大小选择适当的电流测量量程。

（2）将红、黑表笔的一端插入孔中。

（3）红表笔接触待测电路电压高的一端，黑表笔接触待测电路电压低的一端。

⚠ **注意：**检测时，如果要测量的电流大小不清楚，则应先用最大的量程来测量，然后再逐渐减小量程来精确测量。

3. 电阻测量

（1）应先把电路的电源断开，以免引起读数抖动。

(2) 根据电阻的大小选择适当的电阻测量量程。

(3) 将红表笔的一端插入“V/Ω”插孔中。

(4) 红、黑两表笔分别接触电阻两端，观察读数即可。

⚠ **注意：**禁止用电阻挡测量电流或电压（特别是交流 220V 电压）或带电测量电阻，否则容易损坏万用表。

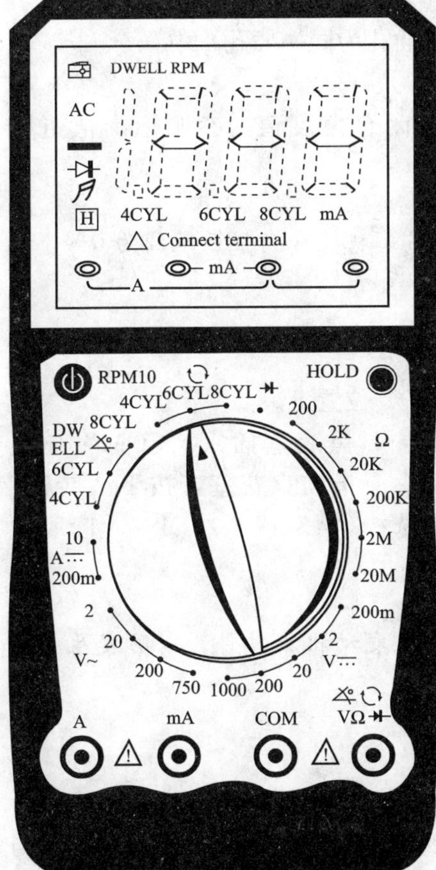

V⎓	直流电压测量
V~	交流电压测量
Ω	电阻测量
▶|	二极管 PN 结电压测量 单位：mV
♪	电路通断测量　单位：Ω
A⎓	直流电流测量
DWELL	汽车点火闭合角测量　单位：度
RPM×10	汽车发动机转速测量（显示读数×10）　单位：转/分
⏻	电源开关
HOLD H	数据保持开关
电池符号	电池欠压提示符
AC	测量交流时显示，直流时关闭
—	显示负的读数
4CYL/6CYL/8CYL	气缸数

图 4—3　数字万用表

4. 二极管的测量

(1) 将红表笔的一端插入万用表“VΩ”插孔，黑表笔的一端插入万用表“COM”插孔。

(2) 红、黑两表笔分别接触二极管两端，观察读数。

(3) 若显示“000”，则说明二极管击穿短路，若显示“1”，则说明二极管正向不通。

⚠ **注意：**万用表显示二极管的正向导通电压，单位是 mV。通常好的硅二极管正向导通电压为 500～800mV，好的锗二极管正向导通电压为 200～300mV。

5. 电路通断测量

（1）将红、黑表笔插入孔中。

（2）将功能、量程开关转到“·)))”位置。

（3）将两表笔分别接触测试点，若有蜂鸣响，说明短路，否则正常。

6. 汽车闭合角测量

（1）将“选择开关”旋转到触点闭合角区域中对应的缸数（4CYL、5CYL、6CYL、8CYL）位置上。

（2）将红表笔的导线插入面板闭合角插孔（与 V/Ω 插孔为同一插孔）中。

（3）将黑表笔的导线插入面板 COM 插孔中。

（4）将红、黑表笔连接到被测电路上，读取触点闭合角度值，参照标准值进行分析。

⚠ **注意**：4 缸机闭合角显示范围为 0～90.0°；6 缸机闭合角显示范围为 0～60.0°；8 缸机闭合角显示范围为 0～45.0°。

7. 发动机转速测量

（1）将“选择开关”旋转到转速（RPM 或 RPM ×10）位置上。

（2）将感应夹的红表笔插入面板的“V/Ω”插孔内，黑表笔插入“COM”插孔内，感应夹夹在通往火花塞的高压线上，其上方的箭头应指向火花塞，按下“转速”选择按钮，根据被测发动机的冲程数和有无分电器，选择“4”或“2/DIS”，读取发动机转速值。

⚠ **注意**：测量时，注意不要将表笔连接线靠近发动机旋转件，以防发生事故。

8. 温度测量

（1）将“选择开关”旋转到温度（℃或℉）位置上。

（2）将汽车万用表配备的带测针的特殊插头，插接到面板上的黄色插孔内，将测针与测温度的部位接触，温度稳定后，读取测量值。

9. 数据保持（HOLD）

当检测数据基本稳定后，可以按下 HOLD 键，将检测数据保持，然后读取。

三、解码器的使用

目前解码器类型多种多样，由于原理不同，其测试方法也不同，但基本测试功能相似。应用广泛的大众专用解码器 VAG1552 和通用型 X-431 解码器如图 4—4 和图 4—5 所示。

解码器测试是在发动机的不同工作条件下进行的，表 4—1 中列出了所选功能的前提条件。

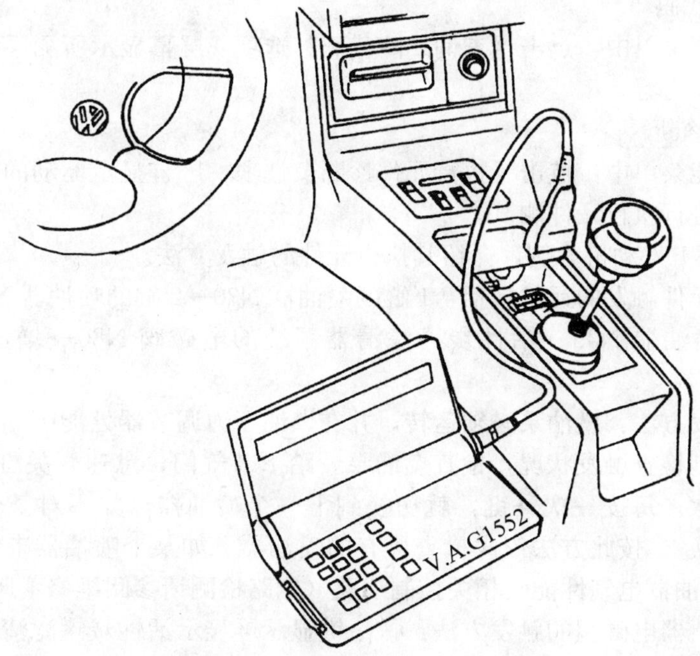

图 4—4　大众专用解码器 VAG1552

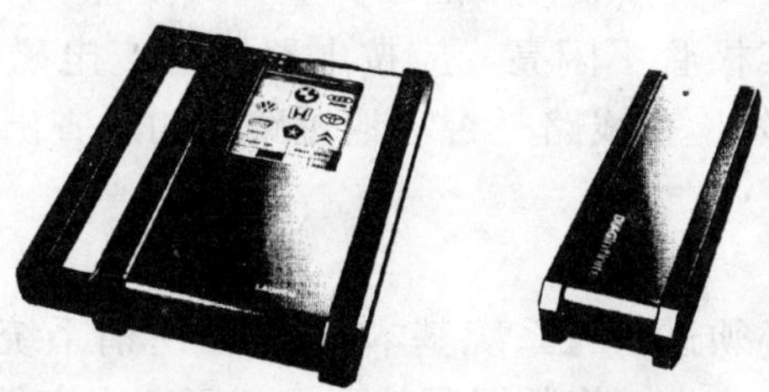

图 4—5　通用型 X-431 解码器

表 4—1　解码器的测试功能及前提条件

功能		打开点火开关，不起动发动机	发动机怠速	车辆行驶过程中
01	查询控制单元版本号	是	是	是
02	查询故障代码	是	是	是
03	执行元件诊断	是	否	否
04	系统基本设置	是	否	否
05	清除故障代码	是	是	是
06	系统登录	是	否	否
07	控制单元编码	是	否	否
08	读取测量数据块	是	是	是

1. 查询控制单元版本号

在解码器功能菜单中，点击【查询控制电脑型号】选项，屏幕即显示所测系统控制电脑的相关信息，如电脑型号、系统类型、发动机类型、适用配置的设定号等。

2. 查询故障代码

在解码器功能菜单中，点击【查询故障代码】选项，屏幕显示所测系统控制电脑中存储的故障码及相关内容。

3. 执行元件诊断

在解码器功能菜单中，点击【执行元件诊断】选项，屏幕显示驱动的执行元件，可按照屏幕提示逐一进行执行元件测试。

以帕萨特 1.8T 发动机为例，介绍其执行元件的触发方法。

可用于执行元件触发的元件包括：1 缸的喷油器 N30→2 缸的喷油器 N31→3 缸的喷油器 N32→4 缸的喷油器 N33→活性炭罐滤清器系统的电磁阀 N80→增压压力控制电磁阀 N75。

喷油器的触发方法：燃油泵必须运转，并在燃油压力调节器处能听到回油流动声。若燃油泵不运转，则检查触发状况，检查燃油泵。踏下节气门，怠速开关打开，1 缸喷油器应发出咔嗒声 5 次。每按一次→键，就切换到下一个喷油器（如不对某个喷油器进行检测，也可照此切换）。按此方法依次检查所有的喷油器。如某个喷油器未被触发（无咔嗒声），则应检测喷油器电气性能及相关控制线路（电路检测请参阅维修手册）。

活性炭罐滤清器电磁阀的触发方法：按→键显示屏显示活性炭罐滤清器电磁阀，此时一直发出咔嗒声，直到通过按→键切换到下一个执行元件。如电磁阀不发出咔嗒声，从电磁阀上拔下插头，将发光二极管接到拔下的插头上，二极管必须闪亮。二极管闪亮则关闭点火开关，更换电磁阀。二极管不闪亮，应按电路图检查电磁阀与 ECU 之间是否断路，导线电阻最大为 1.5Ω；另外检查线路是否对地短路，如未查出导线故障应检查发动机控制单元。

4. 系统基本调整

在汽车维修和保养后必须进行【系统基本调整】。所谓系统基本调整，是通过数据通道将一些数据写入到控制单元中，将数据调整到生产厂家指定的基本值，或将某些元器件参数写入控制单元，从而使汽车达到最佳运行状态。

5. 清除故障代码

在解码器功能菜单中，点击【清除故障代码】选项，可以清除系统控制电脑存储的故障码及相关内容。故障代码分为偶发与非偶发代码。随机性（偶发）故障在 V. A. G1551 显示时用“/SP”提示。如果所存储的故障在 40 次预热阶段不再发生，则该故障自动清除。

6. 控制单元编码

当车辆的代码没有显示或主电脑已更换，则必须进行【控制单元编码】。由于控制器中存储了多套软件，因而一个控制器可以在不同配置的汽车上使用。每一种编码均代表了控制器中的不同软件，显示的编码与原车不符、更换了控制单元、车辆经过维修和改变了汽车的配置等情况下都需要给控制器编码。如果控制器编码不正确会造成排放值升高、油耗增加、发动机工作不佳、换挡冲击等故障。严重时造成不着车，甚至元件损坏。

四、示波器的使用

汽车专用示波器已从开始的单通道，发展为多通道，从结构和功能上分为多种类型。目前汽车维修行业对汽车示波器的要求也越来越高，不但在性能上要求带宽高、采样速度快、存储容量大，而且形式上要求小型化、便携、数字化、多功能等。下面以 MT3500 示波器（如图 4—6 所示）为例，介绍其使用功能和方法。

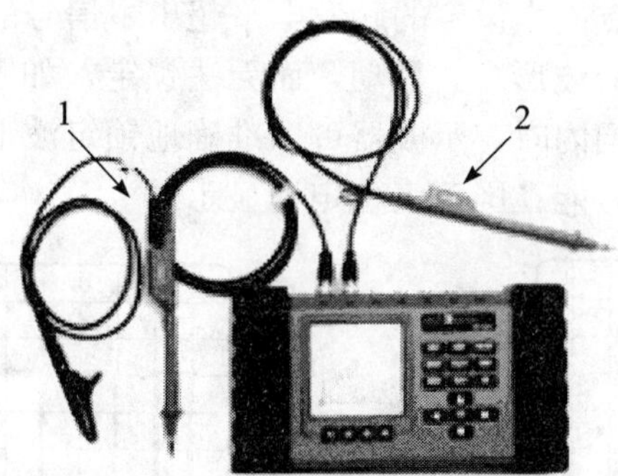

图 4—6　MT3500 示波器

1—1 通道测试线；2—2 通道测试线

1. 调整电压比例

电压比例值决定了信号波形的高度，即幅度。V/格是指屏幕垂直方向上显示的每个格子所对应的实际电压值。对于同一信号，当选择不同的电压比例时，则显示不同的波形，如图 4—7 所示。设定电压值越低，则显示的波形就越高。

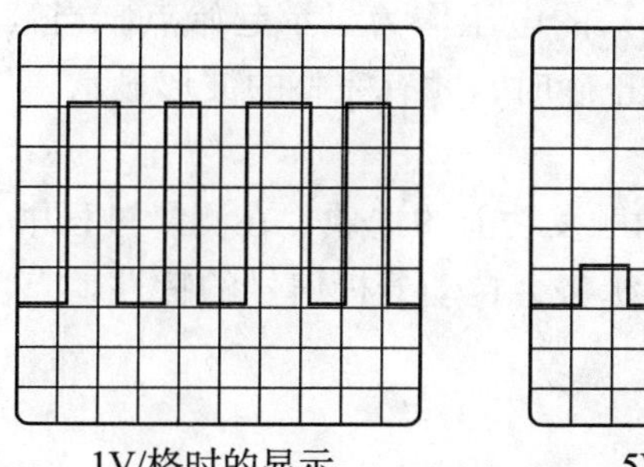

1V/格时的显示

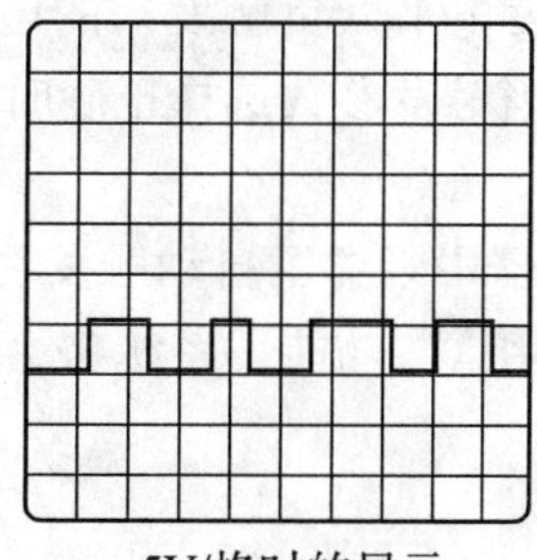

5V/格时的显示

图 4—7　电压比例的调整

2. 调整时基

时基的选择决定了重复性信号在屏幕上显示的频数，s/格是指屏幕水平方向上显示的每个格子所对应的实际时间值。对于同一信号，当选择不同的时基时，则显示不同的波形，如图 4—8 所示。设定时基值越高，则显示的频数就越多。

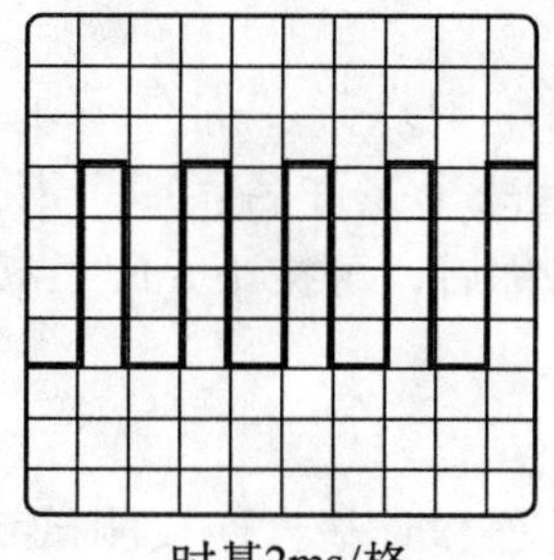

时基2ms/格

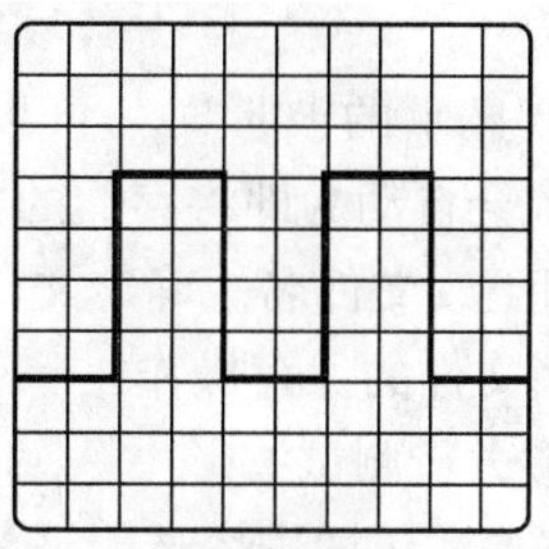

时基1ms/格

图 4—8　时基调整

3. 调整触发

触发电平用于调节波形的起始显示电压值，即设定显示屏上显示的信号以大于或小于设定的触发电压为起始显示点。当设定的触发电平超出了信号的电平范围时，示波器无法确定显示的起始位置，显示的波形左右晃动，而无法锁定，如图 4—9a 所示。当设定的触发电平在正常信号的电平范围内时，示波器可以准确地锁定波形，如图 4—9b 所示。所以触发参数的调整是为了使信号能在屏幕上稳定地显示。

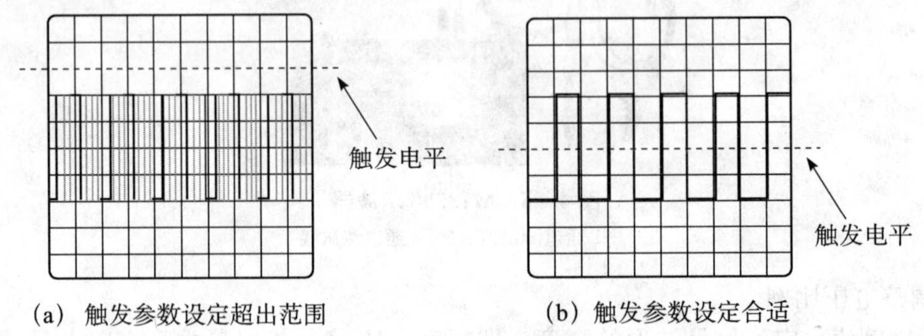

(a) 触发参数设定超出范围　　(b) 触发参数设定合适

图 4—9　触发参数调整

触发沿的设定用于确定显示的波形，是以大于触发电平（正触发）的电压作为显示起始点，还是以小于触发电平（负触发）的电压作为显示起始点。当触发参数选择不同时，得到的波形也不同，当触发参数选择正确时，才有完整的波形显示。

4. 自动触发

在 MT3500 示波器中设置了自动触发功能的选项。在测量过程中，如果无法准确设定触发参数时，可以启用这一功能，系统将会自动分析信号的特性，自动设置触发电平、触发沿等参数。

5. 峰值捕捉

在测量中，如果碰到一些间歇性的故障信号，峰值捕捉功能会根据用户设定的触发条件，等待故障信号的再次出现。一旦捕捉到符合设定条件的故障信号，MT3500 示波器就会发出蜂鸣声进行提示，并自动冻结画面的显示。

6. 屏幕冻结功能

使用［HOLD］按钮可以冻结显示的波形。波形被冻结后，屏幕右上角将显示出“屏幕显示冻结图标”。再次按下［HOLD］按钮将取消显示冻结。

7. 保存波形

需要保存屏幕上显示的波形时，可以在菜单中选择“保存波形”命令或直接按下［SAVE］按钮。系统会自动为即将存储的文件起一个文件名，如果需要自定义文件名时，可按下［YES］按钮更改文件名。确定文件的名称后，可按下［F1］按钮保存文件，或是按下［F2］按钮取消文件的保存操作。

8. 对照标准波形分析测试波形

起动仪器，根据要测试的内容选择适当的量程和时基。连接测试导线到被测元件，红表笔接信号线，黑表笔接地。此时屏幕上所显示的波形即为被测元件的波形，将其与标准波形相对照，来分析波形是否正常。

⚠ **注意：**（1）仪器及测试连线要远离汽车发动机的运动件，例如：传动皮带、风扇及齿轮等。

（2）不要用导电物体短路电池的正负电极。进行各种测试前，应连接好搭铁线。

（3）防止仪器被冷却液、水、油或其他液体弄湿。

（4）应在安装防滑护套的情况下使用仪器。

（5）仪器输入端电压不要超过500V。

检验学生实训能力阶段

由实训教师根据实际情况，就车选定测试元件，由学生选择合适的仪器，独立进行操作，检查学生是否能正确使用仪器，能否准确完成教师设定的任务。

组织学生填写实训记录单

教师总结及信息反馈

（1）总结本次实训的要点内容；

（2）解答学生记录单中提出的各种疑问及实训中存在的难点；

（3）对学生解决实际问题的能力进行考核，做出点评，并给出本次实训成绩；

（4）结合本次实训存在的问题，比如在问题答疑、实训步骤、方法等方面的问题，完成本次实训记录。

学生实训记录单

<table>
<tr><td>班级</td><td></td><td>车型</td><td colspan="3"></td></tr>
<tr><td>姓名</td><td></td><td>发动机型号</td><td colspan="3"></td></tr>
<tr><td>学号</td><td></td><td>VIN 码</td><td colspan="3"></td></tr>
<tr><td>日期</td><td></td><td>行驶里程</td><td></td><td>年款</td><td></td></tr>
<tr><td colspan="6">1. 写出用测试灯测试电路时应注意的问题，并描述用测试灯检测故障的流程。

2. 写出用万用表测试电路时应注意的问题，并描述用万用表检测故障的流程。

3. 写出用解码器测试电控系统时应注意的问题，并描述用解码器检测故障的流程。

4. 写出用示波器测试电器波形时应注意的问题，并记录一个被检波形。

5. 本次实训中存在的疑问有哪些？最大的难点是什么？</td></tr>
</table>

<table>
<tr><td rowspan="3">教师评语：

年　月　日</td><td colspan="3">本次实训成绩</td></tr>
<tr><td>良好</td><td>合格</td><td>不合格</td></tr>
<tr><td></td><td></td><td></td></tr>
</table>

实训五

空气流量计的检测

实训计划

<table>
<tr><th>实训能力目标</th><th colspan="2">内容及时间安排（分钟）</th><th>建议学时</th></tr>
<tr><td rowspan="7">1. 掌握空气流量计的外观检查方法。
2. 掌握各种类型空气流量计的检测方法。</td><td>实训准备工作的检查及安全工作的说明</td><td>10</td><td rowspan="7">2 学时
（100 分钟）</td></tr>
<tr><td>组织学生讨论空气流量计的检测流程</td><td>10</td></tr>
<tr><td>指导学生用万用表测试空气流量计</td><td>20</td></tr>
<tr><td>指导学生用解码器测试空气流量计</td><td>20</td></tr>
<tr><td>指导学生用示波器测试空气流量计</td><td>20</td></tr>
<tr><td>组织学生讨论并完成记录单</td><td>10</td></tr>
<tr><td>教师总结及信息反馈</td><td>10</td></tr>
</table>

实训过程

实训准备阶段

一、教师准备工作

教师在实训前准备能工作的试验发动机、万用表、电吹风、解码器、示波器及各种类型空气流量计等。

二、学生准备工作

（1）掌握与实训车型相关的空气流量计（MAF）的理论知识。

（2）了解本次实训课所用仪器及设备的使用方法。

指导学生实训阶段

电控汽油喷射系统的空气流量计有多种形式，目前常见的空气流量计按其结构形式可分为叶片（翼板）式、热线式、热膜式、卡门涡旋式等几种。实训教师可以根据实际情况，选择 1～2 种空气流量计进行测试。

一、外观检查

（1）观察热线式空气流量计的连接有无异常。

（2）检查防护网有无堵塞或破裂。

（3）检查传感器插头有无锈蚀或变形，如有应更换或维修传感器。

二、用万用表检测

1. 叶片式空气流量计的检测

叶片式空气流量计的线束插接器一般为 7 个端子，其电路有两种类型，一种用于模拟控制系统中，另一种用于数字控制系统中，如图 5—1 所示。检测叶片式空气流量计时，可以从车上拆下，也可以在汽车上进行。

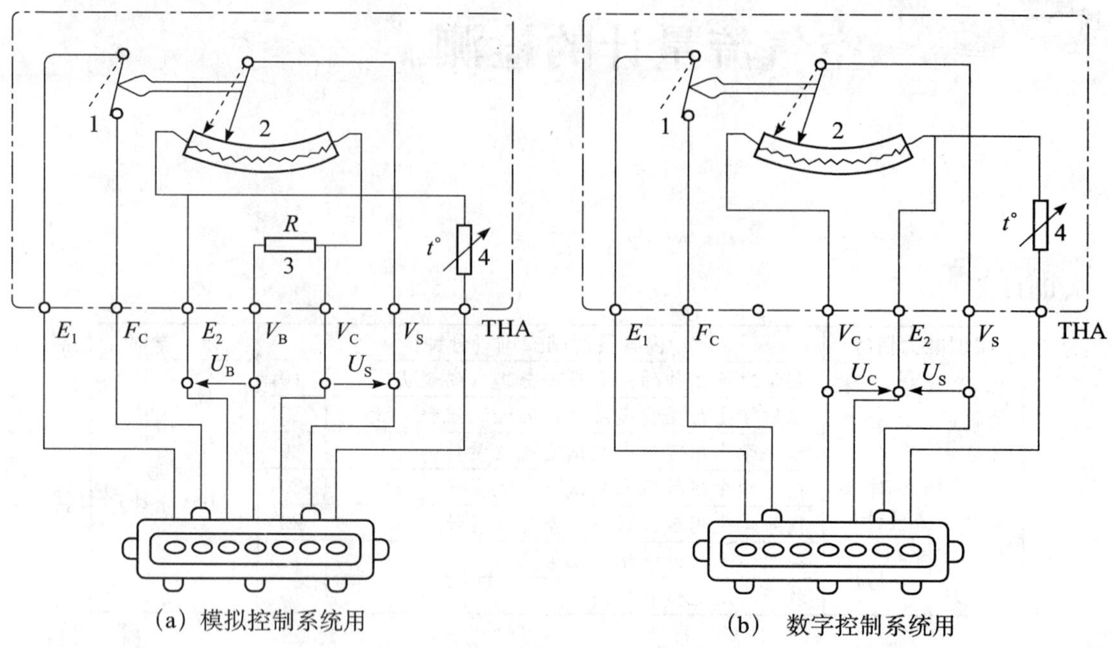

(a) 模拟控制系统用　　(b) 数字控制系统用

图 5—1　叶片式空气流量计的电路

1—油泵触点；2—电位计；3—限流电阻；4—进气温度传感器

（1）应先断开点火开关，拔下线束插头。

（2）用万用表电阻挡测量传感器插座上各端子之间的阻值。

（3）用螺丝刀拨动翼片，如图 5—2 所示，同时用万用表测量各端子之间的阻值。

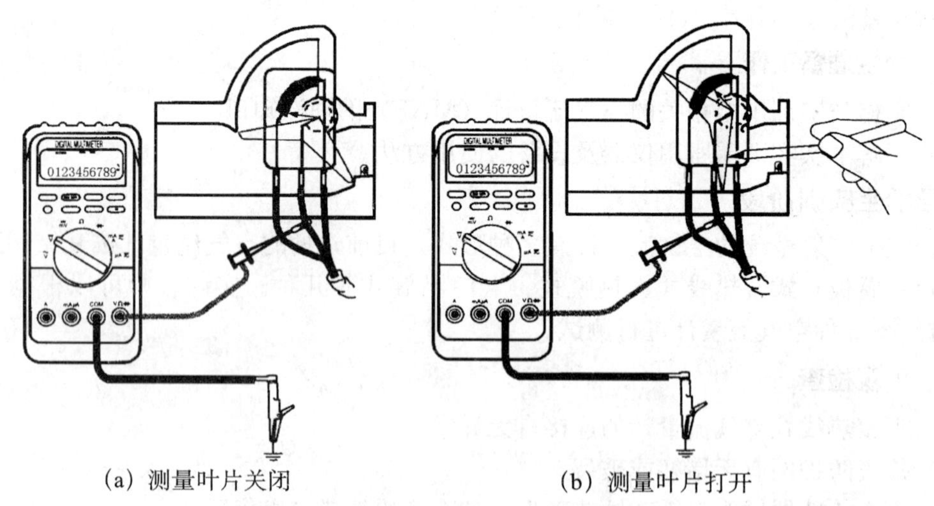

(a) 测量叶片关闭　　(b) 测量叶片打开

图 5—2　叶片式空气流量计的检测

任何一项检测结果与维修手册提供的标准值比较后，若偏差过大，就应更换空气流量计。如表 5—1 所示为丰田皇冠（CROWN）2.8 和丰田子弹头（PREVIA）车用叶片式空气流量计的标准阻值。

(4) 打开点火开关，测量传感器插座上的电源电压，如图 5—1a 所示的 U_B，标准值应为 12V；如图 5—1b 所示的 U_C，标准值应为 5V。

表 5—1　　叶片式空气流量计的标准阻值

端子名称	测试条件	阻值（Ω）	
		5M-E 发动机	2TZ-FE 发动机
F_C-E_1	叶片关闭	∞	∞
	叶片打开位置	0	0
V_B-E_2	20℃	200～400	
V_C-E_2	20℃	100～300	200～600
V_S-E_2	叶片关闭	20～100	200～400
	任何位置	20～1 000	200～1 200
THA-E_2	－20～60℃	从 10 000～20 000 到 400～700	

(5) 用仪器检测叶片式空气流量计的检测内容和方法，在后面讲述。

2. 热线式空气流量计的检测

(1) 关闭点火开关，拔下传感器线束插头。

(2) 接通点火开关，用万用表直流电压挡检测传感器插座上电源端子与搭铁端子之间的电压，尼桑车热线式空气流量计的电路，如图 5—3 所示。

(3) 将一个 5V 电源接在 D 与 E 之间，如图 5—4 所示。

(4) 用电吹风机向空气流量计的空气入口吹气，同时再测量信号电压。

(5) 先将线束插头插上，并拆下空气流量传感器空气入口端的进气管；起动发动机并将转速升高到 2 500r/min 以上，再使发动机怠速运转，然后使发动机熄火，同时观察热丝，应在 5s 后红热并持续 1s，否则，自洁功能失效。

(6) 使用仪器检测热线式空气流量计的检测内容和方法，在后面讲述。尼桑车空气流量计的检测参考数据如表 5—2 所示。

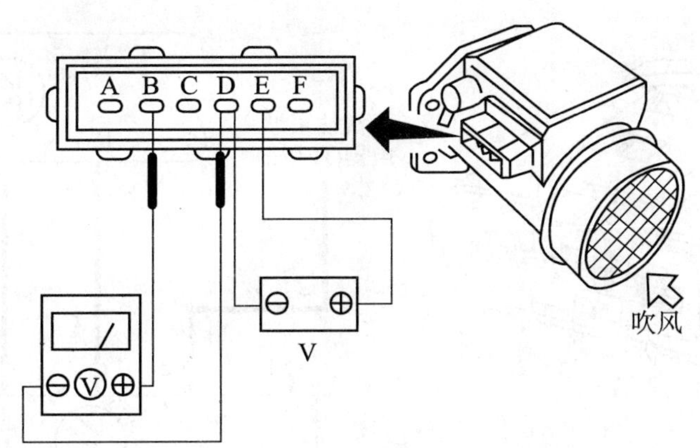

图 5—3　尼桑车热线式空气流量计的检测端子

A—可变电阻器；B—输出信号；C，D—搭铁；E—蓄电池电压；F—自洁信号

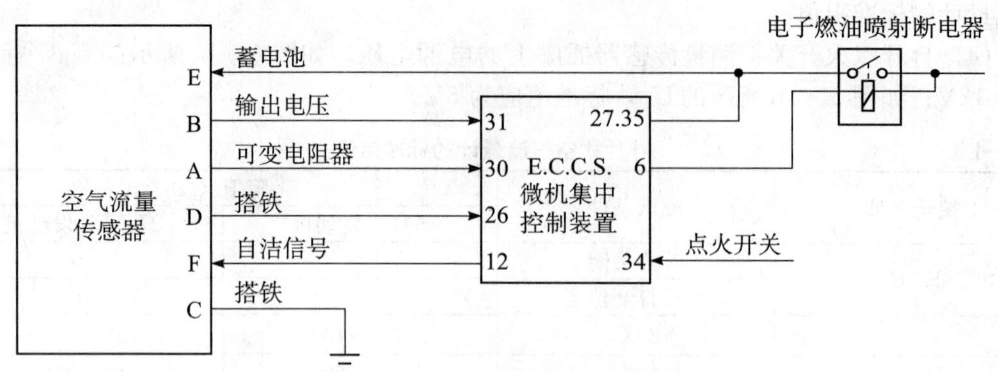

图 5—4 尼桑车热线式空气流量计的控制电路

表 5—2 尼桑车空气流量计的检测参考数据

输出信号检测	B与C	发动机怠速时，1.0～1.5V之间
		增加空气量时，2.0～4.0V之间
供电电压检测	E与D	应为蓄电池电压12V
	E与C	应为蓄电池电压12V
自洁功能检测	F与D	发动机OFF时，电压为0V，5s后又上升，经过1s后又为0V

⚠ **注意**：动态检测时，先关闭所有用电设备，起动发动机并怠速运转，怠速稳定后，用万用表检测空气流量计的信号输出电压，并进行急加速减速试验，观察空气流量计的信号输出电压的变化情况。通常热线式空气流量计的输出电压范围为怠速0.2V到高速4.0V以上，急减速电压应比怠速时略低。

3. 热膜式空气流量计的检测

热膜式与热线式空气流量传感器的检修方法基本相同，现以桑塔纳2000AJR发动机用的热膜式空气流量计为例说明检测过程。桑塔纳2000AJR发动机用的热膜式空气流量计的控制电路及插接器端子如图5—5所示。

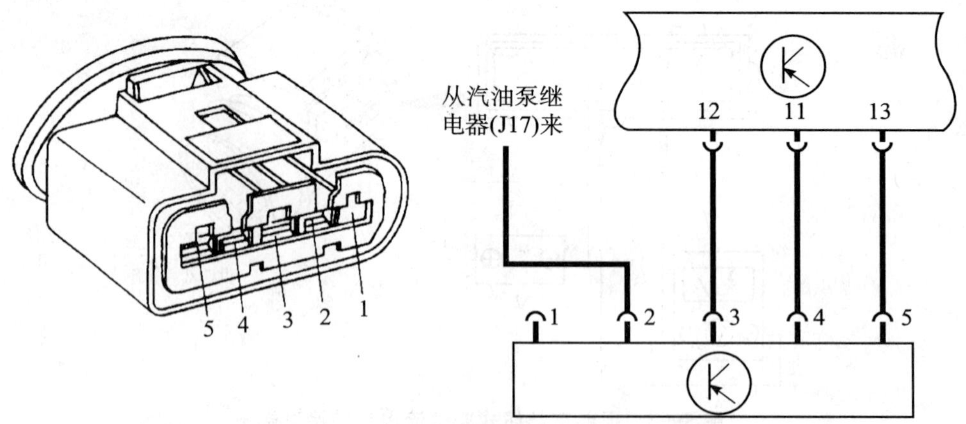

图 5—5 桑塔纳2000AJR用热膜式空气流量计

1—空端子；2—接J17；3—搭铁；4—5V供电线；5—信号线

（1）拔下插接器，打开点火开关。

（2）用万用表检测端子 2 与缸体、端子 2 与端子 3 之间的电压，应为 12V；否则应检查油泵继电器及相关电路。

（3）用万用表检测端子 4 与缸体、端子 4 与端子 3 之间的电压，应为 5V；否则说明端子 4 与端子 11 断路，应检查发动机 ECU 及相关电路。

（4）将发动机转速逐渐升高，再逐渐降低时，端子 3 与端子 5 之间的电压应在 1.0～4.0V 之间变化；否则应更换空气流量计。

（5）用故障诊断仪检测热膜式空气流量计的检测内容和方法，在后面讲述。

4. 卡门旋涡式空气流量计的检测

以日本丰田凌志 LS400 轿车用空气流量计为例进行说明，检测端子如图 5—6 所示，检测参考数据如表 5—3 所示。

（1）打开点火开关，起动发动机。

（2）将万用表调整到频率挡，表笔接空气流量计 KS 与 E_2 间，加减发动机油门，频率应随发动机转速平稳变化，怠速时的频率约为 2.77kHz。

（3）将万用表调整到电压挡，表笔接空气流量计 KS 与 E_2 间，盘转发动机时正常电压应为 2.0～4.0V。

（4）拔下插接器，用万用表检测 E_2 与 THA 之间的电阻，不同温度下应符合维修手册的阻值要求，也可参考数据表 5—3。

（5）测量 VC 与 E_2 之间的电压，应为 5V，否则检查发动机 ECU 及相关电路。

（6）用故障诊断仪检测卡门旋涡式空气流量计的检测内容和方法，在后面讲述。

表 5—3　　LS400 轿车空气流量计的检测参考数据

VC 与 E_2	5V	
THA 与 E_2	20℃	2 000～3 000Ω
	40℃	900～1 300Ω
	60℃	400～700Ω

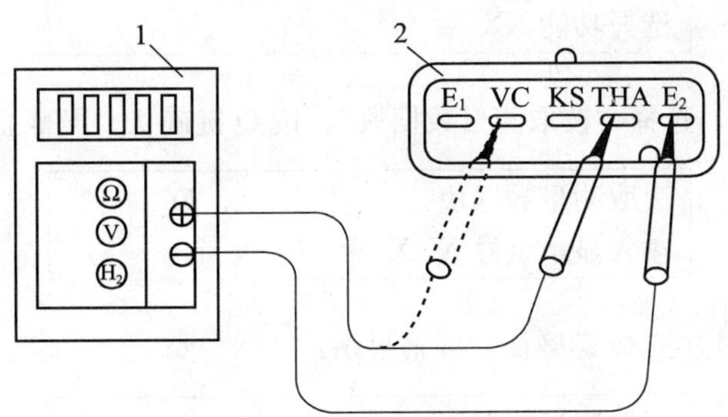

图 5—6　LS400 轿车空气流量计的检测端子

1—万用表；2—空气流量计；E_2—搭铁端子；VC—5V 电压；KS—信号电压；THA—进气温度传感器端子

三、用故障诊断仪检测

汽车故障诊断仪是综合检测仪器，既能读取故障码，也能读取数据块（流），同时也能测试出信号波形。

1. 故障码的读取与清除

不同车型的空气流量计的故障码也不同，常见几种车型的空气流量计的故障码及其含义如表 5—4 所示。故障码读取和清除的方法和步骤如下：

表 5—4　　几种车型的空气流量计的故障码

车型	故障码	含义
君威	P0102	电路频率过低
	P0103	电路频率过高
一汽花冠	P0100	电路频率过低或过高
	P0102	低输入
马自达 A6	P0103	高输入
东风阳光	P0100	电路频率过低或过高
桑塔纳 2000AJR	00553	线路对地断路或短路

（1）连接诊断仪，打开点火开关，读取故障码。

（2）解读故障码。

（3）排除故障。

（4）清除故障码。

（5）关闭点火开关，拆下诊断仪。

2. 数据块的读取

以帕萨特 1.8T 为例介绍读取空气流量计的数据块的过程。

（1）起动发动机将冷却液温度提高到 80℃以上，关闭所有用电设备，将换挡杆置于 P 挡或 N 挡位置。

（2）将故障诊断仪 V. A. G1551（或 V. A. G1552）与发动机控制单元连接并输入地址码 01。发动机保持在怠速工况，屏幕显示：

快速数据传递	帮助
选择功能 XX	

（3）按 0 和 8 键，选择“读取测量数据块”，按 Q 键确认。屏幕显示：

读取测量数据块	Q
输入显示组号 XXX	

（4）输入 02 组号并按 Q 键确认，屏幕显示：

读取测量数据块 0									→
1	2	3	4	5	6	7	8	9	10

怠速时，帕萨特 1.8T 显示组 02 的基本参数如图 5—7 所示。可通过怠速进气量、发动机加速时进气量的数据变化，判断 MAF 及有关系统是否有故障。

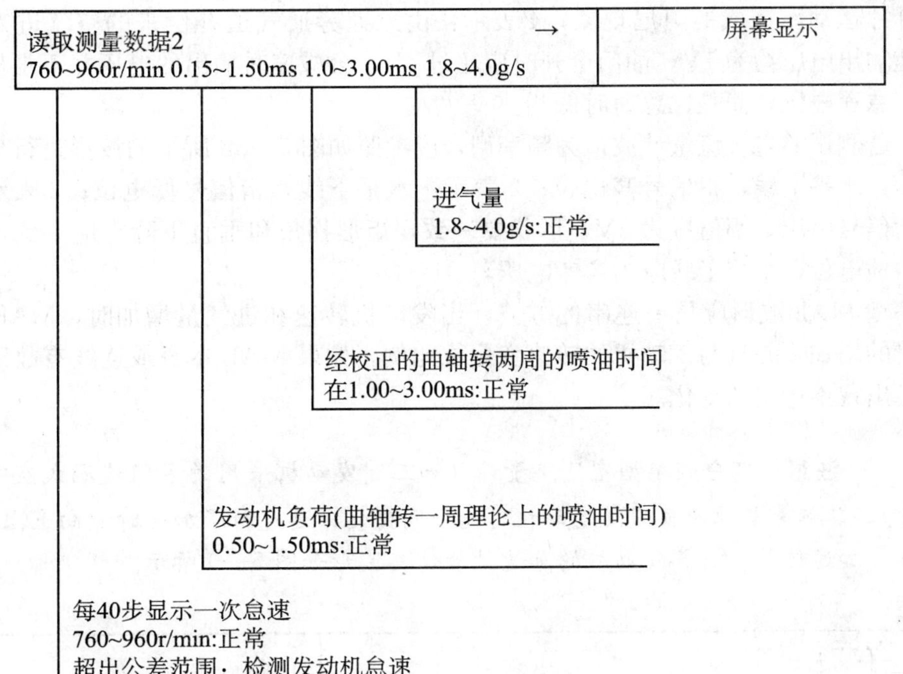

图 5—7　显示组 02 怠速时的基本参数

⚠ **注意：** 数据块中的 MAF 信号是以 g/s 为单位的。发动机怠速时，空气流量一般为 1.8～4g/s，当转速增加时，这个数据也逐渐增加。转速不变时，读数应基本保持不变，否则，检查 MAF 及相关电路。

四、信号波形的测试

不同类型的空气流量计，其标准波形也不同。MAF 的标准波形有模拟型和频率型两种，标准波形如图 5—8 所示。

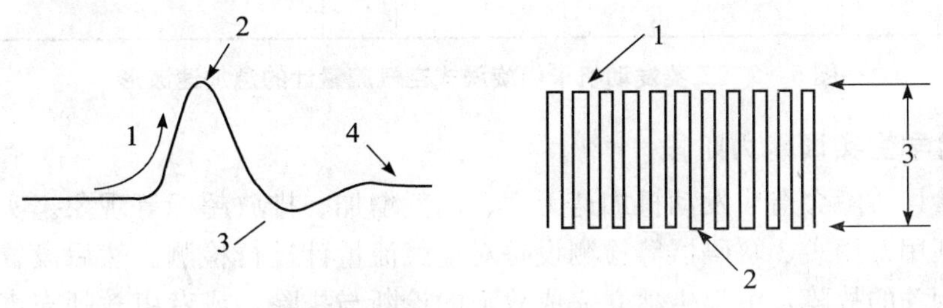

(a) 模拟型空气流量计波形　　(b) 频率型空气流量计波形

图 5—8　空气流量计的标准波形

(1) 将示波器的正极接到空气流量计的信号端子上，而负极接到搭铁位置。

(2) 起动发动机并稳定在某一转速，在示波器的屏幕上应显示一个稳定的电压信号，若出现突变或不稳定的电压信号，则表明该 MAF 有故障。

(3) 若测试的空气流量计波形为模拟型，应参照如图 5—8a 所示的波形进行分析。图中 1 表示：进入进气管的空气流量逐渐增加；2 表示：节气门全开并最大加速；3 表示：

由测量叶片运动而造成的阻尼现象；4 表示：由怠速旁通气道补偿来的空气进入了进气管。怠速输出电压约为 1V，油门全开时应超过 4V，全减速时输出的电压并不是从全加速电压回到怠速电压，而是比怠速时低些。

（4）若测试的空气流量计波形为频率型，应参照如图 5—8b 所示的波形进行分析。图中 1 表示：水平上线，指信号高电位；2 表示：水平下线，指信号低电位；3 表示：峰值电压，为信号电压。幅值应为 5V，形状要一致，矩形拐角和垂直下降沿应一致。水平下线几乎为地电位，水平上线应为参考电压。

频率型 MAF 波形应是一连串的方波，当发动机转速和进气量增加时，MAF 信号频率应平滑的增加，并且与发动机的转速变化成比例。如果 MAF 本身或连线有故障，则信号频率会出现不稳定的变化。

⚠ **注意：** 部分频率型空气流量计（如三菱发动机采用的卡门旋涡式空气流量计），其频率与脉冲宽度随发动机转速一同变化，这是为了加速时能向 ECU 提供异步加速信号，改善发动机的加速性能，其波形如图 5—9 所示。

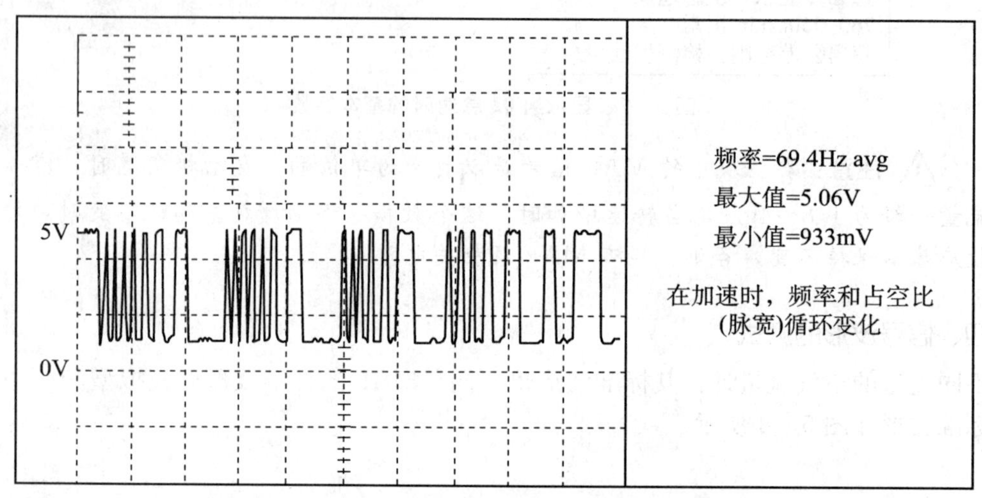

图 5—9　三菱发动机卡门旋涡式空气流量计的急加速波形

检验学生实训能力阶段

空气流量计故障会造成发动机加速无力、油耗增加、排放超标等现象。实训教师可根据实训条件利用万用表、解码器等检测设备对空气流量计进行检测。然后设置一些与空气流量计故障相关的故障，由学生独立完成故障的诊断与排除，或者由教师充当客户模拟一个或几个场景，让学生分组完成故障排除。

⚠ **注意：** 在操作过程中，注意操作程序与规范，注意设备的正确使用，防止出现实训事故。

一辆桑塔纳 2000 汽车出现发动机加速无力、油耗增加、排放超标等现象。客户已经

清洗了喷油嘴、节气门体，但故障未能解决。客户现在要求维修人员诊断维修。

让学生分析并说出检查步骤和方法（参考方法）：

（1）检查发动机电控系统。

（2）检察燃油压力。

（3）检查进气系统。

（4）检查气缸压力。

由学生对下列问题，向教师进行解释并提出解决方案：

（1）根据检查情况，分析可能导致上述故障的原因有哪些？

（2）如何确定上述故障？

（3）对检查结果进行理论分析。

组织学生填写实训记录单

教师总结及信息反馈

（1）总结本次实训的要点内容；

（2）解答学生记录单中提出的各种疑问及实训中存在的难点；

（3）对学生解决实际问题的能力进行考核，做出点评，并给出本次实训成绩；

（4）结合本次实训中存在的问题，比如在问题答疑、实训步骤、方法及故障设置等方面的问题，完成本次实训记录。

学生实训记录单

班级		车型			
姓名		发动机型号			
学号		VIN 码			
日期		行驶里程		年款	

1. 利用万用表检查空气流量传感器，并记录相关数据。

（1）该车用空气流量计的类型是______________，插头端子数是______________

（2）测量传感器的供电电压为____________，是否正常？　是□　否□

（3）起动发动机，使节气门由怠速开始，缓慢达到全开位置，测量空气流量传感器的信号电压为________；节气门回到怠速位置，再突然达到全开位置，测量空气流量传感器的信号电压为________，并判断测量数值是否满足要求？　是□　否□

（4）关闭点火开关，拔下电脑及传感器上的插头，测量导线两端之间的电阻为________，并判断传感器线束是否符合要求？　是□　否□

2. 利用故障诊断仪检查空气流量传感器，并记录相关数据。

（1）用故障诊断仪读取故障码，是否读取到与空气流量计相关的故障码？　是□　否□

若有故障码时，应检查相关线束连接、连接导线电阻是否正常？　是□　否□

请判断故障是否在空气流量计本身？　是□　否□

（2）节气门在怠速位置，读取到的空气流量计的数据为______________________

（3）节气门突然全开时，读取到的空气流量计的数据变化为__________________

3. 利用示波器检查热线式空气流量传感器，并记录相关数据。

（1）节气门在怠速位置，观察并画出输出的波形为________________________

（2）突然加大节气门到全开，2s 后再将节气门快速关闭，再稳定怠速 5s，观察并画出空气流量计输出的波形：________________________________

（3）根据波形，分析该空气流量传感器的性能是否良好？　是□　否□

（4）理由是：____

4. 本次实训中存在的疑问有哪些？最大的难点是什么？

____

____

教师评语：	本次实训成绩		
	良好	合格	不合格
年　月　日			

实训六

进气歧管绝对压力传感器的检测

实训计划

实训能力目标	内容及时间安排（分钟）		建议学时
1. 掌握用万用表检测进气压力传感器的方法。 2. 掌握用故障诊断仪检测进气压力传感器的方法。 3. 掌握用示波器检测进气压力传感器的方法。	实训准备工作的检查及安全工作的说明	10	2 学时 （100 分钟）
	组织学生讨论进气压力传感器的检测内容及标准	10	
	指导学生用万用表检测进气压力传感器	20	
	指导学生用故障诊断仪检测进气压力传感器	20	
	指导学生用示波器检测进气压力传感器	20	
	组织学生讨论并完成记录单	10	
	教师总结及信息反馈	10	

实训过程

实训准备阶段

一、教师准备工作

教师在实训前准备能工作的试验发动机、万用表、真空表、解码器、示波器等。

二、学生准备工作

（1）掌握与实训车型相关的进气压力传感器的理论知识。

（2）了解本次实训课所用仪器及设备的使用方法。

指导学生实训阶段

进气压力传感器全称为进气歧管绝对压力传感器（Manifold Absolute Pressure，MAP）。进气压力传感器的作用是测量进气歧管压力，并将信号输入 ECU，作为燃油喷射和点火控制的主控制信号。基本结构形式有两种：一种是压敏电容式，常见于福特公司生产的汽车上；另一种是压敏电阻式，普遍应用于 D 型电控燃油喷射系统中。

一、用万用表检测

进气压力传感器和电脑之间的电路如图 6—1 所示。根据产生的电压信号不同，有模拟电压型 MAP 和变频型 MAP，其检测方法有所不同。

1. 基准电压的检测

（1）拔下传感器的插头，打开点火开关。

（2）测量插头上电源端子与搭铁线端子之间的电压，应为 4.5～5V，否则应检查电脑

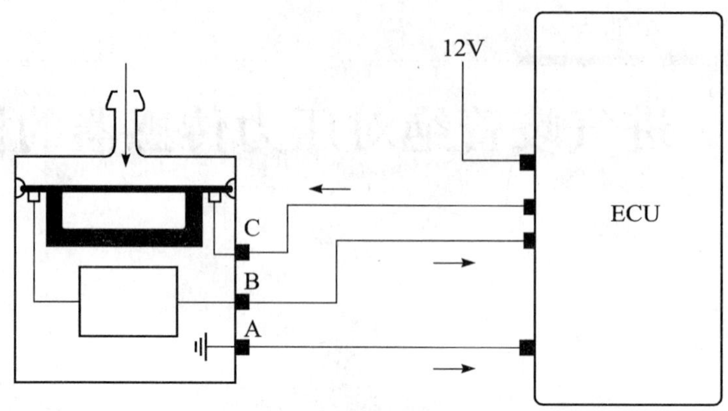

图 6—1　进气压力传感器和电脑之间的电路连接

A—搭铁；B—信号输出；C—电源线

上相应端子上的电压，应为 4.5～5V。

（3）若电脑上相应端子的电压正常，而插头上电源端子与搭铁线端子之间的电压不正常，则电脑至传感器之间的线路有故障。

（4）若电脑上相应端子没有电压，则应检查电脑上的电源线和接地线是否正常，若正常则说明电脑有故障。

2. 标准大气压力下输出电压的检测

（1）将插接器插上，拆下传感器上的软管，使其置于大气中。

（2）打开点火开关，用万用表测量传感器信号输出端子与搭铁线之间的输出电压，正常值应为 4～5V。

（3）当发动机热机空挡怠速运转时，测量输出电压应降到 1.5～2.1V。此时，如从 ECU 线束侧相应端子处测试，其电压值也应是上述数值；如不符，则为传感器信号连线断路或插接器接触不良。

3. 在真空下的输出电压检测

对传感器上的软管施加一个 13.3～66.7kPa 的负压（真空度），如图 6—2 所示，测量电脑插接器输出端与搭铁之间的电压的变化，应符合表 6—1 的变化规律。

表 6—1　　不同真空度（进气压力）时对应输出的电压值

真空度（kPa）	电压（V）
13.3	0.3～0.5
26.7	0.7～0.9
40	1.1～1.3
53.5	1.5～1.7
66.7	1.9～2.1

4. 传感器的接地情况检测

用万用表欧姆挡，从传感器的接地端子处，测试其接地电阻。如电阻值不为零或电阻值较大，则多数为导线断线或 ECU 插接件连接不良，应予以修理或更换线束。

5. ECU 地线的接地情况检测

用万用表欧姆挡测试 ECU 接地线与发动机地线接柱之间的电阻值。若它们之间的电

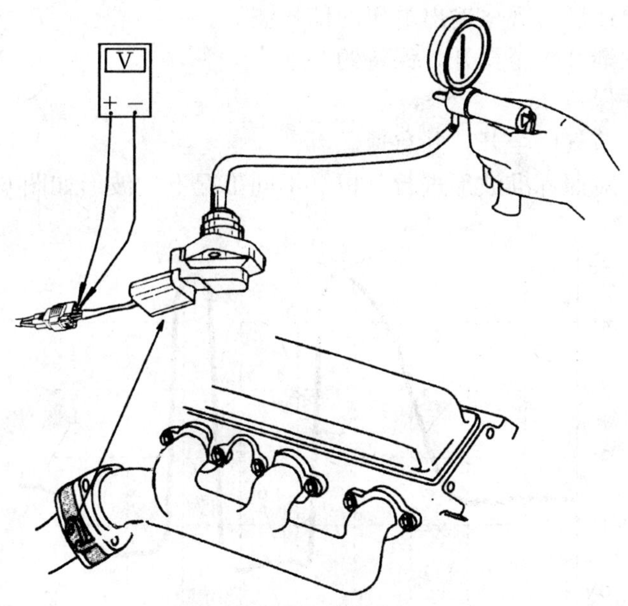

图 6—2　真空下的输出电压检测

阻值均为 0Ω 或小于 1Ω，则说明传感器地线接地良好；若电阻值大于 1Ω 或更大，说明传感器地线接地不良，应查明原因并予以排除。

二、用故障诊断仪检测

1. 读取故障码

将故障诊断仪连接好，将点火开关打到“ON”位，读取故障码。若有故障码，则按故障码的指示进行检测或更换传感器；若无故障码，则读取数据流。

2. 读取数据流

（1）将故障诊断仪连接好，起动发动机。

（2）选择故障诊断仪数据流功能选项；读取发动机不同运行工况下进气压力传感器的压力值。桑塔纳 2000GLi 型轿车进气压力传感器的数据流如表 6—2 所示，参照标准值进行分析。

表 6—2　　桑塔纳 2000GLi 型轿车进气压力传感器数据流

不同工况	MAP 传感器瞬时数据
怠　速	57.33～71.33kPa
急加速	最大 84.66kPa
急减速	最小 6.66kPa

⚠ **注意**：为了防止损坏故障诊断仪，在连接或断开故障诊断仪之前一定将点火开关旋至“LOCK（OFF）”位。

3. 波形测试

以桑塔纳 2000GLi 型轿车进气压力传感器为例，介绍其测试方法：

（1）将示波器连接到进气压力传感器信号输出端，起动发动机。

（2）使其稳定怠速后，观察输出电压的信号波形。

（3）将节气门逐渐开大至全开，保持约 2s。

（4）回到怠速并保持 2s。

（5）再急加速至节气门全开，并怠速。

（6）锁定波形，对照标准波形进行分析，不同工况下的波形如图 6—3 所示。

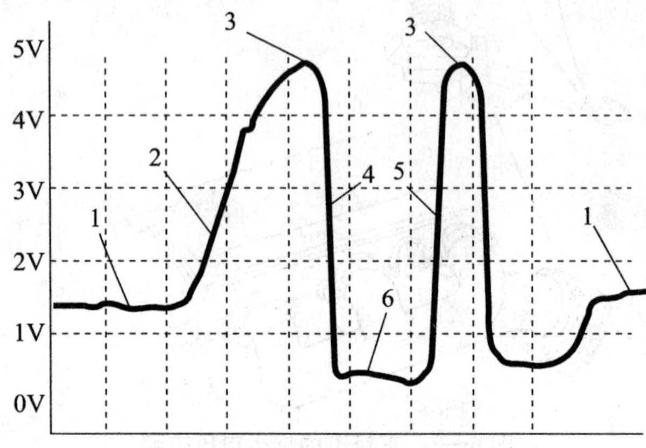

图 6—3　正常 MAP 不同工况时的测试波形

图 6—3 中 1 表示怠速状态；2 表示缓慢加速；3 表示节气门全开；4 表示全减速，节气门迅速关闭；5 表示急加速；6 表示全减速后，保持 2s 时的波形。

检验学生实训能力阶段

进气压力传感器故障会造成发动机加速无力、油耗增加、排放超标等现象。实训教师可根据实训条件利用万用表、解码器等检测设备对进气压力传感器进行检测。然后设置一些与进气压力传感器故障相关的故障，由学生独立完成故障的诊断与排除；或者由教师充当客户模拟一个或几个场景，让学生分组完成故障排除。

⚠ **注意：** 在操作过程中，注意操作程序与规范，注意设备的正确使用，防止出现实训事故。

一辆桑塔纳 2000 新秀汽车出现发动机加速无力、油耗增加、排放超标等现象。客户已经清洗了喷油嘴、节气门体并更换了高压线，但故障未能解决。客户现在要求维修人员诊断维修。

让学生分析并说出检查步骤和方法（参考方法）：

（1）检查发动机电控系统、点火系统。

（2）检察燃油压力。

（3）检查进气系统。

（4）检查气缸压力。

由学生对下列问题，向教师进行解释并提出解决方案：

（1）根据检查情况，分析可能导致上述故障的原因有哪些？

（2）如何确定上述故障？

（3）对检查结果进行理论分析。

组织学生填写实训记录单

教师总结及信息反馈

（1）总结本次实训的要点内容；

（2）解答学生记录单中提出的各种疑问及实训中存在的难点；

（3）对学生解决实际问题的能力进行考核，做出点评，并给出本次实训成绩；

（4）结合本次实训存在的问题，比如在问题答疑、实训步骤、方法及故障设置等方面的问题，完成本次实训记录。

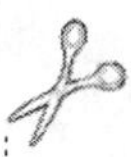

学生实训记录单

<table>
<tr><td>班级</td><td></td><td>车型</td><td colspan="3"></td></tr>
<tr><td>姓名</td><td></td><td>发动机型号</td><td colspan="3"></td></tr>
<tr><td>学号</td><td></td><td>VIN 码</td><td colspan="3"></td></tr>
<tr><td>日期</td><td></td><td>行驶里程</td><td></td><td>年款</td><td></td></tr>
</table>

1. 利用万用表检测进气压力传感器，并记录相关数据。

(1) 该车的进气压力传感器的类型是________________，插头端子数是________

(2) 测量进气压力传感器的供电电压为__________，是否满足要求？　是□　否□

(3) 起动发动机，使节气门由怠速开始，缓慢达到全开位置，测量其信号电压为________；将节气门关闭，再突然使节气门达到全开位置，测量其信号电压为________。分析并判断测量的数据是否符合要求？　是□　否□

(4) 关闭点火开关，拔下电脑及传感器上的插头，测量导线两端之间的电阻为__________，请判断传感器线束是否正常？　是□　否□

2. 利用故障诊断仪检查进气压力传感器，并记录相关数据。

(1) 用故障诊断仪调取故障码，是否有与进气压力传感器相关的故障码？　是□　否□

若有应进行相关线路及传感器本身的检查，请判断传感器本身是否有故障？　是□　否□

(2) 当节气门在怠速位置时，用诊断仪读取的压力传感器数据流为____________

(3) 使节气门突然打开到全开位置，用诊断仪读取的压力传感器数据流为______

(4) 根据上面的检查，分析并判断该进气压力传感器的性能是否良好？　是□　否□

理由是：____

3. 用示波器测试进气压力传感器的波形，并记录相关数据。

(1) 节气门在怠速位置时，观察并画出其输出的波形________________________

(2) 突然加大节气门到全开，2s 后再将节气门快速关闭，再稳定怠速 5s，观察并画出空气流量计输出的波形：________________________________

(3) 根据波形，分析该进气压力传感器性能是否良好？　是□　否□

(4) 理由是：____

4. 本次实训中存在的疑问有哪些？最大的难点是什么？

____

____

<table>
<tr><td rowspan="3">教师评语：

年　月　日</td><td colspan="3">本次实训成绩</td></tr>
<tr><td>良好</td><td>合格</td><td>不合格</td></tr>
<tr><td></td><td></td><td></td></tr>
</table>

实训七

温度传感器的检测

实训计划

实训能力目标	内容及时间安排（分钟）		建议学时
1. 掌握用万用表检测温度传感器的方法。 2. 掌握用故障诊断仪检测温度传感器的方法。 3. 掌握用示波器检测温度传感器的方法。	实训准备工作的检查及实训安全的说明	10	2学时 （100分钟）
	组织学生讨论温度传感器的检测流程	10	
	指导学生用万用表检测温度传感器	20	
	指导学生用故障诊断仪、示波器检测温度传感器	40	
	学生完成记录单	10	
	教师总结及信息反馈	10	

实训过程

实训准备阶段

一、教师准备工作

教师在实训前准备能工作的试验发动机，以及万用表、解码器、示波器、烧杯、加热器等。

二、学生准备工作

（1）掌握与实训车型相关的进气温度传感器和冷却液温度传感器的理论知识。

（2）了解本次实训课所用仪器及设备的使用方法。

指导学生实训阶段

进气温度传感器和冷却液温度传感器是EFI系统中重要的温度传感器，能反映发动机的热负荷状态。进气温度传感器（Intake Air Temperature Sensor，IATS）安装在进气管路中，作用是检测进气温度，并将温度信号变化为电信号，输送给ECU，是喷油和点火的修正信号。冷却液温度传感器（Coolant Temperature Sensor，CTS）安装在发动机冷却液出水管上，作用是检测发动机冷却液的温度，并转变为电信号，输送给ECU，是喷油和点火的修正信号。汽车上的进气温度传感器和冷却液温度传感器多采用热敏电阻式，属于负温度系数型。

一、冷却液温度传感器检测

1. 开路检测

（1）断开点火开关，拔下水温传感器线束插接器，从发动机上拆下传感器。

（2）用万用表测量传感器的两端子分别与传感器的外壳之间的电阻，其电阻应为无穷大。

（3）将水温传感器放到盛水的烧杯中，如图 7—1 所示，用加热器加热烧杯中的水。

（4）用万用表测量传感器两端子之间的电阻，其电阻值随温度而变化。桑塔纳 2000GSi 型轿车用温度传感器的标准阻值如表 7—1 所示，如阻值偏差过大、过小或为无穷大，则说明传感器失效，应予以更换。

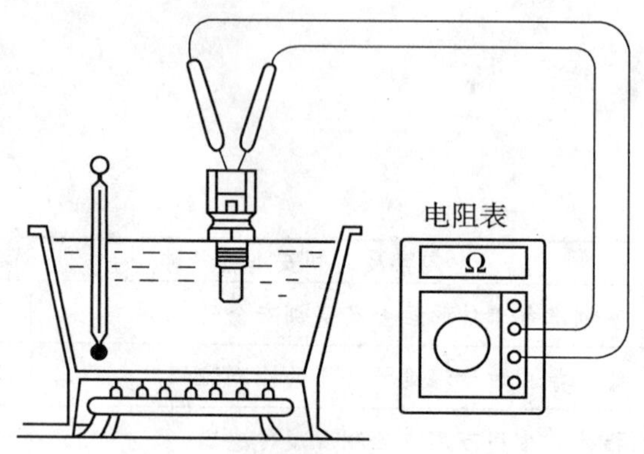

图 7—1　温度传感器的检测方法

表 7—1　　桑塔纳 2000GSi 型轿车用温度传感器的标准阻值

温度（℃）	阻值（Ω）	温度（℃）	阻值（Ω）
−20	14 000～20 000	40	1 000～1 400
0	5 000～6 500	60	530～650
10	3 300～4 200	80	280～350
20	2 200～2 700	100	170～200

2. 在线检测

冷却液温度传感器的控制电路如图 7—2 所示。

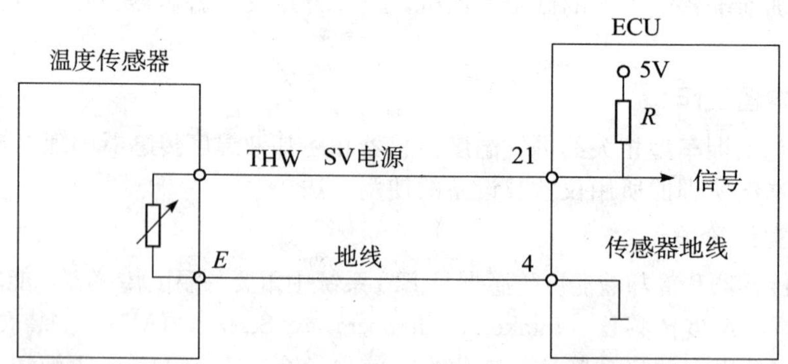

图 7—2　冷却液温度传感器的控制电路

（1）拔下传感器线束插头，打开点火开关，测量插头上的电压，应为 5V 左右。

（2）测量电脑端的输出电压，也应为 5V。

（3）将线束插头接好，起动发动机，将发动机逐渐升温，测量传感器侧两端子之间的电压，应在 0.5～4V 之间变化，温度越低时电压越高；温度越高时电压越低，可参照表 7—2 所列数值。

表 7—2　　冷却液温度传感器不同温度时的电压值

发动机处于冷态		发动机处于热态	
温度（℃）	电压（V）	温度（℃）	电压（V）
－29	4.7	43	4.2
－17	4.4	55	3.7
－7	4.1	65	3.4
5	3.6	76	3.0
15	3.0	82	2.8
27	2.4	93	2.4
49	1.25	115	1.62

⚠ **注意：** 多数电控发动机电脑内部有一个与冷却液温度传感器串联的电阻，这个电阻将在50℃左右（电压在1.25V左右）时打开，所以传感器两端的电压降在冷态和热态时会有很大变化。

3. 线路检测

检测时，先拆开冷却液温度传感器线束插接器及电脑端子，再测量两个端子与电脑相应端子之间有无断路，对地有无短路，阻值是否过大（大于0.5Ω）等，有则应维修或更换相关线束。

4. 读取数据块

（1）使发动机处于怠速工况，调节解码器进入“读测量数据块”功能。

（2）选择相应显示组。

（3）读取冷却液温度传感器数据。

（4）如果显示数据与实际温度不符，应关闭点火开关，检查传感器插头上的端子和发动机控制单元线束插头间的线路是否有断路或短路；如果线路正常，应更换冷却液温度传感器。

5. 电压波形测试

用示波器可以对冷却液温度传感器进行波形测试，标准波形如图7—3所示。

二、进气温度传感器检测

1. 开路检测

进气温度传感器的检测方法及参考值与冷却液温度传感器的检测方法相同。

2. 传感器及线路检测

就车检测进气温度传感器时，首先将电压表连接到传感器的端子上，然后起动发动机，观察电压表读数。在不同温度下，传感器应该有一个对应的电压值，参照表7—3。若不符合规定，应更换传感器。

表 7—3　　进气温度传感器不同温度时的电压值

温度（℃）	电压（V）	温度（℃）	电压（V）
－20	4.7	40	2.5
0	4.0	60	1.5
20	3.5	80	1.0

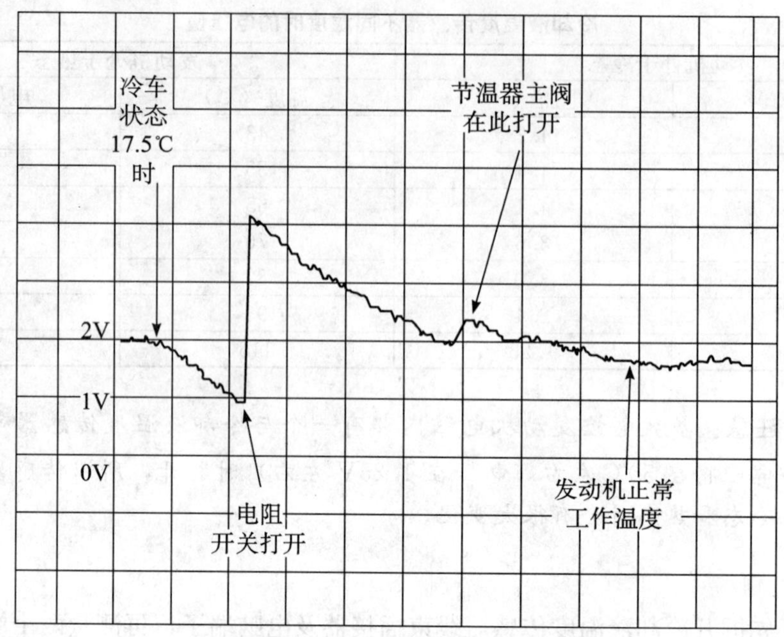

图 7—3　冷却液温度传感器的标准波形

⚠ **注意：**当进气温度传感器电路断路时，将出现电压升高直至 5V 的现象；当进气温度传感器电路对地短路时，将出现电压向下直至 0V 的现象。

检验学生实训能力阶段

温度传感器故障会造成发动机起动困难、加速无力、油耗增加、排放超标等现象。实训教师可根据实训条件利用万用表、解码器等检测设备对温度传感器进行检测。然后设置一些与温度传感器相关的故障，由学生独立完成故障的诊断与排除；或者由教师充当客户模拟一个或几个场景，让学生分组完成故障排除。

一辆桑塔纳 2000 新秀汽车出现发动机冷起动困难、冷车加速无力、油耗增加等现象。客户已经清洗了喷油嘴、节气门体并更换了高压线，但故障未能解决。客户现在要求维修人员诊断维修。

让学生分析并说出检查步骤和方法（参考方法）：

（1）检查发动机电控系统、点火系统。

（2）检查燃油压力。

（3）检查温度传感器。

（4）检查气缸压力。

由学生对下列问题，向教师进行解释并提出解决方案：

（1）根据检查情况，分析可能导致上述故障的原因有哪些？

（2）如何确定上述故障？

（3）对检查结果进行理论分析。

组织学生填写实训记录单

教师总结及信息反馈

（1）总结本次实训的要点内容；

（2）解答学生记录单中提出的各种疑问及实训中存在的难点；

（3）对学生解决实际问题的能力进行考核，做出点评，并给出本次实训成绩；

（4）结合本次实训存在的问题，比如在问题答疑、实训步骤、方法及故障设置等方面的问题，完成本次实训记录。

学生实训记录单

班级		车型			
姓名		发动机型号			
学号		VIN 码			
日期		行驶里程		年款	

1. 记录被测冷却水温度传感器的电阻值，并分析工作状态。

温度（℃）	阻值（Ω）	温度（℃）	阻值（Ω）
−20		40	
0		60	
10		80	
20		100	

2. 记录被测进气温度传感器的信号电压，并分析工作状态。

温度（℃）	电压（V）	温度（℃）	电压（V）
−20		40	
0		60	
20		80	

3. 冷车时，将冷却水温度传感器插头断开，起动发动机，观察是否能顺利起动？

是□ 否□

写出故障现象＿＿＿＿＿＿＿＿＿＿＿＿＿＿＿＿＿＿＿＿＿＿＿＿

4. 热车时，将冷却水温度传感器插头断开，起动发动机，观察是否能顺利起动？

是□ 否□

写出故障现象＿＿＿＿＿＿＿＿＿＿＿＿＿＿＿＿＿＿＿＿＿＿＿＿

如果不能顺利起动，此时将节气门开度加大，再起动发动机，若能起动。请写出不能起动的原因＿＿＿＿＿＿＿＿＿＿＿＿＿＿＿＿＿＿＿＿＿＿

5. 本次实训中存在的疑问有哪些？最大的难点是什么？

＿＿＿＿＿＿＿＿＿＿＿＿＿＿＿＿＿＿＿＿＿＿＿＿＿＿＿＿＿＿

教师评语：	本次实训成绩		
	良好	合格	不合格
年 月 日			

实训八

节气门位置传感器的检测

实训计划

实训能力目标	内容及时间安排（分钟）		建议学时
1. 掌握节气门位置传感器的常规检查内容和方法。 2. 掌握桑塔纳2000节气门控制组件的检测内容和方法。 3. 掌握节气门体的清洁方法。	实训准备工作的检查及实训安全工作的说明	10	2学时 (100分钟)
	指导学生对节气门位置传感器进行常规检测	20	
	指导学生对桑塔纳2000节气门位置传感器进行检测	30	
	指导学生清洗节气门体	20	
	学生完成记录单	10	
	教师总结及信息反馈	10	

实训过程

实训准备阶段

一、教师准备工作

教师在实训前准备能工作的试验发动机，以及万用表、解码器、示波器、清洗剂、常用工具和节气门体等。

二、学生准备工作

(1) 掌握与实训车型相关的节气门位置传感器的理论知识。

(2) 了解本次实训课所用仪器及设备的使用方法。

指导学生实训阶段

节气门位置传感器（Throttle Position Sensor，TPS），安装在节气门体轴上，其作用是检测节气门的开度及开度变化，并转变成电信号，输送给ECU，ECU根据TPS信号来判别发动机的工况，根据工况的不同来控制喷油时间。根据结构和原理不同，TPS可分为可变电阻式、触点式和组合式三种。

一、常规检测方法

1. 节气门位置传感器供电电压的检测

(1) 拔下节气门位置传感器线束插接器。

(2) 打开点火开关。

(3) 用万用表测量电脑提供的电源电压应在 4.9～5.1V 之间，检测方法如图 8—1 所示。如果测得的电脑提供的电源电压不符合标准，应检查相关电路及发动机电脑。

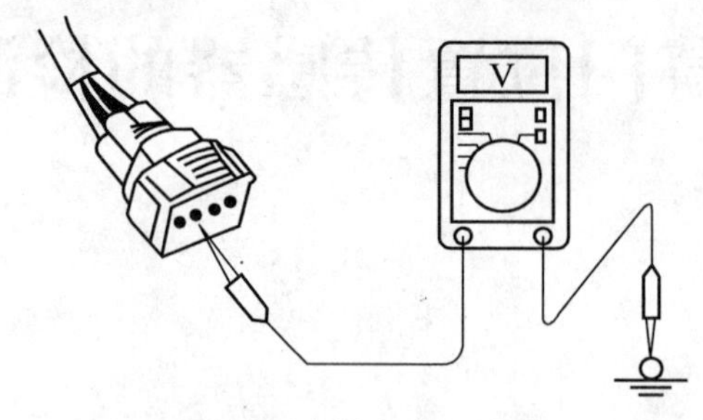

图 8—1　供电电压检查

2. 检查节气门位置传感器与电脑连接线路

(1) 关闭点火开关。

(2) 检查传感器上各接线与电脑端的电阻，不得有短路和断路现象。

3. 检查节气门位置传感器

(1) 关闭点火开关。

(2) 拔下节气门位置传感器线束插头。

(3) 缓慢踩加速踏板，测量电源接线端与信号输出端的电阻，应平稳地变化，如图 8—2 所示，否则应更换节气门位置传感器。

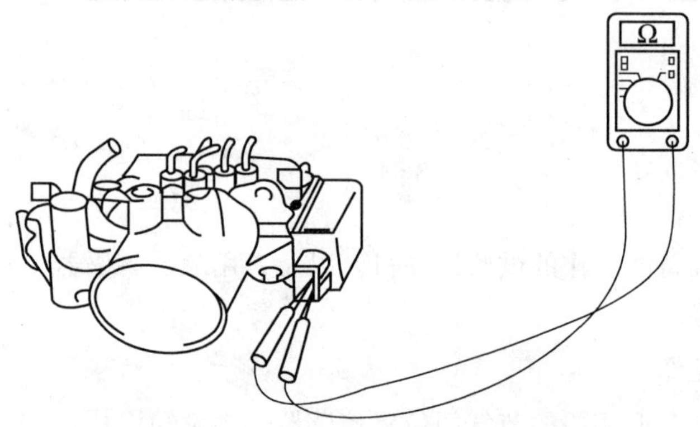

图 8—2　节气门位置传感器导通性检查

(4) 插上节气门位置传感器线束插头，打开点火开关。

(5) 测量传感器信号输出端的电压，如图 8—3 所示。电压信号应随节气门的开度逐渐改变，应在 0.4～4.8V 之间变化，否则应更换节气门位置传感器。

二、桑塔纳 2000TPS 的检测

桑塔纳 2000GLi 发动机节气门位置传感器的控制电路如图 8—4 所示，其检测内容和要求如下：(实训教师可根据实际情况改换车型)

(1) 供电电压的检查。

1) 接通点火开关，测量传感器端子“1”与端子“3”之间的电压，约为 5V。

2) 接通点火开关，且节气门关闭，测量传感器信号端子“2”与端子“3”之间的电

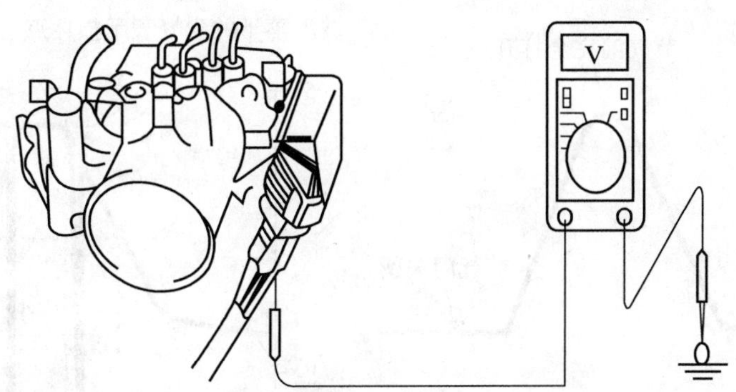

图 8—3　传感器信号输出端电压的测量

压，应在 0.1～0.9V 之间。

（2）线路的检查。

拔下控制器和传感器插头，用欧姆挡测量控制器“12”至“1”、“53”至“2”、“30”至“3”之间的阻值，应小于 0.5Ω。

（3）信号电压的检查。

接通点火开关，且节气门全开，测量传感器信号端子“2”与端子“3”之间的电压，应为 3.0～4.8V。

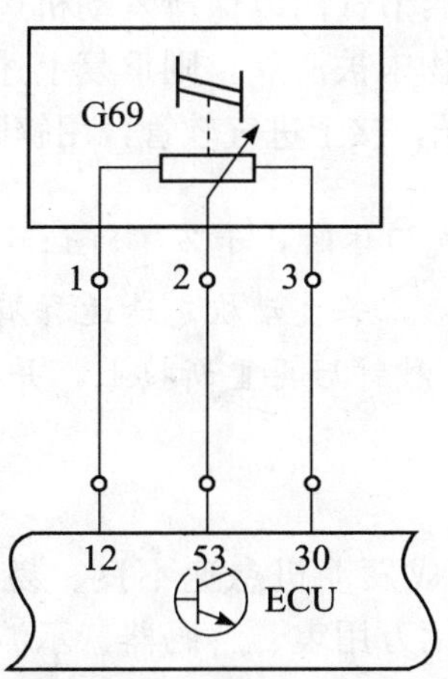

图 8—4　桑塔纳 2000GLi 节气门位置传感器的控制电路

（4）用 V. A. G1551 或 V. A. G1552 诊断仪读取故障码，并进行解读。

（5）用故障诊断仪读取数据块，并进行分析。

（6）用示波器测试节气门位置传感器的波形，应为模拟型波形，如图 8—5 所示。要求波形上不应有任何断点、对地尖峰或大的波折，特别是在前 1/4 油门运动中的波形要圆滑，节气门全开时，应接近 5V，节气门关闭时，应低于且接近 1V。若某处出现波形落下的尖峰时，则表示该位置是损坏点。如图 8—5b 所示为碳膜断裂的故障波形。

三、节气门体的清洁（实训教师可根据实际情况选做此项）

（1）起动并预热发动机，直至冷却液温度升高到 80℃ 以上，然后停止发动机运转。

（2）自节气门体上拆下进气软管，用塞子堵住节气门体的旁通气道进口。

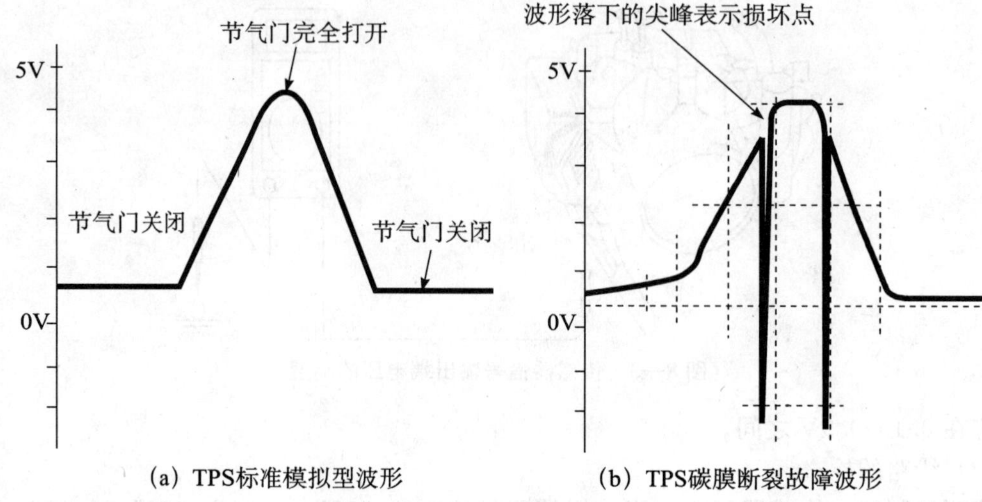

(a) TPS标准模拟型波形　　(b) TPS碳膜断裂故障波形

图 8—5　节气门位置传感器信号波形

(3) 通过节气门体进气口把清洁剂喷入节气门体内，并保持 5 分钟，然后用清洁布擦拭节气门体。

(4) 起动发动机加速运转几次后，再怠速运转约 1 分钟，如果由于旁通气道堵塞而怠速不稳或发动机熄火，可稍微开启节气门以保持发动机运转。

(5) 如果节气门体内的沉积物未被清除，则重复上述步骤。

(6) 拔去旁通气道进口的塞子，接上进气软管，用解码器清除故障码并调整基本怠速。

⚠ **注意：** (1) 清洗节气门体时，千万不可让清洁剂进入旁通气道。

(2) 在调整基本怠速之后，若发动机怠速运转有不规则振动，则应熄火，并将蓄电池负极电缆脱开约 10 秒钟后再重新接上，并怠速运转发动机约 10 分钟。

检验学生实训能力阶段

节气门位置传感器故障会造成发动机怠速不良、易熄火、加速无力、油耗增加等现象。实训教师可根据实训条件利用万用表、解码器、示波器等检测设备对节气门位置传感器进行检测，然后设置一些与节气门位置传感器相关的故障，由学生独立完成故障的诊断与排除。或者由教师充当客户模拟一个或几个场景，让学生分组完成故障排除。

一辆桑塔纳 2000 超人汽车出现发动机怠速不良、易熄火等故障。客户已经维修了点火系统，但故障未能解决。客户现在要求维修人员诊断维修。

让学生分析并说出检查步骤和方法（参考方法）：

(1) 检查故障码。

(2) 检查气缸压力。

(3) 检查相关数据流。

(4) 检查节气门体是否脏污。

(5) 节气门匹配是否正常。

由学生对下列问题，向教师进行解释并提出解决方案：

(1) 根据检查情况，分析可能导致以上故障的原因有哪些?

(2) 将上述检查流程进行排序，并解释原因。

(3) 对检查结果进行理论分析。

组织学生填写实训记录单

教师总结及信息反馈

(1) 总结本次实训的要点内容；

(2) 解答学生记录单中提出的各种疑问及实训中存在的难点；

(3) 对学生解决实际问题的能力进行考核，做出点评，并给出本次实训成绩；

(4) 结合本次实训存在的问题，比如在问题答疑、实训步骤、方法及故障设置等方面的问题，完成本次实训记录。

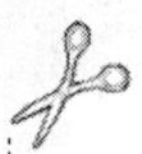

学生实训记录单

班级		车型			
姓名		发动机型号			
学号		VIN 码			
日期		行驶里程		年款	

1. 将传感器插接器拔下，将点火开关打到“ON”位，测量线束端各端子的对地电压，根据检测情况写出各端子的含义。1. ________ 2. ________ 3. ________ 4. ________

2. 用诊断仪读取节气门位置传感器的数据流：

当节气门在怠速位置时，节气门开度为________度，节气门在全开位置，节气门开度为________度。

当油门踏板缓慢踩下时，节气门开度是否逐渐变大？　是□　否□

当油门踏板缓慢踩下时，节气门开度有无跳跃变化？　是□　否□

3. 当上述检查数据都不满足标准要求时，如何调整？

写出调整步骤：____

____

4. 利用示波器测试节气门位置传感器的信号波形。

(1) 逐渐加大油门开度，观察并画出波形：

____

(2) 根据波形分析传感器的性能如何________________________

5. 本次实训中存在的疑问有哪些？最大的难点是什么？

____

____

教师评语：	本次实训成绩		
	良好	合格	不合格
年　月　日			

实训九

爆震传感器的检测

实训计划

<table>
<tr><th>实训能力目标</th><th colspan="2">内容及时间安排（分钟）</th><th>建议学时</th></tr>
<tr><td rowspan="6">1. 掌握爆震传感器就车检查的方法。
2. 掌握爆震传感器及其线路检测的方法。
3. 掌握桑塔纳 2000 爆震传感器的检测内容和方法。</td><td>实训准备工作的检查及实训安全的说明</td><td>10</td><td rowspan="6">2 学时
（100 分钟）</td></tr>
<tr><td>指导学生就车检查爆震传感器</td><td>20</td></tr>
<tr><td>指导学生对爆震传感器及其线路进行检测</td><td>30</td></tr>
<tr><td>检验学生检测桑塔纳 2000 爆震传感器的能力</td><td>20</td></tr>
<tr><td>学生完成记录单</td><td>10</td></tr>
<tr><td>教师总结及信息反馈</td><td>10</td></tr>
</table>

实训过程

实训准备阶段

一、教师准备工作

教师在实训前准备能工作的试验发动机、万用表、榔头、解码器、示波器、常用工具等。

二、学生准备工作

（1）掌握与实训车型相关的爆震传感器的理论知识。

（2）了解本次实训课所用仪器及设备的使用方法。

指导学生实训阶段

爆震传感器（Detonation Sensor，DS）是电控点火系统实现点火时刻闭环控制的重要元件，安装在发动机缸体侧面，其功用是将发动机爆震信号转换为电信号传递给 ECU，ECU 根据爆震信号对点火提前角进行修正，从而使点火提前角保持最佳。

按缸体振动频率的检测方式不同，爆震传感器分为共振型与非共振型两种，按结构分为压电式和磁电式两种。

一、就车检查

1. 检查爆震传感器的安装情况

爆震传感器应牢固安装在气缸体上，安装位置如图 9—1 所示。

2. 检查传感器的预紧力

（1）关闭点火开关。

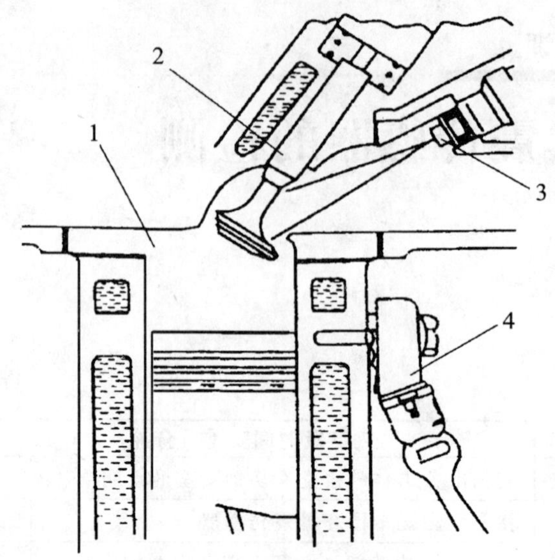

图 9—1　爆震传感器的安装位置

1—缸体；2—进气门；3—喷油器；4—爆震传感器

（2）拔下线束插接器。

（3）卸下传感器。

（4）清洁缸体和爆震传感器之间的接触面。

（5）用 20N·m 的力矩装回传感器，并重新安上插头。

3. 检查爆震传感器的信号电压

（1）起动发动机并使其处于怠速状态。

（2）用一把榔头轻轻敲击靠近爆震传感器的缸体部分（不要用力太大，决不能直接敲击传感器本身）。

（3）用万用表观察信号电压的变化。信号电压应随着敲击强度的加大而加大，否则应更换爆震传感器。

⚠ **注意：**爆震传感器是不可分解的整体，一旦有问题就要更换。

二、连接线路及传感器检测

爆震传感器的控制电路如图 9—2 所示，其检查方法如下：

（1）关闭点火开关，拆下爆震传感器线束插接器。

（2）打开点火开关，用万用表测量线束侧导线与地线之间的电压，应为 4～6V。

（3）若电压不符合，则测量电脑侧导线与地线之间的电压，应为 4～6V；若该电压符合，说明传感器与电脑之间的导线损坏；如该电压不符合，说明电脑损坏。

（4）测量传感器端子与地线之间的阻值，应为 3 300～4 500Ω，若不符合，说明传感器损坏。

（5）传感器插头端与电脑端导线的电阻不得大于 0.5Ω，如有屏蔽线应检查屏蔽线与接地之间的电阻，其电阻值应为 0Ω，否则应更换线束。

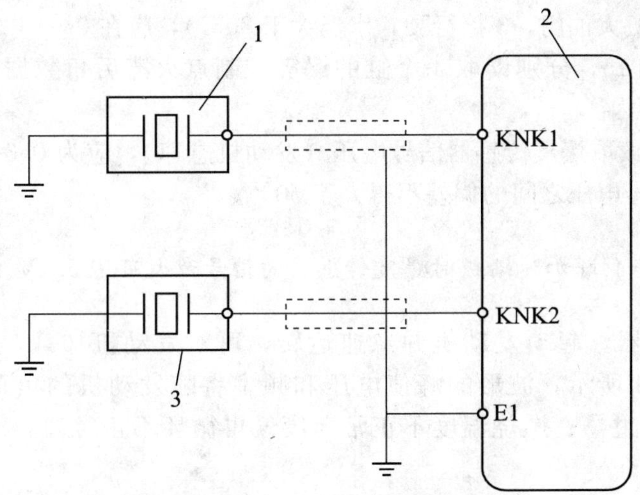

图 9—2 爆震传感器的控制电路

1—1 号爆震传感器；2—ECU；3—2 号爆震传感器

三、桑塔纳 2000 爆震传感器的检测

桑塔纳 2000GSi 型轿车爆震传感器的电路连接及线束插头如图 9—3 所示。其检测方法如下：

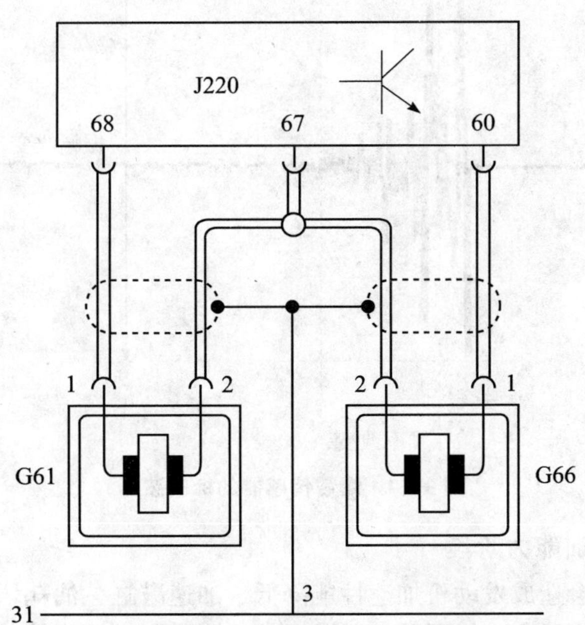

图 9—3 桑塔纳 2000GSi 型轿车爆震传感器的电路

(1) 断开点火开关，拔下传感器线束插头。用万用表电阻挡检测的端子 1 与 2 之间的阻值应大于 1MΩ；端子 1 与 3 之间的阻值应大于 1MΩ；端子 2 与 3 之间的阻值应大于 1MΩ；各线路上的阻值应小于 0.5Ω，否则更换传感器或检查相关线路。

(2) 连接 V. A. G1551/2 故障诊断仪，起动发动机并怠速：

输入地址码 01，输入 08 读取测量数据组。输入组号 13，读取 4 个缸的爆震控制点火滞后角数据（发动机大油门，3 挡行驶，水温大于 80℃），应在 0～15°之间。

输入组号 14 和 15，分别读取 4 个缸的爆震控制点火滞后角数据（某一转速和负荷下），应在规定范围内。

输入组号 16，读取爆震传感器信号电压（发动机怠速），应为 0.3～1.4V。同时要求各缸爆震传感器信号电压之间的偏差不得大于 50%。

⚠ **注意**：猛踩加速踏板时爆震传感器的信号最大可达 5.1V。

（3）连接示波器，起动发动机并怠速运转，可对发动机加载，再查看波形显示。标准波形如图 9—4 所示，波形的峰值电压和频率将随发动机的负荷和转速的增加而增加。发动机点火过早、燃烧温度不正常、废气再循环不正常时，其幅度和频率也会增加。

（4）打开点火开关，不起动发动机，用金属物敲击爆震传感器附近的缸体。在敲击发动机缸体后，示波器上应有一突变波形，敲击越大，幅值也越大，如果波形显示只是一条直线，则说明爆震传感器没有信号输出，应检查线路和爆震传感器。

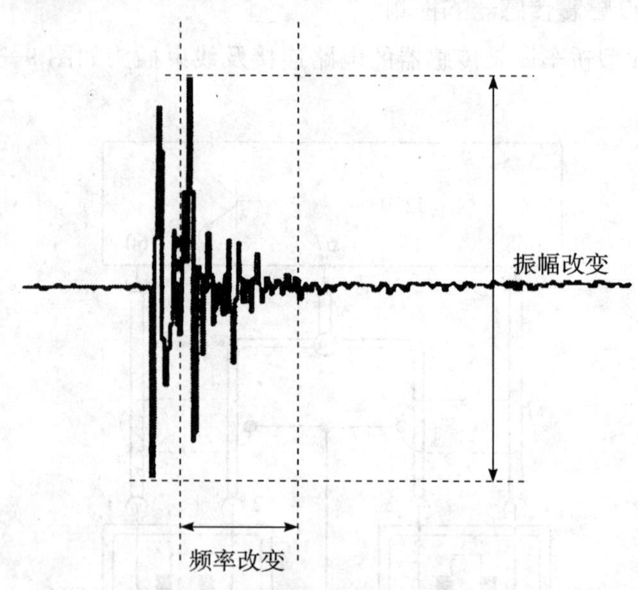

图 9—4　爆震传感器的标准波形

检验学生实训能力阶段

爆震传感器故障会造成发动机加速性能降低、加速敲缸、油耗增加等现象。实训教师可根据实训条件利用万用表、解码器、示波器等检测设备对爆震传感器进行检测。然后设置一些与爆震传感器相关的故障，由学生独立完成故障的诊断与排除，或者由教师充当客户模拟一个或几个场景，让学生分组完成故障排除。

⚠ **注意**：在操作过程中，注意操作程序与规范，注意设备的正确使用，防止出现实训事故。

一辆桑塔纳 2000 超人汽车出现加速性能降低、加速敲缸、油耗增加等现象。客户已经维修了点火系统，但故障未能解决。客户现在要求维修人员诊断维修。

让学生分析并说出检查步骤和方法（参考方法）：

（1）检查故障码。

（2）检查气缸压力。

（3）检查相关数据流。

（4）检查点火正时。

（5）检查爆震传感器。

由学生对下列问题，向教师进行解释并提出解决方案：

（1）根据检查情况，分析可能导致以上故障的原因有哪些？

（2）将上述检查流程进行排序，并解释原因。

（3）对检查结果进行理论分析。

组织学生填写实训记录单

教师总结及信息反馈

（1）总结本次实训的要点内容；

（2）解答学生记录单中提出的各种疑问及实训中存在的难点；

（3）对学生解决实际问题的能力进行考核，做出点评，并给出本次实训成绩；

（4）结合本次实训存在的问题，比如在问题答疑、实训步骤、方法及故障设置等方面的问题，完成本次实训记录。

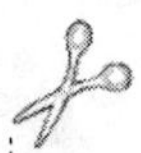

学生实训记录单

班级		车型			
姓名		发动机型号			
学号		VIN 码			
日期		行驶里程		年款	

1. 用扭力扳手检查爆震传感器的预紧力为________牛·米，是否符合要求？
是□　否□

2. 用一把榔头敲击爆震传感器附近的缸体，观察信号电压的变化。信号电压是否随着敲击强度的加大而变化？　是□　否□

3. 用示波器测试信号电压的波形，观察并画出保存的敲击时的信号波形：

____

请分析该爆震传感器的性能____

4. 连接 V. A. G1551/2 故障诊断仪，起动发动机并怠速，当发动机水温达到 80℃时进行路试，加大发动机油门，读取测量数据块。

4 个缸的爆震控制点火滞后角的数据分别为：1. ____2. ____3. ____4. ____

根据 4 个缸的数据结果；分析该爆震传感器的性能____

____

5. 本次实训中存在的疑问有哪些？最大的难点是什么？

____

____

____

教师评语：	本次实训成绩		
	良好	合格	不合格
年　月　日			

实训十

氧传感器的检测

实训计划

<table>
<tr><th>实训能力目标</th><th colspan="2">内容及时间安排（分钟）</th><th>建议学时</th></tr>
<tr><td rowspan="7">1. 掌握氧传感器的外观检查方法。
2. 掌握氧传感器及其线路的检测方法。
3. 掌握氧传感器数据流的读取方法。
4. 掌握氧传感器信号波形的测试方法。</td><td>实训准备工作的检查及实训安全工作的说明</td><td>10</td><td rowspan="7">2 学时
（100 分钟）</td></tr>
<tr><td>指导学生外观检查氧传感器</td><td>10</td></tr>
<tr><td>指导学生对氧传感器及其线路进行检测</td><td>20</td></tr>
<tr><td>指导学生读取氧传感器的数据流</td><td>20</td></tr>
<tr><td>指导学生测试氧传感器的信号波形</td><td>20</td></tr>
<tr><td>学生完成记录单</td><td>10</td></tr>
<tr><td>教师总结及信息反馈</td><td>10</td></tr>
</table>

实训过程

实训准备阶段

一、教师准备工作

教师在实训前准备能工作的试验发动机、万用表、解码器、示波器等。

二、学生准备工作

（1）掌握与实训车型相关的氧传感器的理论知识。

（2）了解本次实训课所用仪器及设备的使用方法。

指导学生实训阶段

氧传感器（Oxygen Sensor，O2S）安装在排气管上，作用是检测排气中氧离子的含量，并将该信号转变为电信号输入 ECU。如果氧的含量高，输出电压就低；如果氧的含量低，输出电压就高。ECU 根据氧传感器信号，对喷油时间进行修正，实现空燃比反馈控制。

按结构原理不同，氧传感器分为氧化锆（ZrO_2）式和氧化钛（TiO_2）式两种类型，氧化锆式氧传感器又分为加热型与非加热型两种。

一、外观检查

将氧传感器从排气管拆下，观察端部颜色，可判断其技术状况的变化情况。

（1）如果端部为淡灰色，说明氧传感器技术状况正常。

（2）如果端部为棕色，是铅污染造成的，应更换氧传感器并避免使用含铅汽油。

（3）如果端部为黑色，是积炭造成的，在清除积炭和排除混合气过浓原因后，可继续使用。

（4）如果端部为白色，是硅污染造成的，应更换氧传感器并应避免使用硅密封胶。

二、线路及传感器检测

以桑塔纳 2000GLi 型轿车氧传感器的测量为例，线路连接如图 10—1 所示，连接端子如图 10—2 所示，其检测方法为：

（1）断开点火开关，拔下控制器线束插头和传感器线束插头。

（2）起动发动机并怠速，用万用表检测氧传感器信号线和地线之间的电压，应在 0～1V 之间变化。

（3）检测传感器壳与电脑侧接地线之间的电压，应小于 0.2V。

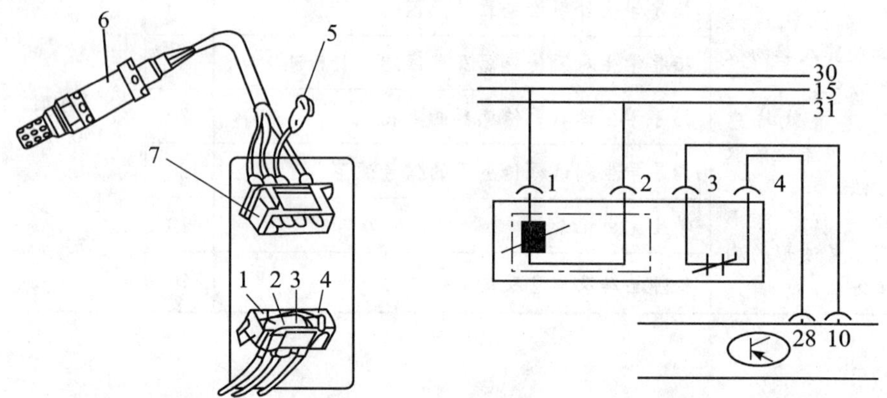

图 10—1　桑塔纳 2000GLi 型轿车氧传感器的线路连接

1—加热元件正极；2—加热元件负极；3—信号线负极；4—信号线正极；5—搭铁线；6—氧传感器；7—插接器

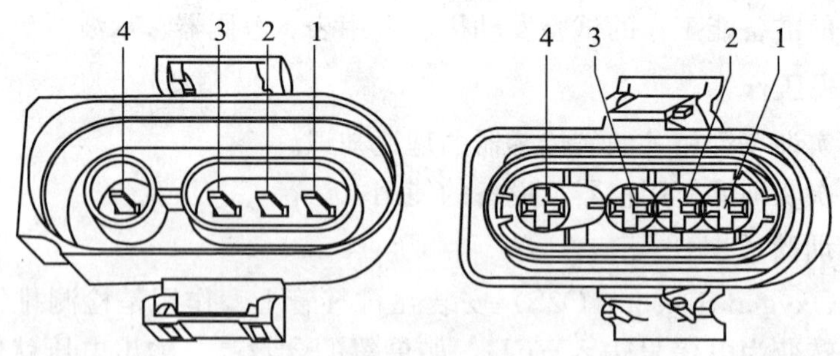

图 10—2　连接端子

（4）测量插头 1 号和 2 号端子之间的电阻，室温下应为 1～15Ω。若阻值很大，说明有断路应更换氧传感器。

（5）检测氧传感器加热器的供电电压，即发动机搭铁与线束插头 1 号端子之间的电压，应为 12～14V；否则检查相关线路是否有断路或短路故障。

三、数据流读取

以桑塔纳 2000GLi 轿车的氧传感器的数据流读取为例，介绍其检测方法。

（1）起动发动机并怠速至工作温度正常或至少 80℃。

（2）检查蓄电池电压、排气系统、氧传感器加热元件应正常。

（3）连接 V. A. G1551/2 故障诊断仪，进入发动机控制系统读取数据块功能。

（4）将发动机转速提高到大约 2 500r/min，运行 1min，然后让发动机怠速运转。

（5）读取显示区 3 上的氧传感器（λ 传感器）电压。其规定读数应在 0～1V 之间波动，每分钟变化 15～30 次。

⚠ **注意：** 如果 λ 传感器的电压信号波动较慢，则应检测 λ 传感器的加热器。如果 λ 传感器的电压信号保持在 0.45～0.5V 之间，说明 λ 传感器导线断路，应进行检测；如果 λ 传感器的电压信号保持在 0～0.5V 之间（混合气太稀），说明 λ 控制已达到加浓极限，但是 λ 控制还记忆“混合气太稀”；如果 λ 传感器的电压信号保持在 0.5～1.0V 之间（混合气太浓），说明 λ 控制已达到变稀的极限，但是 λ 控制还记忆“混合气太浓”。

四、信号波形测试

用示波器可以检测氧传感器信号电压的变化情况，其标准波形如图 10—3 所示。检测氧传感器的变化频率时，要求高、低电平之间的变化应不低于 10 次/min。测试步骤如下：

（1）使发动机以 2 500r/min 运转 2～6min，然后再让发动机正常怠速运转 20s。

（2）在 2s 内将发动机节气门从全闭（怠速）至全开 1 次，共进行 5～6 次。注意发动机转速不能超过 4 000r/min。

（3）锁定显示屏上的波形，参照标准波形和常见故障波形（如图 10—4 所示），对比分析并判断氧传感器的好坏。在信号电压波形中，上升的部分是急加速造成的，下降的部分是减速造成的。

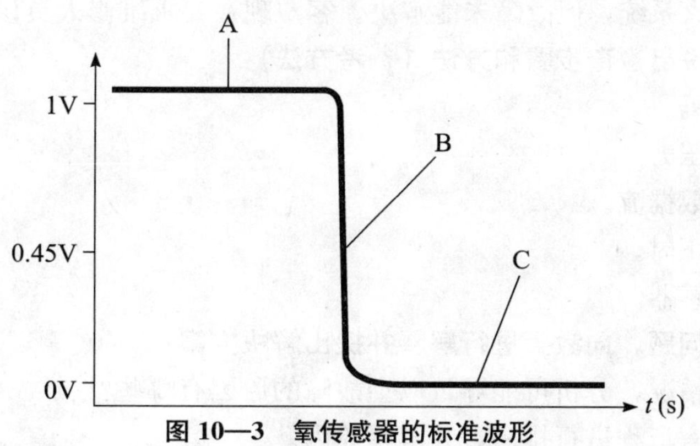

图 10—3 氧传感器的标准波形

A—最高信号电压 1.1V；B—信号的响应时间 40ms；C—最低信号电压 0V

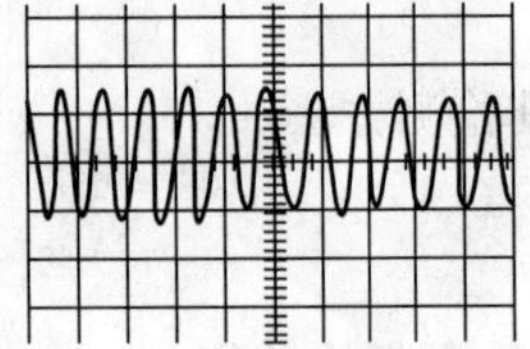

(a) 完好的氧传感器信号波形

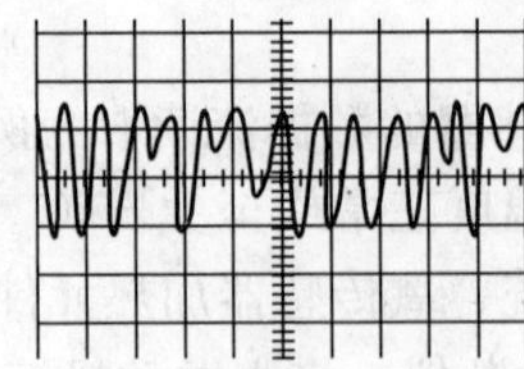

(b) 火花塞短路时的氧传感器信号波形

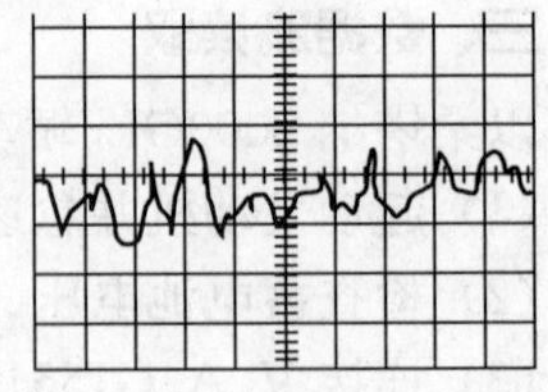

(c) 点火线圈次级绕组断路时的氧传感器信号波形

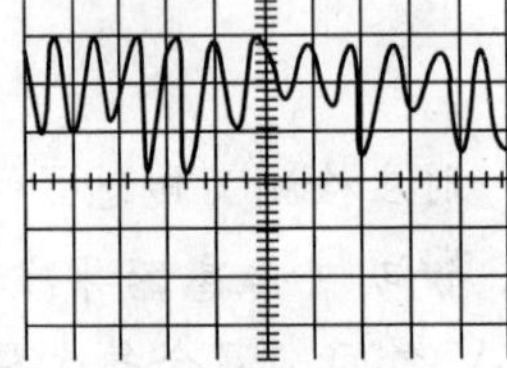

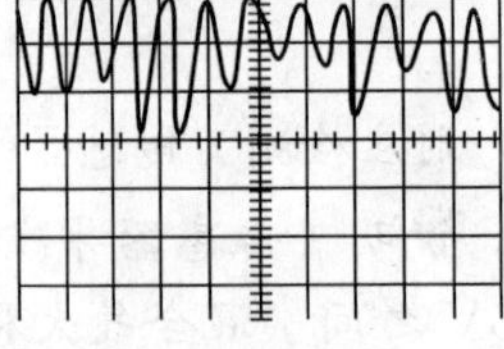

(d) 喷油器故障时的氧传感器信号波形

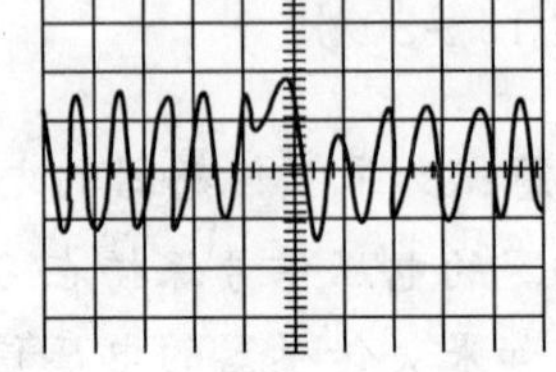

(e) 有一个喷油器泄漏时的氧传感器信号波形

图 10—4 常见故障波形

检验学生实训能力阶段

氧传感器故障会造成发动机加速性能降低、怠速不良、油耗增加、排放加剧等现象。实训教师可根据实训条件利用万用表、解码器、示波器等检测设备对氧传感器进行检测。然后设置一些与氧传感器相关的故障，由学生独立完成故障的诊断与排除；或者由教师充当客户模拟一个或几个场景，让学生分组完成故障排除。

注意：在操作过程中，注意操作程序与规范，注意设备的正确使用，防止出现实训事故。

一辆桑塔纳 2000 超人汽车出现发动机加速性能降低、怠速不良、油耗增加等现象。客户已经维修了点火系统，但故障未能解决。客户现在要求维修人员诊断维修。

让学生分析并说出检查步骤和方法（参考方法）：

(1) 检查故障码。

(2) 检查气缸压力。

(3) 检查相关数据流。

(4) 检查点火正时。

(5) 检查氧传感器。

由学生对下列问题，向教师进行解释并提出解决方案：

(1) 根据检查情况，分析可能导致以上故障的原因有哪些？

(2) 将上述检查流程进行排序，并解释原因。

(3) 对检查结果进行理论分析。

组织学生填写实训记录单

教师总结及信息反馈

（1）总结本次实训的要点内容；

（2）解答学生记录单中提出的各种疑问及实训中存在的难点；

（3）对学生解决实际问题的能力进行考核，做出点评，并给出本次实训成绩；

（4）结合本次实训存在的问题，比如在问题答疑、实训步骤、方法及故障设置等方面的问题，完成本次实训记录。

学生实训记录单

<table>
<tr><td>班级</td><td></td><td>车型</td><td colspan="3"></td></tr>
<tr><td>姓名</td><td></td><td>发动机型号</td><td colspan="3"></td></tr>
<tr><td>学号</td><td></td><td>VIN 码</td><td colspan="3"></td></tr>
<tr><td>日期</td><td></td><td>行驶里程</td><td></td><td>年款</td><td></td></tr>
</table>

1. 氧传感器加热电阻的检测结果为________Ω。是否正常？　是□　否□

2. 氧传感器加热电阻供电电压的检测结果为________V。是否正常？　是□　否□

____

3. 氧传感器信号电压的检测结果为________V。是否正常？　是□　否□

____

4. 将氧传感器从排气管上拆下，观察其端部颜色为（　　）色，分析原因。

____

5. 用示波器测出氧传感器的信号波形，并画出波形。

____

根据波形分析氧传感器的工作状态________________________

6. 本次实训中存在的疑问有哪些？最大的难点是什么？

____

____

<table>
<tr><td rowspan="3">教师评语：

年　月　日</td><td colspan="3">本次实训成绩</td></tr>
<tr><td>良好</td><td>合格</td><td>不合格</td></tr>
<tr><td></td><td></td><td></td></tr>
</table>

实训十一

曲轴/凸轮轴位置传感器的检测

实训计划

实训能力目标	内容及时间安排（分钟）		建议学时
1. 掌握电磁式曲轴/凸轮轴位置传感器的检测方法。 2. 掌握霍尔式曲轴/凸轮轴位置传感器的检测方法。 3. 掌握光电式曲轴/凸轮轴位置传感器的检测方法。	实训准备工作的检查及实训安全工作的说明	10	2 学时 （100 分钟）
	指导学生对电磁式曲轴/凸轮轴位置传感器进行检测	25	
	指导学生对霍尔式曲轴/凸轮轴位置传感器进行检测	25	
	指导学生对光电式曲轴/凸轮轴位置传感器进行检测	20	
	组织学生讨论并完成记录单	10	
	教师总结及信息反馈	10	

实训过程

实训准备阶段

一、教师准备工作

教师在实训前准备能工作的试验发动机、万用表、解码器、示波器及各种形式的曲轴/凸轮轴位置传感器等。

二、学生准备工作

（1）掌握与实训车型相关的曲轴/凸轮轴位置传感器的理论知识。

（2）了解本次实训课所用仪器及设备的使用方法。

指导学生实训阶段

曲轴位置传感器（Crankshaft Position Sensor，CPS）有时称为发动机转速传感器，用来检测曲轴转角和发动机转速信号，并输送给 ECU，以便确定燃油喷射时刻和点火控制时刻。凸轮轴位置传感器（Camshaft Position Sensor，CPS），用来检测凸轮轴位置信号，并输送给 ECU，以便 ECU 确定第一缸压缩上止点，从而进行顺序喷油控制和点火时刻控制。

曲轴位置传感器和凸轮轴位置传感器可分为电磁式、霍尔式和光电式三种，其检测方法包括输出波形测试、万用表测试、解码器测试等。

一、电磁式曲轴/凸轮轴位置传感器检测

以桑塔纳 2000GSi 型轿车的电磁式曲轴位置传感器为例进行说明。当发动机运行时，若电磁式曲轴位置传感器出现故障导致信号中断，发动机会继续运转，也能再次起动。但

是，喷油不是在进气门打开时完成，而是在进气门关闭之前完成，由此对混合气品质产生的影响很小，不会影响发动机的总体性能。此时控制单元不能判别即将到达压缩上止点的是哪一缸，因此爆震调节将停止。CPS传感器的检测方法及步骤如下：

1. 测量各端子间的阻值

（1）拔下传感器线束插头；

（2）用万用表测量传感器一侧各端子的阻值，即为传感器信号线圈的阻值，车型不同时，传感器的阻值不同，桑塔纳2000GSi型轿车电磁式曲轴位置传感器的线路连接如图11—1所示，线圈阻值如表11—1所示。

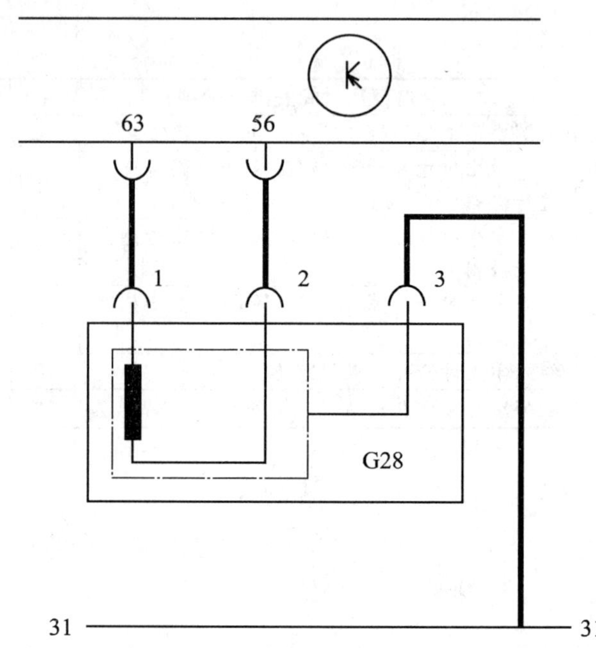

图11—1 桑塔纳2000GSi型轿车电磁式曲轴位置传感器的线路连接

表11—1 桑塔纳2000GSi型轿车电磁式曲轴位置传感器的线圈阻值

测试端子	电阻值（Ω）
1与2	450～1 000
2与3	∞
1与3	∞
3与搭铁	不超过1.5
2与56	不超过1.5
13与63	不超过1.5

2. 测量其输出信号

（1）对于安装在曲轴或凸轮轴附近的传感器，可通过转动曲轴，用万用表测量其输出信号情况，若有电压输出，说明传感器能工作，否则，说明传感器有故障。

（2）对于安装在分电器内的电磁感应式传感器，也可以将分电器拆下，用手转动分电器轴，用万用表测量其输出信号情况，若有电压输出，说明传感器能工作，否则，说明传感器有故障。

3. 测量其输出波形

(1) 正确连接示波器；

(2) 起动发动机，使之怠速工作；

(3) 观察并记录测量的波形；

(4) 参照标准波形（如图 11—2 所示），进行分析。

各种电磁式曲轴位置传感器的输出信号波形基本相同，若出现波形过于平缓，或有间断时，说明传感器有故障。

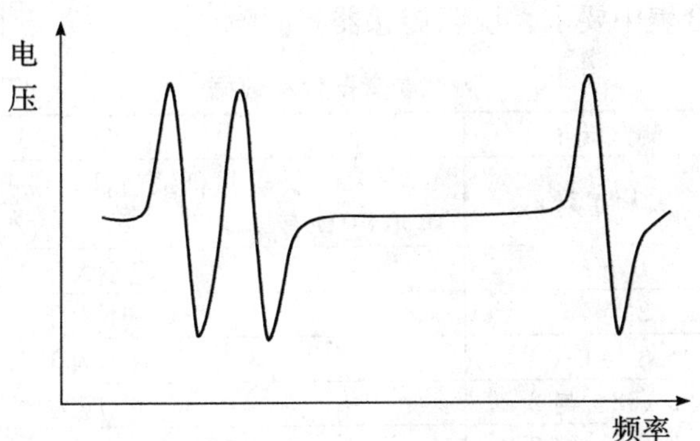

图 11—2 电磁式曲轴位置传感器的标准波形

4. 测量信号转子凸齿与磁头间的气隙

信号转子凸齿与磁头间的气隙应在 0.2～0.4mm 范围内。

二、霍尔式曲轴/凸轮轴位置传感器的检测

以桑塔纳 2000GSi 型轿车霍尔式凸轮轴位置传感器为例进行说明。当发动机运行时，若霍尔式凸轮轴位置传感器出现故障而导致信号中断，那么电控单元 ECU 将能够检测到故障信息，利用 V. A. G1551/2 故障诊断仪，可以读取故障信息。如故障码显示霍尔传感器有故障，则可用万用表检测传感器电源电压和导线电阻，传感器的插头接线如图 11—3 所示。

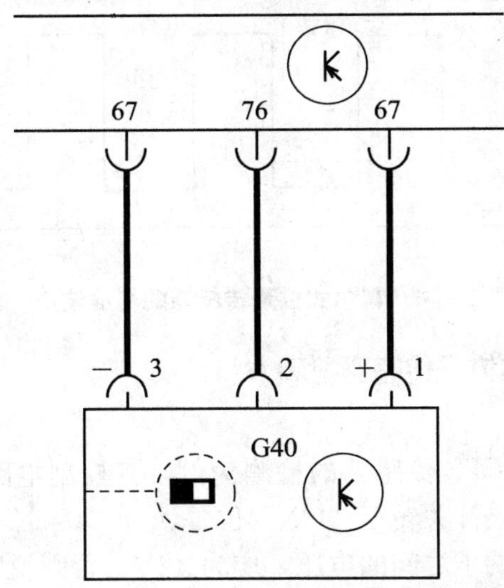

图 11—3 霍尔式凸轮轴位置传感器的插头接线

1. 测量传感器各端子

桑塔纳 2000GSi 型轿车霍尔式凸轮轴位置传感器的检测步骤如下：

（1）拆下装有传感器的分电器；

（2）插好分电器线束插头；

（3）打开点火开关，用手转动分电器轴，用万用表测量传感器的信号输出情况，测量数值可参照表 11—2。

（4）关闭点火开关，用万用表测量各端子阻值，测量数值可参照表 11—2。

若测量数值不符合表中要求，说明传感器有故障。

表 11—2　　测试参考条件和数据

测试条件	测试端子	测试结果
点火开关 ON	1 与 3	4.5～5.0V，若过低或过高，说明线束断路、短路或控制单元 ECU 有故障
点火开关 OFF	1 与 62	应不大于 1.5Ω
	2 与 76	应不大于 1.5Ω
	3 与 67	应不大于 1.5Ω
	1（62）与 2	应为∞
	1（62）与 3	应∞

2. 测量其输出波形

（1）正确连接示波器；

（2）起动发动机，使之怠速工作；

（3）观察并记录测量的波形；

（4）参照标准波形（如图 11—4 所示）进行分析。

各种霍尔式位置传感器的输出信号波形基本相同，为方波形。若波形不符，说明传感器有故障。

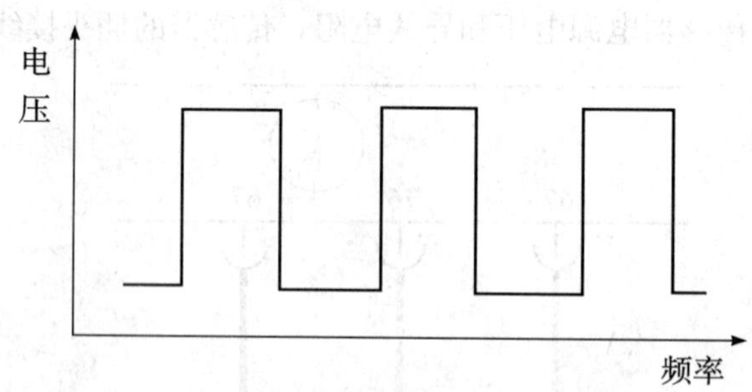

图 11—4　霍尔式位置传感器的标准波形

三、光电式曲轴/凸轮轴位置传感器检测

1. 测量各端子

以日本三菱汽车光电式 CPS 传感器的检测为例，其控制电路如图 11—5 所示。检测时，先拆下线束插头，将点火开关转至“ON”位置。

（1）测量电脑侧 1 与 2 端子之间的电压，应为 12V，否则说明线路或 ECU 有故障。

（2）给传感器侧的 1 与 2 端子之间直接施加 12V 电源电压，并分别在信号输出端子 3

和 4 与 1 之间接上电流表，转动转子一圈时，两个电流表应分别摆动 1 次和 4 次（与透光孔数量相等），每次电流表指示电流应约为 1mA，否则应更换传感器。

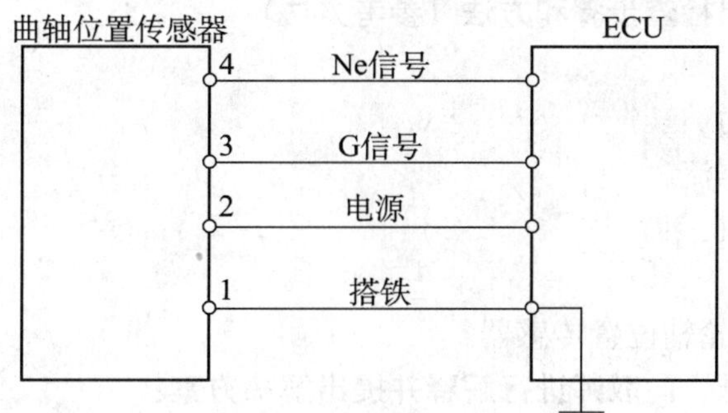

图 11—5　日本三菱汽车光电式 CPS 传感器的控制电路

2. 测量其输出波形

（1）正确连接示波器；

（2）起动发动机，使之怠速工作；

（3）观察并记录测量的波形；

（4）参照标准波形（如图 11—6 所示）进行分析，若波形不符，说明传感器有故障。

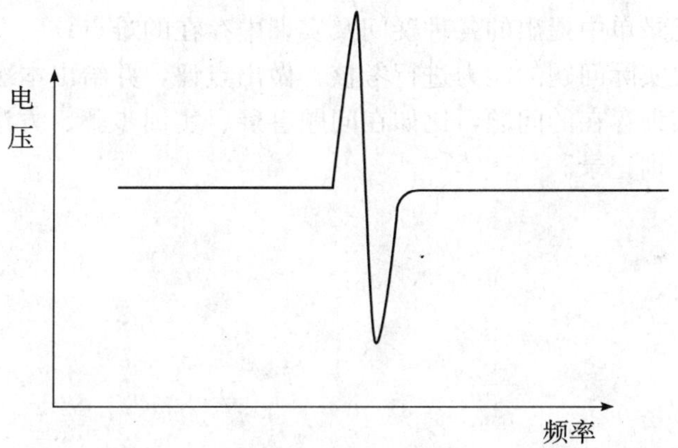

图 11—6　光电式位置传感器的标准波形

检验学生实训能力阶段

曲轴/凸轮轴位置传感器故障会造成发动机起动困难、怠速不良、加速无力、油耗增加等现象。实训教师可根据实训条件利用万用表、解码器等检测设备对曲轴/凸轮轴位置传感器进行检测。然后设置一些与曲轴/凸轮轴位置传感器相关的故障，由学生独立完成故障的诊断与排除；或者由教师充当客户模拟一个或几个场景，让学生分组完成故障排除。

⚠ **注意：**在操作过程中，注意操作程序与规范，注意设备的正确使用，防止出现实训事故。

一辆桑塔纳 2000 超人汽车出现发动机起动困难、怠速易熄火、加速无力、油耗增加

等现象。客户已经维修了点火系统、供油系统，但故障未能解决。客户现在要求维修人员诊断维修。

让学生分析并说出检查步骤和方法（参考方法）：

（1）检查故障码。

（2）检查气缸压力。

（3）检查相关数据流。

（4）检查点火正时。

（5）检查油压。

（6）检查曲轴/凸轮轴位置传感器。

由学生对下列问题，向教师进行解释并提出解决方案：

（1）根据检查情况，分析可能导致以上故障的原因有哪些？

（2）将上述检查流程进行排序，并解释原因。

（3）对检查结果进行理论分析。

组织学生填写实训记录单

教师总结及信息反馈

（1）总结本次实训的要点内容；

（2）解答学生记录单中提出的各种疑问及实训中存在的难点；

（3）对学生解决实际问题的能力进行考核，做出点评，并给出本次实训成绩；

（4）结合本次实训存在的问题，比如在问题答疑、实训步骤、方法及故障设置等方面的问题，完成本次实训记录。

学生实训记录单

班级		车型			
姓名		发动机型号			
学号		VIN 码			
日期		行驶里程		年款	

1. 电磁式曲轴位置传感器的电阻的检测结果为________Ω，是否正常？　是□　否□

2. 霍尔式凸轮轴位置传感器的供电电压的检测结果为________V，是否正常？是□　否□

____

3. 断开电磁式曲轴位置传感器的插接器，发动机是否正常运转？　是□　否□

____

4. 断开霍尔式凸轮轴位置传感器的插接器，发动机是否正常运转？　是□　否□

____

5. 用示波器检测出电磁式曲轴位置传感器的信号波形，并将其画出。

____

根据波形分析电磁式曲轴位置传感器的工作状态________________

6. 本次实训中存在的疑问有哪些？最大的难点是什么？

____

____

教师评语：	本次实训成绩		
	良好	合格	不合格
年　月　日			

实训十二

电动燃油泵的检测

实训计划

实训能力目标	内容及时间安排（分钟）		建议学时
1. 掌握燃油泵电路的检测方法。 2. 掌握燃油泵供油量的检查方法。 3. 掌握燃油泵的拆装方法。	实训准备工作的检查及实训安全工作的说明	5	2学时 （100分钟）
	组织学生讨论电动燃油泵的检测流程	5	
	指导学生对电动燃油泵的电路进行检测	20	
	指导学生对电动燃油泵的供油量进行检测	30	
	指导学生正确拆装电动燃油泵	20	
	组织学生讨论并完成记录单	10	
	教师总结及信息反馈	10	

实训过程

实训准备阶段

一、教师准备工作

教师在实训前准备能工作的试验发动机、万用表、燃油压力表、软管、量杯、吸油布等。

二、学生准备工作

（1）掌握与实训车型相关的电动燃油泵的理论知识。

（2）了解本次实训课所用仪器及设备的使用方法。

指导学生实训阶段

电动燃油泵是一种由小型直流电动机驱动的燃油泵，其作用是给电控燃油喷射系统提供具有一定压力的燃油。按燃油泵结构的不同，可分为滚柱泵和叶片泵两种。目前大多数汽车的燃油泵都为叶片泵。

一、燃油泵电路检测

1. 检测条件

在燃油泵电路检测前，应保证蓄电池电压正常，燃油泵熔丝和汽油滤清器良好。

2. 检测方法及步骤

（1）接通点火开关，加油口处应能瞬间听到燃油泵的运转声（由于燃油泵运转声很小，检测时应避免周围有噪声），或发动机回油管处有明显的回油声。

（2）若听不见运转声，则应断开点火开关，检查燃油泵继电器及燃油泵保险丝是否良好。

（3）若燃油泵保险丝良好，则用万用表检测继电器电源端子与地线之间的电压，标准电压应当等于蓄电池电压。拔下燃油泵继电器，使继电器线圈接柱外接电源，检查接柱的导通情况。如图 12—1 所示为燃油泵继电器的外形及电路。

（a）燃油泵继电器的外形

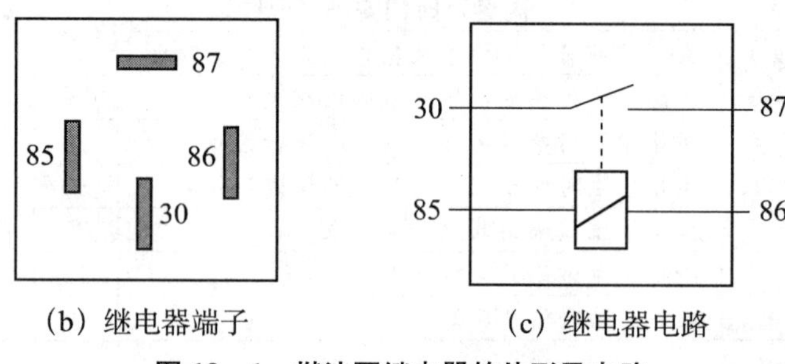

（b）继电器端子　　（c）继电器电路

图 12—1　燃油泵继电器的外形及电路

（4）若保险丝和继电器都完好，则用解码器驱动燃油泵，应能听到燃油泵的运转声。

（5）如果听不见运转声，则拧下行李箱地毯下面连接法兰护板上的螺栓，小心地松开并拔下燃油泵插头。将万用表接到触点 1 和 4 之间，如图 12—2 所示，打开点火开关，瞬间应约为蓄电池电压。如果不符合，应检查供电及接地线是否良好。

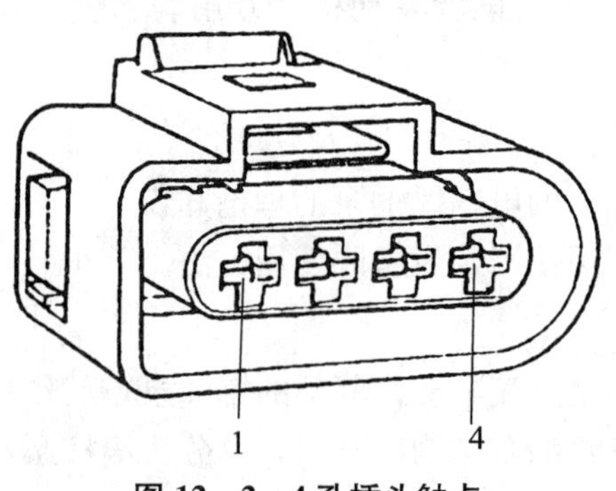

图 12—2　4 孔插头触点

（6）如果达到规定电压值，但听不见泵的运转声，则拆下燃油泵，如图 12—3 所示，检查法兰与燃油泵之间的导线是否断路。如果导线无故障，则说明燃油泵损坏。

二、燃油泵的供油量检测

1. 检测条件

（1）蓄电池电压不低于 12V。

（2）燃油滤清器正常。

（3）燃油泵保险丝及继电器正常。

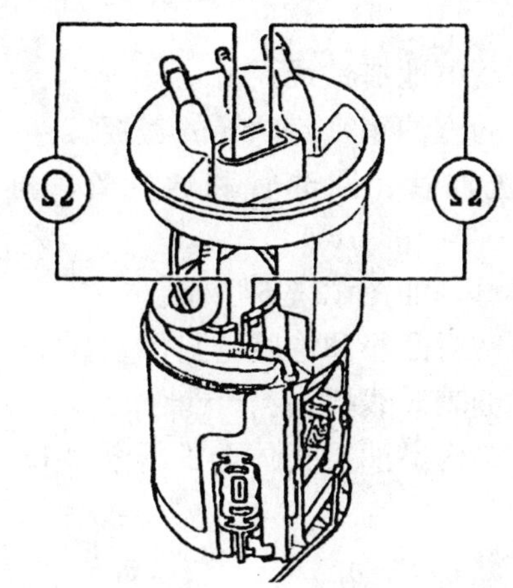

图 12—3　检查法兰与燃油泵之间的导线

2. 燃油泵供油量的检测方法

（1）关闭点火开关；

（2）从燃油分配管上拔下输油管，如图 12—4 所示；

（3）将一辅助软管接到燃油分配管上，然后将软管的另一端放入一量杯中；

（4）利用外接线驱动燃油泵；

（5）驱动燃油泵工作 30s，观察排出的油量。额定值是 0.58L/30s，如果低于额定供油量，应检查油管、滤清器、燃油泵是否有阻塞。

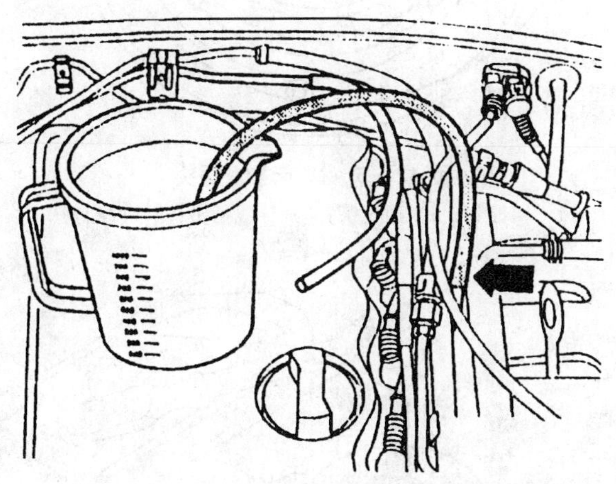

图 12—4　发动机燃油泵供油量检测

⚠ **注意：**由于燃油系统有压力，在打开系统前，应先将系统泄压，然后在开口处放置抹布，最后再小心地松开接头以释放残余油压。

三、燃油泵的拆装

以桑塔纳 2000 轿车电动燃油泵为例，介绍其拆装过程。注意：断开油管前应先进行泄压，之后再拔掉油泵保险，起动发动机，熄火后再连打两次起动机，直到发动机无法起动。

1. 电动燃油泵的拆卸

（1）关闭点火开关，拔下蓄电池搭铁线。

（2）拆下行李箱内地毯下的汽油箱密封凸缘的盖板。

（3）从密封凸缘上拔下进油管、回油管和通气管，再拔下导线插头，如图 12—5 所示。

（4）用专用工具旋下大螺母，如图 12—6 所示。

（5）从汽油箱开口处拉出密封凸缘和橡胶密封件。

（6）拔下密封凸缘内的燃油表导线插头。

（7）将专用工具插入到油箱内燃油泵壳体上的拆装缺口上，旋松燃油泵，如图 12—7 所示。

（8）从油箱中拉出燃油泵。

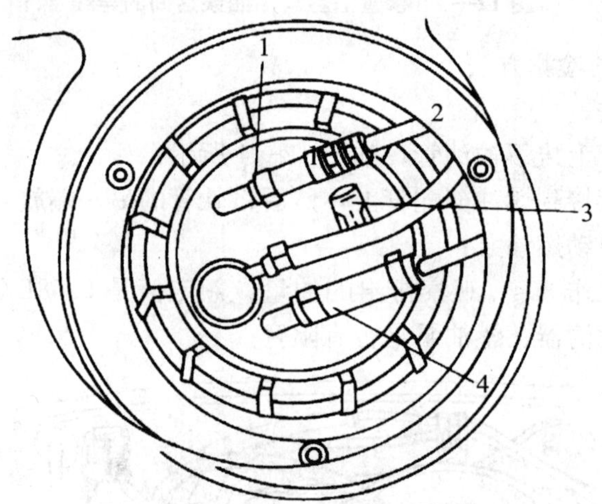

图 12—5　拔下电线插头

1—回油管；2—通气管；3—导线插头；4—进油管

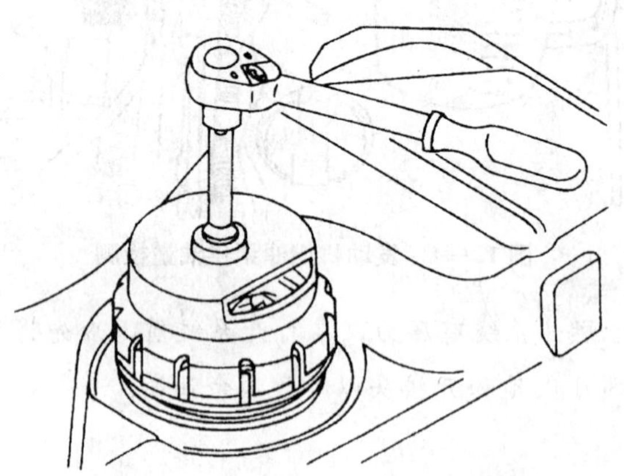

图 12—6　用专用工具旋下大螺母

⚠ **注意**：拆卸前，须进行系统泄压；安装后，应进行预置系统油压。

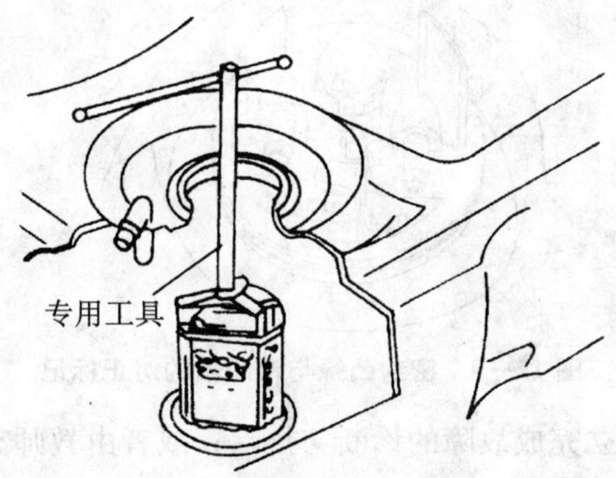

图 12—7　拆卸燃油泵

2. 电动燃油泵的安装

（1）检查燃油泵及其附件，要齐全、完好，如图 12—8 所示。

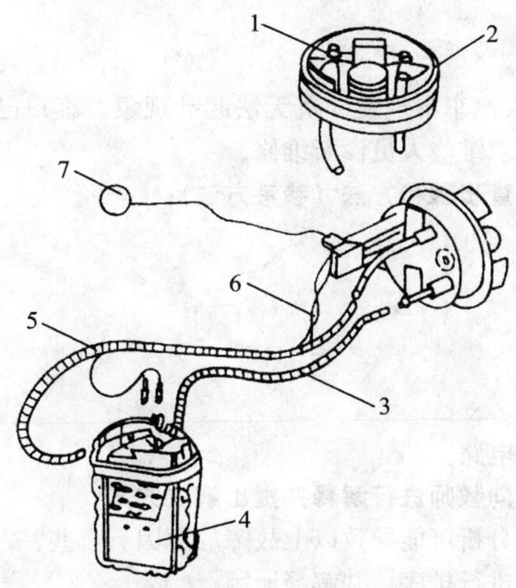

图 12—8　燃油泵及附件

1—透气管（通向活性炭罐）；2—密封凸缘；3—回油管；4—燃油泵；5—进油管；6—导线；7—浮子

（2）将进油管和回油管以及接头插入到燃油泵上，并保证软管接头连接紧固。

（3）将燃油泵插入到汽油箱内，并用专用工具将燃油泵拧紧在固定位置上。

（4）安装好密封圈。注意安装密封圈时应用汽油将密封圈润湿。

（5）将密封凸缘连同浮子和燃油传感器插入油箱内并压到底。注意：密封凸缘上的箭头必须对准汽油箱上的箭头，如图 12—9 所示。

（6）用专用工具拧紧大螺母。

（7）接上密封凸缘上部的进油管和回油管以及导线接头。

检验学生实训能力阶段

常见电动燃油泵的故障包括不供油、供油不足、间歇供油等。实训教师可根据实训条件设置电动燃油泵故障，比如可以设计不供油、供油不足、间歇供油等故障。然后在实训

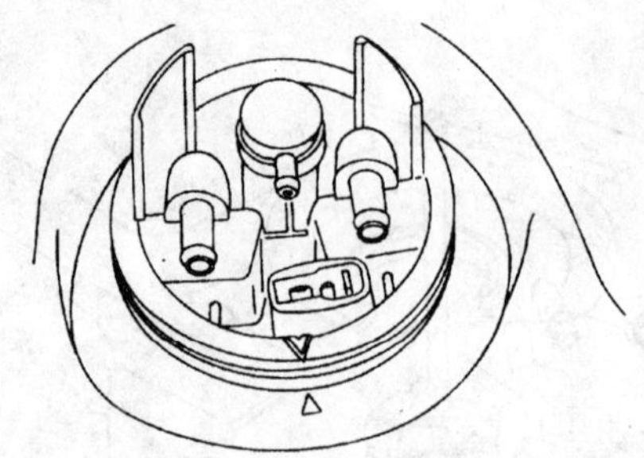

图 12—9　密封凸缘与汽油箱的对正标记

教师的监督下，由学生独立完成故障的诊断与排除；或者由教师充当客户模拟一个或几个场景，让学生分组完成故障排除。

⚠ **注意**：在操作过程中，注意操作程序与规范，注意设备的正确使用，防止出现实训事故。

一辆桑塔纳 2000 超人汽车出现发动机无法起动现象。客户已经维修了点火系统但故障未能解决。客户现在要求维修人员诊断维修。

让学生分析并说出检查步骤和方法（参考方法）：

（1）检查故障码。

（2）检查气缸压力。

（3）检查相关数据流。

（4）检查点火正时。

（5）检查油压。

（6）检查电动燃油泵电路。

由学生对下列问题，向教师进行解释并提出解决方案：

（1）根据检查情况，分析可能导致以上故障的原因有哪些？

（2）将上述检查流程进行排序，并解释原因。

（3）对检查结果进行理论分析。

组织学生填写实训记录单

教师总结及信息反馈

（1）总结本次实训的要点内容；

（2）解答学生记录单中提出的各种疑问及实训中存在的难点；

（3）对学生解决实际问题的能力进行考核，做出点评，并给出本次实训成绩；

（4）结合本次实训存在的问题，比如在问题答疑、实训步骤、方法及故障设置等方面的问题，完成本次实训记录。

学生实训记录单

班级		车型			
姓名		发动机型号			
学号		VIN 码			
日期		行驶里程		年款	

1. 打开点火开关，是否听见燃油泵运转声？ 是□ 否□
为何大约 2 秒钟后消失？____________________

2. 用手握紧发动机供油管，打开点火开关，是否有燃油泵供油的脉动感？ 是□ 否□
____

3. 打开点火开关，能否听见燃油泵继电器的吸合声？ 是□ 否□
为何大约 2 秒后消失？____________________

4. 断开燃油泵插接器，起动发动机，检测燃油泵供电端子是否供电正常？ 是□ 否□
____

5. 所测燃油泵的供油量是________，是否正常？ 是□ 否□
如果供油不足发动机会有哪些现象？____________________
____

6. 本次实训中存在的疑问有哪些？最大的难点是什么？
____
____

教师评语：	本次实训成绩		
	良好	合格	不合格
年 月 日			

实训十三

汽油机喷油器的检测与清洗

实训计划

实训能力目标	内容及时间安排（分钟）		建议学时
1. 掌握喷油器的检测内容及检测方法。 2. 掌握喷油器的清洗方法。 3. 掌握喷油器的正确拆装方法。	实训准备工作的检查及实训安全工作的说明	10	4 学时 （200 分钟）
	组织学生讨论喷油器的检测流程	10	
	指导学生对喷油器的检查	50	
	指导学生正确清洗喷油器	50	
	指导学生正确拆装喷油器	50	
	组织学生讨论并完成记录单	20	
	教师总结及信息反馈	10	

实训过程

实训准备阶段

一、教师准备工作

教师在实训前准备能工作的试验发动机、万用表、诊断仪、示波器、量杯、秒表、喷油器清洗机等。

二、学生准备工作

（1）掌握与实训车型相关的喷油器的理论知识。

（2）了解本次实训课所用仪器及设备的使用方法。

指导学生实训阶段

喷油器是电控燃油喷射系统的执行元件，根据 ECU 发出的脉冲喷油信号，控制燃油喷射量。单点喷射系统的喷油器安装在节气门体的空气入口处，多点喷射系统的喷油器安装在各缸进气歧管或气缸盖上的各缸进气道处。按喷油口的结构不同，喷油器可分为轴针式、球阀式和孔式，国产轿车燃油喷射系统大多采用轴针式电磁喷油器。按喷油器电磁线圈阻值的大小，喷油器可分为高阻型（13～16Ω）和低阻型（1～3Ω）两种。

一、喷油器的检测

1. 喷油器就车诊断

接通点火开关，使发动机怠速运转，用螺丝刀或听诊器测试各缸喷油器的工作声音，如图 13—1 所示。若各缸喷油器的工作声音清脆均匀，说明各缸喷油器的工作正常；若听不到某缸喷油器的工作声音，则应测量该喷油器的电磁线圈的电阻及检查喷油器的控制线路。

图 13—1　听诊各缸喷油器

2. 喷油器线圈阻值检测

拔下喷油器线束插头，用万用表测量喷油器两端子之间的电阻，如图 13—2 所示，低阻值喷油器应为 2～3Ω，高阻值喷油器应为 13～16Ω，否则应更换喷油器。

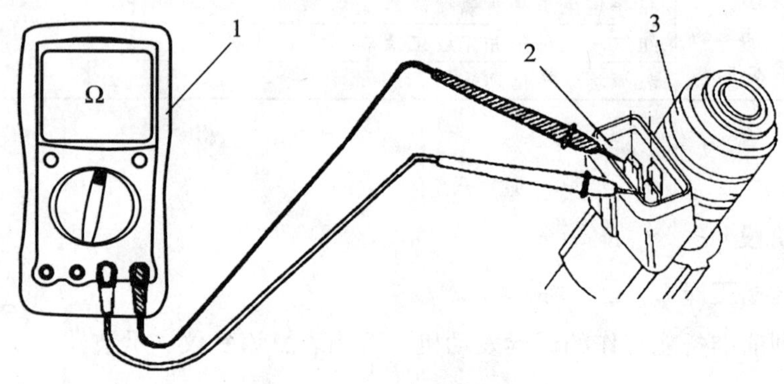

图 13—2　测量喷油器电阻

1—万用表；2—线束插头；3—喷油器

3. 喷油器控制电路检测

(1) 拆开喷油器线束插接器，接通点火开关，但不起动发动机。

(2) 用万用表检测喷油器的供电电压，应为蓄电池电压（即端子 1 与发动机搭铁之间的电压）。

(3) 若供电电压不符合，应检查供电线路、点火开关、继电器或保险丝是否正常。

(4) 测量各喷油器插头负极端子与发动机 ECU 喷油器端子之间的阻值，应小于 1Ω，如图 13—3 所示。如桑塔纳 2000 喷油器端子 2 与 ECU 端子 73、80、58、65 之间的阻值应小于 1Ω，否则说明线路断路或接触不良。

4. 喷油器喷油量检测

喷油器喷油量的检测可在专用设备上进行检查，也可按图 13—4 所示方法进行。检测方法是：

(1) 将被测喷油器插入量杯中。

(2) 使燃油泵工作。

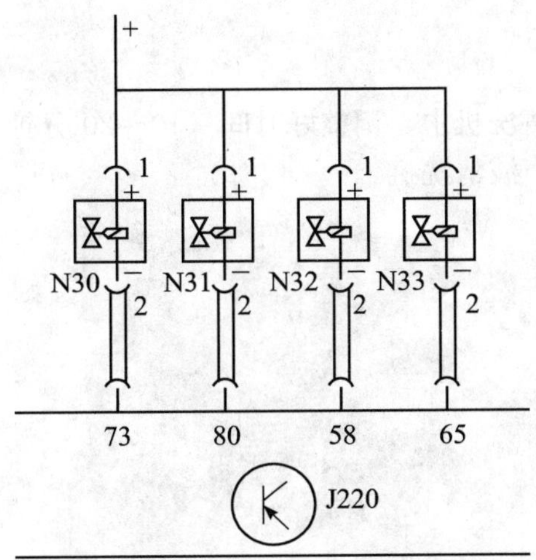

图 13—3　喷油器的控制电路及检测

(3) 用导线让蓄电池直接给喷油器通电，使喷油器喷油 30s，观察喷油量。一般喷油量为 85～105mL/30s（具体车型请以维修手册数据为准），各缸喷油器的喷油量相差不超过 5%。

(4) 每个喷油器应重复检查 2～3 次，各缸喷油器的喷油量和均匀度应符合标准。

(5) 观察燃油从喷孔喷出的形状，应为 35°左右的圆锥雾状。

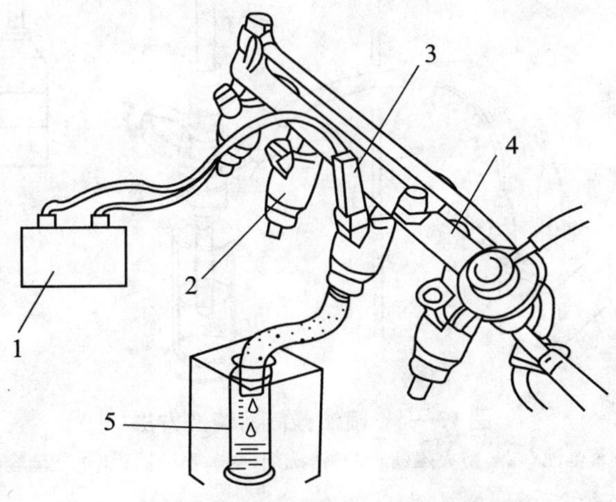

图 13—4　喷油器喷油量的检测

1—蓄电池；2—喷油器；3—专用检测线；4—燃油总管；5—量杯

5. 喷油器密封性检查

喷油器的密封性可在专用设备上进行检查，在检测喷油量之前，直接给燃油泵通电，油压达到正常时，观察喷油器有无滴漏现象。也可将喷油器和输油管从安装位置上拆下，再与燃油系统连接好，打开点火开关，让燃油泵通电工作，观察喷油器有无滴漏现象。若 2min 内喷油器滴油不超过 1 滴，说明喷油器密封性良好，否则应更换喷油器。

⚠ **注意：**低阻型喷油器不能直接与蓄电池连接，必须串联一个 8～10Ω 的附加电阻。同时要求作业环境要通风，避免烟火。

二、喷油器的清洗

1. 超声波清洗

把喷油器放入超声波清洗机中，调整好时间（10～20 分钟），按开始键进行清洗。如图 13—5 所示为单槽式超声波清洗机。

图 13—5　单槽式超声波清洗机

2. 简易清洗

将喷油器进油口与化油器清洗剂瓶连接，利用蓄电池驱动喷油器，压开化油器清洗剂瓶出口，反复清洗，如图 13—6 所示。清洗喷油器时，应注意以下几点：

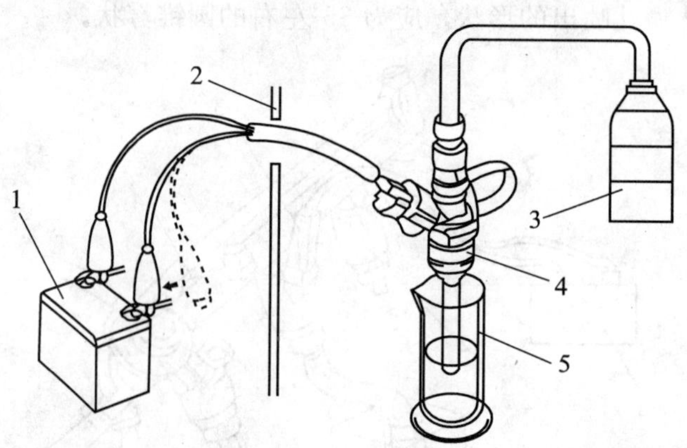

图 13—6　喷油器简易清洗方法

1—蓄电池；2—防火隔断；3—清洗剂；4—喷油器；5—玻璃容器

（1）清洗剂是易燃品，清洗作业应在空气流通的地方进行。

（2）利用蓄电池驱动喷油器易产生火花，应将喷油器与蓄电池隔开。

（3）低阻型喷油器应串联电阻以防烧坏喷油器线圈。

（4）废旧清洗液应环保化处理。

三、喷油器的拆装

1. 拆卸喷油器

（1）发动机停机后，燃油系统当中会有较大的压力，必须释放燃油压力，然后再拆卸喷油器。

（2）拆下蓄电池负极线及各缸喷油器的线束插头，如图 13—7 所示。

（3）拆下燃油分配管上的进油管和回油管。

(4) 拆下油压调节器上的真空软管，再拆下油压调节器。

(5) 松开燃油分配管上的紧固螺栓，将燃油分配管及喷油器一起拆下。

(6) 从燃油分配管上拆下喷油器及密封垫圈。

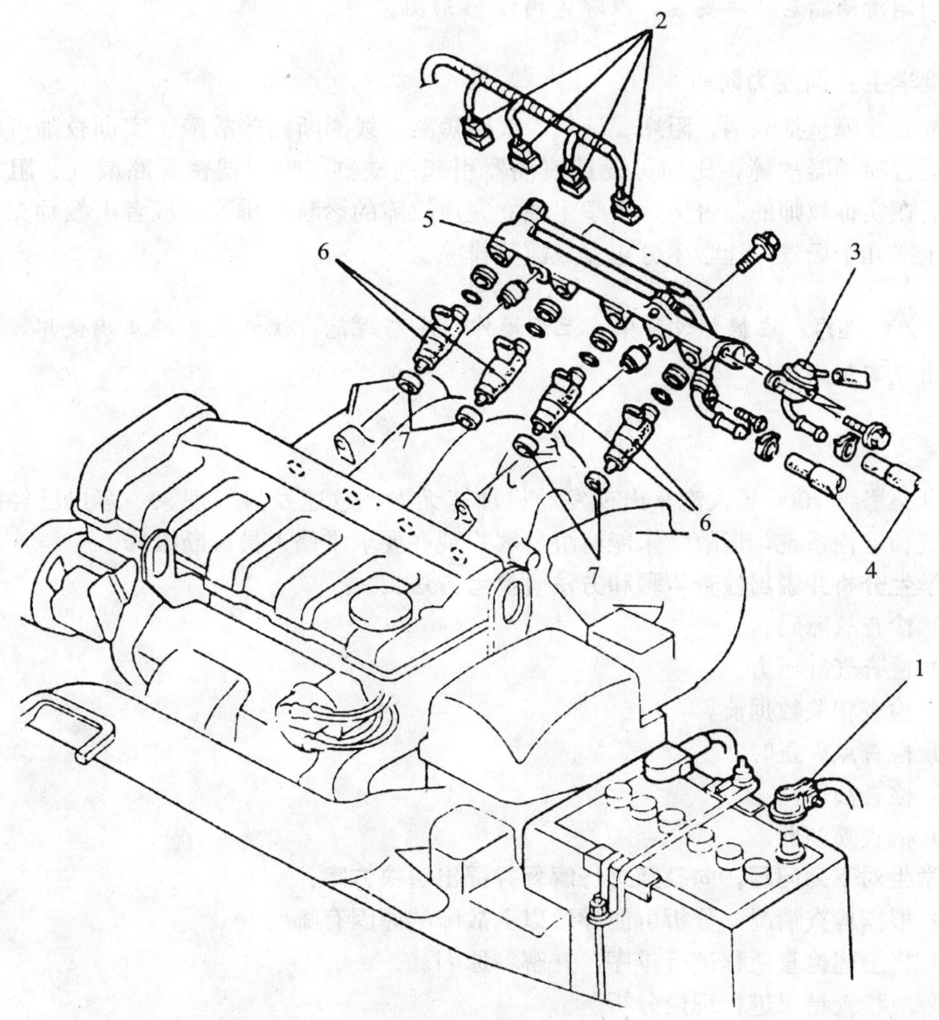

图 13—7　喷油器拆装示意图

1—蓄电池负极；2—喷油器线束插头；3—油压调节器；4—油管；5—油轨；6—喷油器；7—密封圈

2. 安装喷油器

(1) 将喷油器安装在燃油分配管上，安装时应不断转动喷油器，以免损坏 O 形圈；

(2) 在进气歧管上相应喷油器孔位置处，放好橡胶密封圈。

(3) 将喷油器连同燃油分配管一起装在发动机上，并拧紧固定螺栓。

(4) 用手转动喷油器，如果能平稳转动，说明安装良好；否则说明 O 形圈安装不当，应重新安装。

(5) 安装进油管和回油管，插上真空软管及各缸喷油器线束。

(6) 检查并确认无漏装零件。

(7) 预置燃油系统压力，检查有无漏油现象。

（8）起动发动机，检查发动机怠速是否平稳，检查喷油器密封圈有无漏气现象。

⚠ **注意**：在安装喷油器O形圈时，应在涂抹凡士林或其他不伤害橡胶和塑料的润滑油脂后，再安装，以避免损坏O形圈。

检验学生实训能力阶段

喷油器故障包括滴漏、阻塞、漏气、线圈短路、线圈断路等故障。实训教师可根据实训条件设置喷油器故障，比如可设计喷油器引起的缺缸、喷油器密封圈漏气、阻塞等故障。然后在实训教师的监督下，由学生独立完成故障的诊断与排除，或者由教师充当客户模拟一个或几个场景，让学生分组完成故障排除。

⚠ **注意**：在操作过程中，注意操作程序与规范，注意设备的正确使用，防止出现实训事故。

场景

一辆桑塔纳2000超人汽车出现发动机加速无力、怠速发抖等现象。客户已经维修了点火系统和电控系统，但故障未能解决。客户现在要求维修人员诊断维修。

让学生分析并说出检查步骤和方法（参考方法）：

（1）检查故障码。

（2）检查气缸压力。

（3）检查相关数据流。

（4）检查点火正时。

（5）检查油压。

（6）检查喷油器。

由学生对下列问题，向教师进行解释并提出解决方案：

（1）根据检查情况，分析可能导致以上故障的原因有哪些？

（2）将上述检查流程进行排序，并解释原因。

（3）对检查结果进行理论分析。

组织学生填写实训记录单

教师总结及信息反馈

（1）总结本次实训的内容要点；

（2）解答学生记录单中提出的各种疑问及实训中存在的难点；

（3）对学生解决实际问题的能力进行考核，做出点评，并给出本次实训成绩；

（4）结合本次实训存在的问题，比如在问题答疑、实训步骤、方法及故障设置等方面的问题，完成本次实训记录。

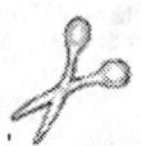

学生实训记录单

<table>
<tr><td>班级</td><td></td><td>车型</td><td colspan="3"></td></tr>
<tr><td>姓名</td><td></td><td>发动机型号</td><td colspan="3"></td></tr>
<tr><td>学号</td><td></td><td>VIN 码</td><td colspan="3"></td></tr>
<tr><td>日期</td><td></td><td>行驶里程</td><td></td><td>年款</td><td></td></tr>
<tr><td colspan="6">
1. 发动机怠速运转时，用听诊器测试各缸喷油器的工作声音是否正常？
1 缸：是□　否□；2 缸：是□　否□；3 缸：是□　否□；4 缸：是□　否□
若某缸喷油器的工作声音不正常，如何确定故障是在喷油器，还是在驱动电路？
写出思路：________________________________
2. 用万用表测量喷油器两端子之间的电阻为________Ω，是否符合要求？　是□
否□
3. 拆下喷油器接头，将测试灯连接到插头上，起动发动机，观察并描述测试灯的状态。
____
4. 将一个已损坏的密封圈安装到喷油器上，起动发动机，观察发动机怠速工作是否平稳？若不平稳，则将化油器清洗剂喷到漏气的喷油器附近，再观察发动机的怠速情况有无变化。
分析观察结果：________________________________
____
5. 用示波器测试喷油器的电压波形，观察并画出波形。
____
请分析该喷油器的工作性能________________________________
6. 本次实训中存在的疑问有哪些？最大的难点是什么？
____
____
</td></tr>
<tr><td colspan="3" rowspan="3">教师评语：

年　月　日</td><td colspan="3">本次实训成绩</td></tr>
<tr><td>良好</td><td>合格</td><td>不合格</td></tr>
<tr><td></td><td></td><td></td></tr>
</table>

实训十四

汽油机燃油压力的检测

实训计划

<table>
<tr><th>实训能力目标</th><th colspan="2">内容及时间安排（分钟）</th><th>建议学时</th></tr>
<tr><td rowspan="7">1. 掌握燃油压力的检测方法。
2. 掌握燃油系统密封性和保压能力的检测方法。
3. 掌握燃油系统油压过高、过低故障的诊断方法。</td><td>实训准备工作的检查及实训安全工作的说明</td><td>10</td><td rowspan="7">2 学时
（100 分钟）</td></tr>
<tr><td>组织学生讨论燃油系统油压的检测流程</td><td>10</td></tr>
<tr><td>指导学生对燃油供给系统的油压进行检测</td><td>20</td></tr>
<tr><td>指导学生对燃油供给系统的油压异常故障进行诊断</td><td>20</td></tr>
<tr><td>检验学生操作油压表检测燃油系统油压的能力</td><td>20</td></tr>
<tr><td>组织学生讨论并完成记录单</td><td>10</td></tr>
<tr><td>教师总结及信息反馈</td><td>10</td></tr>
</table>

实训过程

实训准备阶段

一、教师准备工作

教师在实训前准备能工作的试验车辆、专用软管夹、油压表等。

二、学生准备工作

（1）掌握与实训车型相关的燃油系统油压测试的理论知识。

（2）了解本次实训课所用仪器及设备的使用方法。

指导学生实训阶段

一、供油系统油压检测

1. 注意事项

（1）作业应在通风良好的环境下进行，避免烟火。

（2）打开系统前，应断开油泵保险，起动发动机泄掉燃油压力。

（3）拆装油箱部件时，应水平停放车辆，燃油箱内燃油量不可超过总容积的 3/4。如需要，则排空燃油箱。

（4）电动燃油泵不能放在空气中进行长时间空转。

（5）作业进行过程中，不要移动车辆，以防发生火灾。

（6）断开接头前应彻底清洗接头及其周围区域。

（7）拆下的零件应放在清洁表面并盖好，不可使用有绒毛的抹布。

2. 供油压力检测

以桑塔纳 2000 型轿车燃油系统的油压测试为例，介绍其检测方法和步骤。

（1）测试前应检查电源电压是否正常。

（2）按要求释放系统油压。

（3）按要求连接油压表，如图 14—1 所示。

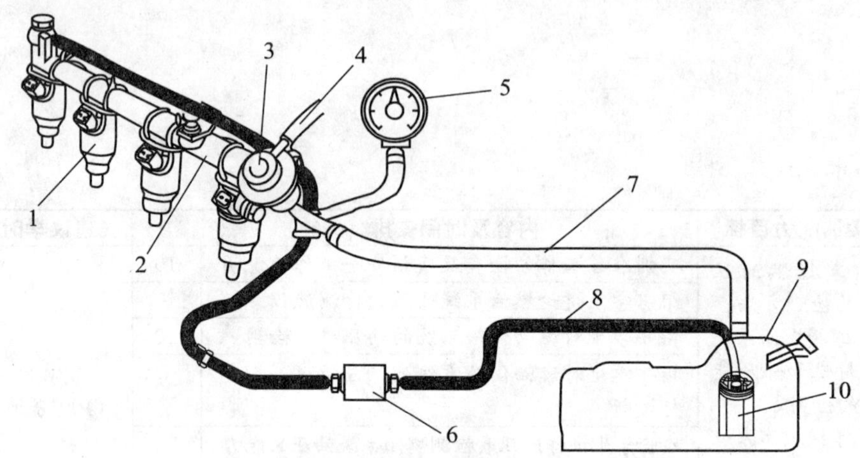

图 14—1 油压表的连接

1—喷油器；2—油轨（燃油管）；3—压力调节器；4—真空管；5—压力表；6—汽油滤清器；7—回油管；8—输油管；9—油箱；10—燃油泵

（4）接通点火开关，发动机怠速运转时，油压表显示的压力值应为 300kPa。

（5）突然加大节气门开度时，油压表压力应迅速增大到 350kPa 左右。

（6）在怠速时，拔下油压调节器上的真空管，并用手指堵住进气管一侧的管口，油压表压力必须升高到 320kPa。

若燃油系统压力过低，可夹住回油软管以切断回油管路，再观察油压表的指示压力，如果压力恢复正常，说明燃油压力调节器有故障，应更换；若仍压力过低，应检查燃油系统有无泄漏，燃油泵滤网、燃油滤清器和燃油管路是否堵塞，若无泄漏和堵塞故障，应更换燃油泵。

若油压表指示压力过高，应检查回油管路是否堵塞；若回油管路正常，说明燃油压力调节器有故障，应更换。

（7）如果测试燃油系统的压力符合标准，使发动机运转至正常工作温度后，重新接上燃油压力调节器上的真空软管，燃油压力表的指示压力应略有下降（约 0.05MPa）；否则应检查真空管路是否堵塞或漏气，若真空管路正常，则说明燃油压力调节器有故障，应更换。

3. 残余压力检测

（1）保证电源电压正常。

（2）接通点火开关，保持发动机怠速运转，使油压表压力达到额定值。

（3）断开点火开关，等待 10min 后，油压表压力必须高于 220kPa。

（4）如果压力低于 220kPa，则重复步骤（2）。

(5) 断开点火开关，夹住回油管，同时观察油压表压力，等待 10min 后，如表压力高于 200kPa，说明油压调节器失效，应予以更换。

(6) 如果压力低于 200kPa，说明输油管、喷油器有泄漏或燃油泵单向阀有故障或喷油器进油口 O 形密封圈失效，需逐项进行检修。

二、常见故障诊断

汽油机燃油供给系统的常见故障有油压过高、油压过低等，会造成发动机起动困难、加速无力或加速熄火等现象。

1. 油压过低故障诊断

汽油机燃油供给系统油压过低故障诊断的流程如图 14—2 所示。

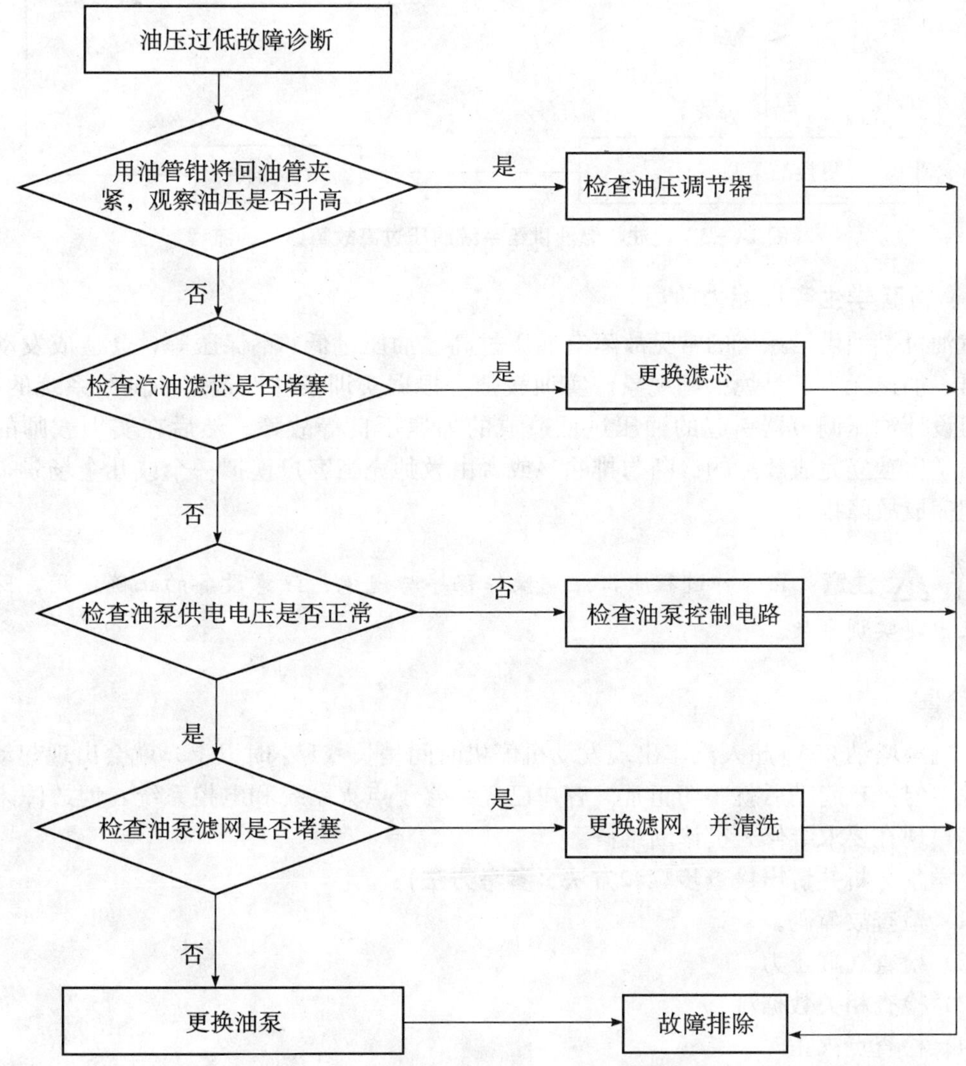

图 14—2　汽油机燃油供给系统油压过低故障诊断的流程

2. 油压过高故障诊断

汽油机燃油供给系统油压过高故障诊断的流程如图 14—3 所示。

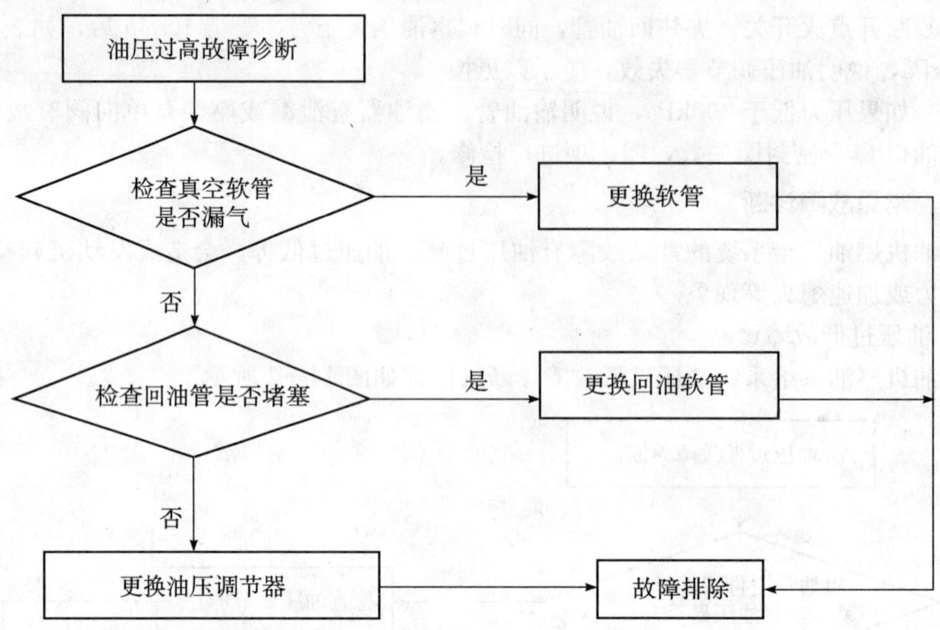

图 14—3　汽油机燃油供给系统油压过高故障诊断的流程

检验学生实训能力阶段

汽油机燃油供给系统的常见故障有油压过高、油压过低、不保压等，会造成发动机起动困难、加速无力、易熄火等现象。实训教师可根据实训条件设置燃油供给系统的故障，比如可设计油压调节器引起的油压过低造成的加速不良等故障。然后在实训教师的监督下，由学生独立完成故障的诊断与排除，或者由教师充当客户模拟一个或几个场景，让学生分组完成故障排除。

⚠ **注意：**在操作过程中，注意操作程序与规范，注意设备的正确使用，防止出现实训事故。

一辆桑塔纳 2000 超人汽车出现发动机停机时间稍长（1 小时以上）就会出现起动困难的现象，但一旦起动后就一切正常。客户已经维修了点火系统和电控系统，但故障未能排除。客户现在要求维修人员诊断维修。

让学生分析并说出检查步骤和方法（参考方法）：

（1）检查故障码。

（2）检查气缸压力。

（3）检查相关数据流。

（4）检查点火正时。

（5）检查油压。

（6）检查油压保持能力。

由学生对下列问题，向教师进行解释并提出解决方案：

（1）根据检查情况，分析可能导致以上故障的原因有哪些？

（2）将上述检查流程进行排序，并解释原因。

（3）对检查结果进行理论分析。

组织学生填写实训记录单

教师总结及信息反馈

（1）总结本次实训的要点内容；

（2）解答学生记录单中提出的各种疑问及实训中存在的难点；

（3）对学生解决实际问题的能力进行考核，做出点评，并给出本次实训成绩；

（4）结合本次实训存在的问题，比如在问题答疑、实训步骤、方法及故障设置等方面的问题，完成本次实训记录。

学生实训记录单

班级		车型			
姓名		发动机型号			
学号		VIN码			
日期		行驶里程		年款	

1. 为释放燃油压力，应拔下油泵保险丝。油泵保险丝的编号为______，限制电流为______A。若无法找到油泵保险则如何释放燃油压力？请写出你的方法：

____

2. 在拆装油箱部件时，油箱内燃油量不可超过总容积的________。原因是：____

____

3. 发动机怠速运转时，油压表指示的压力值为________kPa；突然加大节气门开度时，油压表指示的压力为________kPa，是否符合要求？ 是□ 否□

请写出油压变化规律______________________________

____

4. 当燃油系统压力过低时，则夹住回油软管，观察油压是否恢复正常？ 是□ 否□

若恢复正常，则可能故障原因有：______________________________

若没有恢复正常，则可能故障原因有：______________________________

5. 检查燃油压力调节器上的真空软管是否良好？ 是□ 否□

请写出检查的方法：______________________________

6. 若残余压力低于200kP，则可能故障原因有：______________________________

7. 本次实训中存在的疑问有哪些？最大的难点是什么？

____

教师评语： 年 月 日	本次实训成绩		
	良好	合格	不合格

实训十五

点火系的基本检查

实训计划

实训能力目标	内容及时间安排（分钟）		建议学时
1. 掌握点火线圈的检测方法。 2. 掌握点火模块的检测方法。 3. 掌握火花塞的检测方法。 4. 掌握高压导线的检测方法。	实训准备工作的检查	10	2学时 （100分钟）
	实训安全工作的检查及说明	10	
	指导学生检测点火线圈	15	
	指导学生检测点火模块	15	
	指导学生检测火花塞	15	
	指导学生检测高压导线	15	
	学生完成记录单	10	
	教师总结及信息反馈	10	

实训过程

实训准备阶段

一、教师准备工作

教师在实训前准备能工作的试验发动机、万用表、火花塞间隙调整工具、干电池等。

二、学生准备工作

（1）掌握与实训车型相关的点火系统基本组成的理论知识。

（2）了解本次实训课所用仪器及设备的使用方法。

指导学生实训阶段

点火系统一般由电源、各种传感器、ECU 、点火器、点火线圈、分电器、高压导线、火花塞等组成，其作用是按照发动机的点火次序，在规定的时刻供给火花塞足够的能量，使其点燃气缸内的混合气。

一、点火线圈的检测

1. 点火线圈高压性能的检测

点火线圈的高压性能可以用简易方法加以检测，以桑塔纳 2000 点火系统高压电路的诊断为例，如图 15—1 所示，其诊断方法及步骤如下：

（1）关闭点火开关，打开分电器盖，转动曲轴，使分电器转子缺口不在间隙中。

（2）拔出分电器盖上的中央高压线，使其端部离气缸体为 5～7mm。

（3）打开点火开关，用小旋具在霍尔传感器的间隙中轻轻地插入拔出，模拟转子在间

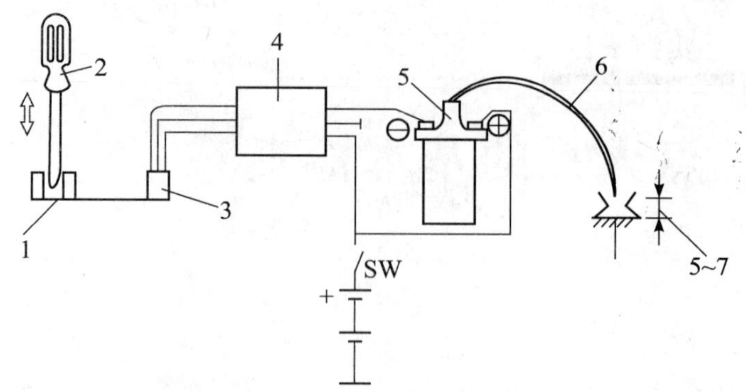

图 15—1　高压电路故障诊断

1—霍尔发生器；2—旋具；3—线束插接器；4—点火控制器；5—点火线圈；6—高压线

隙中的动作。

（4）如果高压线端部有强烈的蓝色火花并有清脆的跳火声，说明点火线圈跳火性能良好。

2. 点火线圈的常规检查

如果高压线端部没有强烈的蓝色火花并且跳火声很小，说明点火线圈跳火性能不良，应对其进行下面的检查。

（1）检查点火线圈是否有裂纹。

（2）检查点火线圈盖的凸台内是否有漏电的迹象。

（3）检查点火线圈壳体是否漏油。如果漏油，则点火线圈内部会直接接触到空气，这样内部会产生凝缩现象。线圈内的凝缩会引起高压泄漏，导致发动机不能点火。

（4）在无分电器的系统中，检查各个点火线圈及点火模块处的导线接头是否牢固；检查接线端子是否有烧蚀现象，如图 15—2 所示。

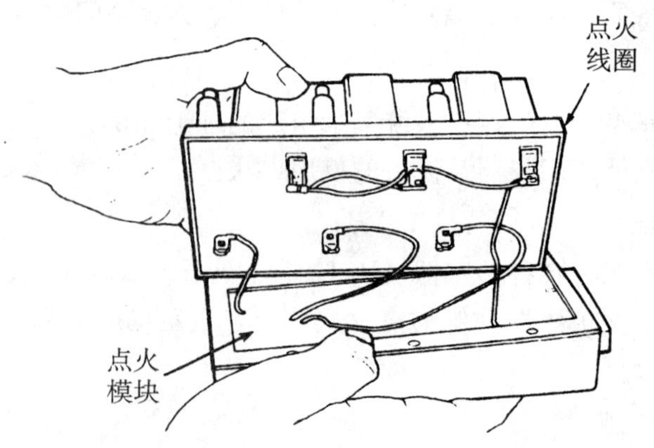

图 15—2　点火线圈的检查

（5）检查点火线圈初级绕组接线柱的连接情况。

当点火线圈极性正确时，使火花塞发火所需的电压较低。如果点火线圈的极性颠倒，则需要更高的电压才能触发火花塞产生火花，一般要高 20%～40%。

如果点火线圈的极性正确，从示波器波形上可以看出点火线会向上延伸。如果点火线圈的极性颠倒，则点火线会向下延伸。

3. 点火线圈的电阻测试

如果常规检查点火线圈没有明显故障，但其跳火性能不良，则应对其进行下面的检查。

(1) 用万用表测量点火线圈初级绕组的电阻值。

将万用表的两个表笔分别跨接到点火线圈的蓄电池（+）和转速表（—）的接线柱上，如图 15—3 所示。初级绕组的阻值一般在 0.5～2Ω 之间。若发生断路、短路或者出现高电阻时，应更换点火线圈。

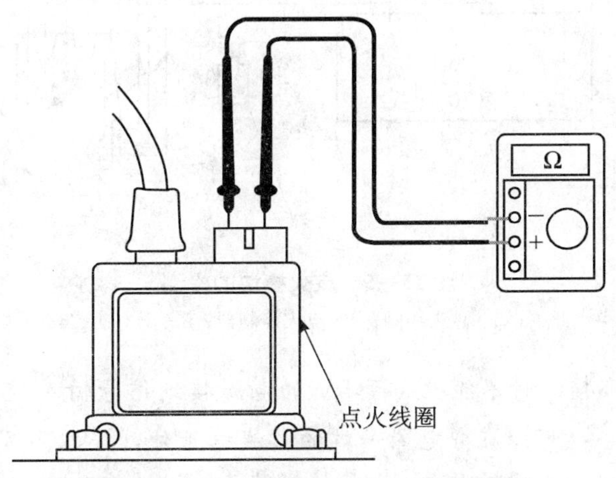

图 15—3　点火线圈初级绕组阻值的测试

(2) 用万用表测量点火线圈次级绕组的电阻值。

将万用表的两个表笔分别跨接到点火线圈的蓄电池（+）和点火线圈的中央接线柱上，如图 15—4 所示。次级绕组的阻值一般在 8～20kΩ 之间。

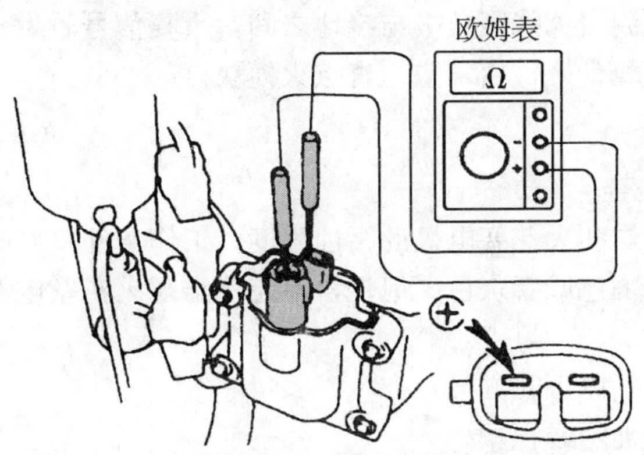

图 15—4　点火线圈次级绕组阻值的测试

二、点火模块的检测

以桑塔纳 2000 点火系统点火模块的检测为例进行介绍，如图 15—5 所示，其检测方法和步骤如下：

(1) 将 1.5V 干电池的正极与分电器的 S 端子连接。

(2) 负极与分电器（—）端子连接，重复接触和分离，代替霍尔传感器向点火控制器输入触发信号。

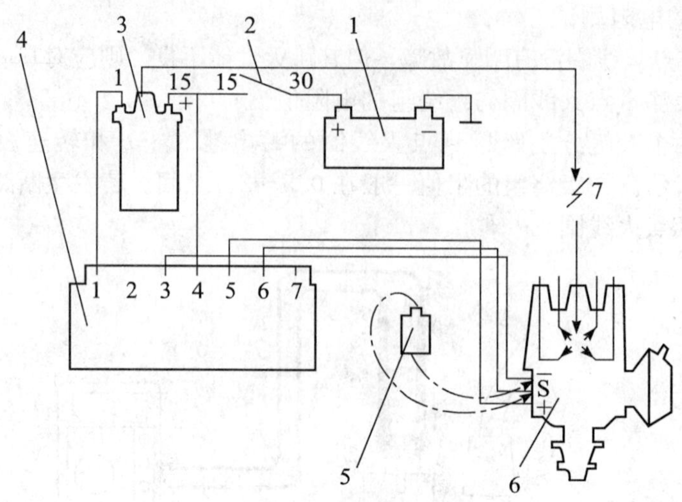

图 15—5　点火模块的检测

1—蓄电池；2—点火开关；3—点火线圈；4—点火控制器；5—干电池；6—分电器；7—高压线

⚠ **注意**：在接线时不能把高于 5V 的电源接到信号输入接线端子上，避免损坏点火控制器。也可以在分电器一端的接线端子处，接入 1.5V 干电池或万用表，要注意与点火控制器的 3 号、5 号接线端子的极性相对应。

(3) 在接触、分离过程中，观察高压线的跳火情况；要求高压线端部距气缸体 10mm。

(4) 如果有蓝色跳火，说明点火模块、点火线圈良好，霍尔传感器有故障；如果没有火花，要进行下一步检查。

(5) 将测试灯连接到点火线圈负极与接地之间，重复信号触发动作，观察测试灯是否闪亮，是，说明点火模块良好；否，应检查点火模块。

三、火花塞的检测

1. 火花塞的外观检查

检查火花塞上的积炭和火花塞电极的腐蚀程度。工作条件良好时在火花塞上面也会有少量积炭，一般呈淡棕褐色或者灰色。但是，不应该出现火花塞电极烧毁的迹象，否则应该被更换。

火花塞外观检查包括以下几方面：

(1) 火花塞是否有油污或积炭。

(2) 火花塞电极间隙是否正常。

(3) 火花塞绝缘体是否出现裂纹。

(4) 是否有电极熔化或电极端部被削现象。

2. 火花塞点火电压的检测

火花塞的点火电压直接影响发动机的工作状况，点火电压的高低与很多因素有关：火花塞或次级电路的状况、发动机的温度、可燃混合气的状况及气缸压缩压力等。点火电压可以在用示波器测试次级电路波形时获取，波形中的最高线就是火花塞的点火电压。在测试火花塞的点火电压时，要求：

（1）所有气缸的点火线的高度应一致。

（2）点火电压的大小应该在 7～13kV 之间。

（3）各个气缸的火花塞的点火电压之间的差值不超过 3kV。

如果一个或者多个气缸的点火电压不一致，偏低或者偏高，则表示该缸存在故障，应进行进一步的检查。

3. 火花塞间隙的检测

无论是新的还是旧的火花塞，都要按发动机厂家说明书的要求调整其间隙。测量及调整工具有专用工具和简易工具。专用工具如图 15—6 所示。该工具由板规和弯座组成。板规可以调整火花塞间隙，板规上面是一个铁砧，用来压住火花塞侧电极。弯座固定火花塞壳体，并将侧电极压向板规，从而设置间隙。

锥形调整工具是一种简易工具，主要由几个尺寸不同的锥形钢片组成。板规上方的刻度表明任一给定位置处的厚度。使板规在电极间滑动，当间隙大小等于板规的厚度时板规就会停止滑动。当需要调整间隙时，可用调整槽弯曲侧电极，如图 15—7 所示。不同车型的标准间隙略有不同，一般为 0.7～0.9mm。

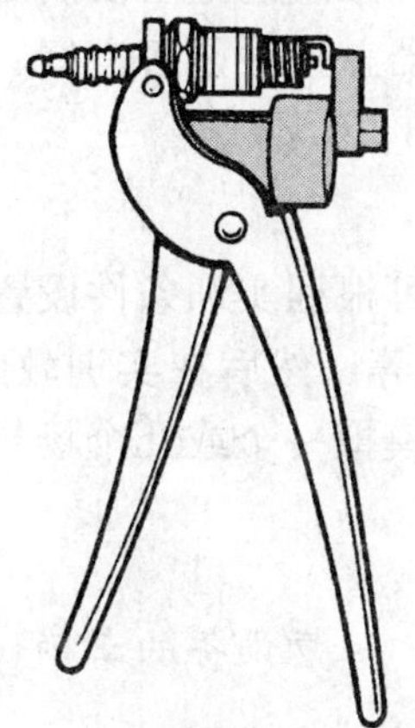

图 15—6　火花塞测量与调整专用工具

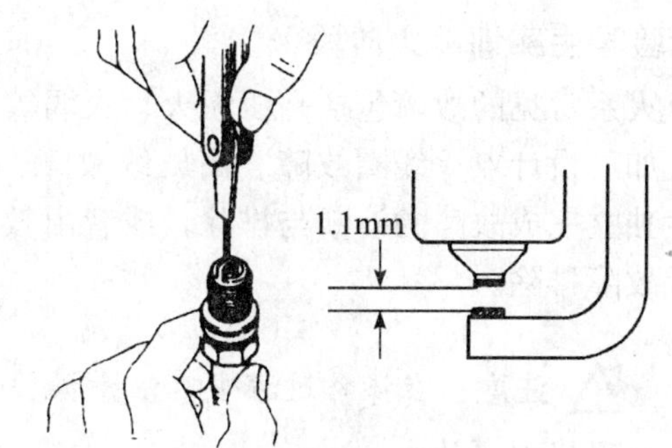

图 15—7　火花塞测量简易工具

四、高压线的检测

1. 高压线外观检查

（1）将高压线从分电器、点火线圈及火花塞上取下（在拆下高压线时，应捏住高压线两头的橡胶护套，切不可直接拉伸高压线线体，以免损坏其中的线芯）。

（2）将高压线围成一个圆形，检查绝缘层是否有开裂。

（3）若外表绝缘层破损严重，会导致漏电，应予以更换。

（4）高压线两端端子应平整，无烧蚀和腐蚀现象，如果端子出现烧蚀则应刮平或用砂纸打平，如果端子断裂或变形，应予以更换。

2. 高压线阻值的检测

取一组高压线总成，用万用表对高压线电阻值进行测量，测量时将万用表的两个表笔分别接到每条高压线的两端，测量其阻值，应在该车型的规定范围内。若超过规定范围，将影响高压火花的强度，表明高压线性能不良，应予以更换。

为了测试高压线与分电器盖的接触情况，需要把高压线留在分电器盖上，然后用万用表的一个表笔触到火花塞导线上，另一个表笔连接到分电器盖内侧的侧电极上，如图15—8所示。

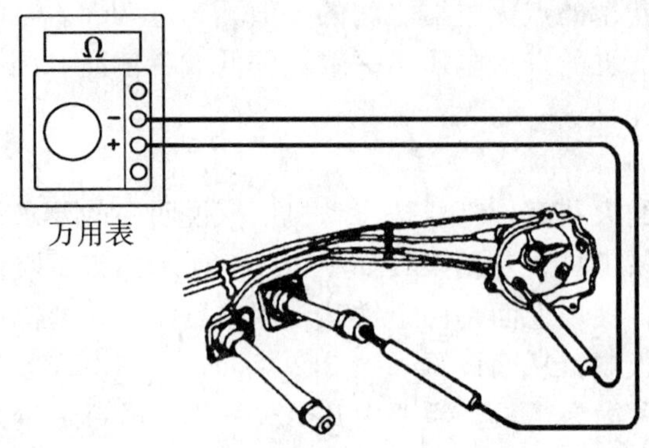

图 15—8　高压线阻值的检测

如果万用表的读数超过了汽车厂家的规定值，则从分电器盖上拆下高压线，单独进行检测。如果高压线的电阻值超过了规定值，则更换。如果高压线的电阻值满足要求，就需要检查分电器盖上的侧电极是否发生腐蚀，高压线与分电器盖接触是否良好、是否有腐蚀等情况。

检验学生实训能力阶段

点火系常见的故障包括高压无火、火弱等。实训教师可根据实训条件设置充电系统故障，比如可设计点火线圈故障、高压线故障、火花塞故障等。然后在实训教师的监督下，由学生独立完成故障的诊断与排除，或者由教师充当客户模拟一个或几个场景，让学生分组完成故障排除。

⚠ **注意：**在操作过程中，注意操作程序与规范，注意设备的正确使用，防止出现实训事故。

场景

一辆桑塔纳 2000 超人汽车出现发动机加速发抖（急加速更加严重）、怠速不稳、易熄火等现象，客户已经维修了燃油泵和电控系统，但故障未能解决。客户现在要求维修人员诊断维修。

让学生分析并说出检查步骤和方法（参考方法）：

（1）检查故障码。

（2）检查气缸压力。

（3）检查相关数据流。

（4）检查点火正时。

（5）检查油压。

（6）检查点火系统。

由学生对下列问题，向教师进行解释并提出解决方案：

（1）根据检查情况，分析可能导致以上故障的原因有哪些？

（2）将上述检查流程进行排序，并解释原因。

（3）对检查结果进行理论分析。

组织学生填写实训记录单

教师总结及信息反馈

（1）总结本次实训的要点内容；

（2）解答学生记录单中提出的各种疑问及实训中存在的难点；

（3）对学生解决实际问题的能力进行考核，做出点评，并给出本次实训成绩；

（4）结合本次实训存在的问题，比如在问题答疑、实训步骤、方法及故障设置等方面的问题，完成本次实训记录。

学生实训记录单

班级		车型			
姓名		发动机型号			
学号		VIN 码			
日期		行驶里程		年款	

1. 检查高压线是否牢固地装在分电器盖、点火线圈及火花塞上？ □是　□否
2. 检查高压线的绝缘体上有无裂纹或磨损迹象？ □有　□无
3. 检查高压线两端的绝缘套有无裂纹或变脆？ □有　□无
4. 检查高压线是否是根据点火的顺序连接的？ □是　□否
5. 检查高压线上有无白色或灰色粉状积淀物？ □有　□无
6. 检查点火线圈的接线柱绝缘体上有无裂纹或漏电迹象？ □有　□无
7. 检查点火线圈及线圈周围有无机油？ □有　□无
8. 检查分电器盖是否正确地安装在分电器壳体上？ □是　□否
9. 检查分电器固定夹或固定螺钉是否紧固？ □是　□否
10. 检查分电器盖内有无炭痕？ □有　□无
11. 检查分火头是否变色或烧毁？ □是　□否
12. 检查初级点火系统的导线连接是否紧固？ □是　□否
13. 检查点火模块的电接头是否已被腐蚀？ □是　□否
14. 检查点火模块的插接器是否松动或损坏？ □是　□否
15. 检查触发装置是否损坏或出现裂纹？ □是　□否
16. 如果装配了霍尔式曲轴位置传感器，就检查阻断环叶片上是否有刮擦、摩擦或其他接触痕迹？ □是　□否

教师评语：	本次实训成绩		
	良好	合格	不合格
年　月　日			

实训十六

点火波形的检测

实训计划

实训能力目标	内容及时间安排（分钟）		建议学时
1. 掌握次级点火波形的测试方法。 2. 掌握初级点火波形的测试方法。	实训准备工作的检查及实训安全工作的说明	10	2 学时 （100 分钟）
	指导学生对次级点火波形进行测试	20	
	组织学生分析所测试的波形	20	
	指导学生对初级点火波形进行测试	20	
	组织学生分析并完成记录单	20	
	教师总结及信息反馈	10	

实训过程

实训准备阶段

一、教师准备工作

教师在实训前准备能工作的试验发动机、示波器、通用工具等。

二、学生准备工作

（1）掌握与实训车型相关的点火系波形的理论知识。

（2）了解本次实训课所用仪器及设备的使用方法。

指导学生实训阶段

一、次级点火波形

汽车示波器利用专门设计的点火探头，能够容易地测试初级和次级点火阵列波形、单独气缸的初级点火波形、急加速高压值波形等，并且，由于汽车示波器完全是便携式的，可以用汽车示波器来进行路试检查，所以示波器应用越来越广泛。

1. 点火次级并列波形分析

点火次级并列波形是把所有气缸的电压波形平行显示，如图 16—1 所示。通过异常点火波形及击穿电压的分析，找出有短路或开路的火花塞、高压线，或引起点火不良的污损火花塞。这个试验可以提供各个气缸的燃烧数据。由于点火次级波形明显受到发动机的类型、燃油系统和点火条件的影响，所以它能够有效地检测发动机机械部件和燃油系统部件以及点火系统部件，通过分析故障波形的不同部分，可以找出气缸中的某一部件或系统的故障。

（1）测试方法及要求。

连接示波器，起动发动机或驾驶汽车，调整示波器，直到波形稳定、清楚地显示在屏幕上。若再现行驶性能故障或点火不良等情况时，应保存波形。

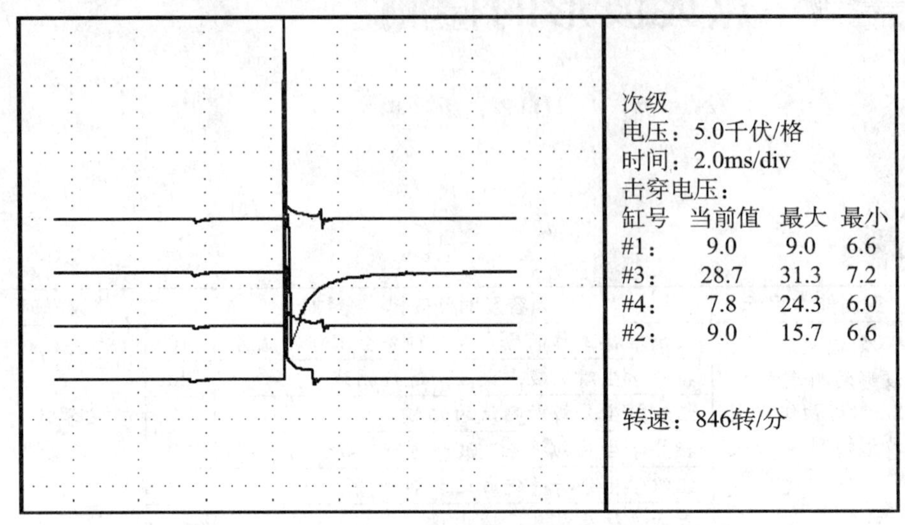

图 16—1　99 新秀故障发动机的点火次级并列波形

（2）波形分析。

对于正常的发动机，其点火波形的幅值、频率、形状和脉冲宽度等判定性尺度，在各缸上是基本一致的，各缸的点火峰值电压应该相对一致，任何差异都表明有故障。如果某缸峰值电压高出很多，表明在该气缸点火二次系统中存在着高的电阻，这可能意味着点火高压线断路或电阻太大，如果某缸峰值电压低很多，表明点火高压线短路或火花塞间隙过小、火花塞污损或破裂。图 16—1 所示的是一台 99 新秀故障发动机的点火次级并列波形。该发动机加速发抖，经检测发动机缸压正常、电控系统正常，经过对点火系统波形的分析及使用万用表检测，发现三缸击穿电压为 31 千伏、高压线阻值为 90 千欧，四缸击穿电压为 24 千伏、高压线阻值为 70 千欧，检测结果与故障现象相符，更换高压线后故障解除。

2. 点火次级单缸波形分析

单缸波形测试，对分析每个气缸的燃烧质量是非常重要的。点火次级波形明显受发动机气缸压力、供油系统和点火系统工作状态的影响，它对检测发动机机械部分和燃油系统部件及点火系统部件的故障非常有用。波形的不同部分能指明任一特定气缸的某些部件和系统的故障。如图 16—2 所示为远征 KES200 单缸点火次级波形测试图，其主要作用有：

（1）分析单个气缸的点火闭合角（点火线圈充电时间）。

（2）分析点火线圈和次级高压电路性能（从点火线至点火电压线）。

（3）查出单缸不适当的混合气空燃比（从燃烧线）。

（4）查出造成气缸失火的火花塞（从燃烧线）。

（5）测出击穿电压（最小、最大、当前）。

（6）测出火花时间（最小、最大、当前）。

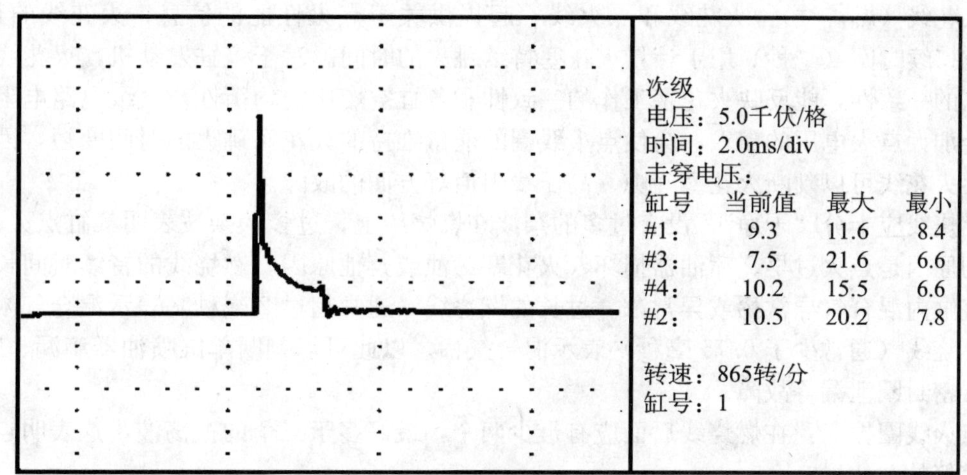

图 16—2　远征 KES200 单缸点火次级波形

（1）测试方法及要求。

连接示波器，起动发动机，将示波器设置为单缸显示，调整示波器直到波形稳定、清楚地显示在显示屏上。再现行驶性能故障或点火不良等，然后将有问题的气缸的波形保存。次级电路的正常波形及含义如图 16—3 所示。

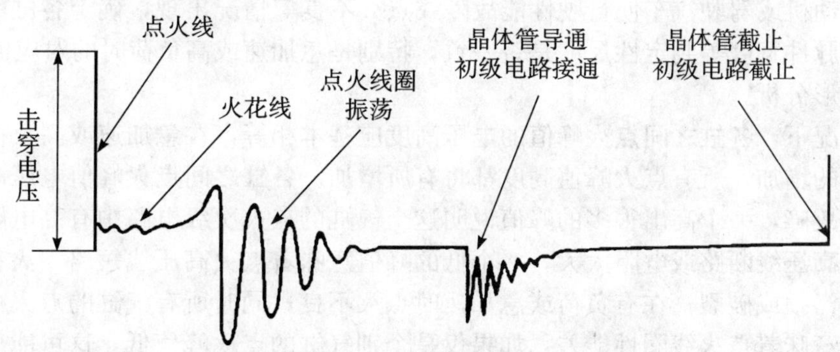

图 16—3　次级电路的正常波形及含义

（2）波形分析。

点火线圈充电线：点火线圈在开始充电时，保持相对一致的波形的下降沿，这表明各缸的闭合角一致（可用于分电器凸轮磨损的检查）。

点火线：点火线位于显示屏的左侧，是一条垂直线，表示开始点火所需的电压，点火线圈的电压要克服次级电路的电阻，并达到点火电压（跳火需至少 10 000V 的电压）。一般点火线为 7～13kV，各缸间相差不高于 3kV。观察跳火电压的高度，一个太高的跳火电压线（它甚至超过了示波器的显示屏）表明在点火次级电路中存在着高电阻（例如断路、火花塞损坏、高压线或是火花塞间隙过大），一个太短的跳火电压线，表明点火次级电路电阻低于正常值（火花塞污浊和破裂或火花塞高压线漏电等）。

⚠ **注意：**气缸压力提高及混合气浓度变稀均会提高次级电路电阻，所需的点火电压会增大，点火线圈性能下降会引起急加速断火现象，出现加速顿车。

火花线（燃烧线）：火花线和点火线一起提供关于点火性能的信息，火花线的长度，即火花持续时间（毫秒）用于计量火花塞持续跳火的时间。对于多缸发动机，火花线或燃烧电压的一致性，能反映火花塞工作的一致性和各缸空燃比的均衡性。次级电路电阻的增加，会加大点火电压的需求，会使点火线圈的能量维持的火花塞跳火的时间变短，因而通过观察火花线可以判断火花塞间隙、高压线阻值等方面的故障。

燃烧线应十分“干净”，没有过多的杂波在燃烧线上，过多的杂波表明气缸点火不良，可能的原因是点火过早、喷油器损坏、火花塞污浊或其他原因。燃烧线的持续时间长短可表示气缸内混合气异常稀或异常浓。过长的燃烧线（通常超过 2 毫秒）表示混合气浓，过短的燃烧线（通常少于 0.75 毫秒）表示混合气稀。以此可以判断单缸喷油器滴漏、阻塞，喷油器密封圈泄漏等故障。

点火线圈振荡：在燃烧线后面应有最少两个，最好多于三个的振荡波，这表明点火线圈是完好的。

3. 急加速点火次级波形分析

发动机急加速不良是很常见的故障，造成的原因很多。点火次级急加速测试就是为了判定最大电压或确定一组气缸中某一故障气缸的点火电压，这个测试可以帮助查找在重负荷或急加速时的点火不良故障。

（1）测试方法及要求。

起动发动机或驾驶汽车使行驶性能故障或点火不良等情况出现，确定各缸的幅值、频率、形状和脉冲宽度等判定性尺度是否一致，特别是急加速或高负荷时的对应值。

（2）波形分析。

正常情况下，各缸之间点火峰值的电压高度应基本相等，在急加速或高负荷条件下由于气缸压力的增加，所有点火峰值高度都将有所增加。各缸之间点火峰值电压高度相差很大都意味着故障，一个高出很多的峰值说明这个气缸的点火次级电路中有高电阻，这可能意味着点火高压线断路或电阻太大，一个低的峰值意味着点火高压线短路、火花塞间隙过小、火花塞污损或破裂；在有负荷或急加速时点火不良，同时所有气缸的点火峰值高度都低，这可能意味着点火线圈性能差，如果仅是个别气缸的点火峰值低，这可能表示该缸点火高压线短路、火花塞间隙过小、火花塞污损或破裂等。

二、初级点火波形

可以对点火线圈短路或点火模块开关晶体管故障进行诊断，可用万用表检测法检测初级线圈的电阻并与标准值对照，也可以对点火初级线圈进行动态检测：利用示波器点火初级波形检测功能分析初级电流的波形。

1. 测试方法及要求

起动发动机并怠速运转，在使故障重现，然后观察示波器显示，并保存波形。

2. 波形分析

（1）波形上升斜率。

当电流开始流入点火初级线圈时，由于线圈特定的电阻和电感特性，会使波形以一定的斜率上升，波形上升的斜率是关键所在，通常点火初级线圈电流波形会以 60°角上升（在 10ms/格时基下），如图 16—4a 所示。如果几乎是垂直上升的，这就说明点火线圈的电阻太小了（短路），这可能造成行驶性能故障，并损坏点火模块中的开关晶体管。大多数新式点火初级电路先提供 5～6 安培的电流给点火线圈，当到达允许最大电流时，在点火模块中的限流电路就开始起作用，这使得波形顶部变平，在点火初级线圈的“导通时间”（或闭合角）内电流波形的顶部保持平直。当点火模块关断电流时，电流波形几乎是垂直下降，点火线圈的电流将下降至 0。

（2）闭合角。

检测四个缸点火初级并列波形，如图 16—4b 所示，对比初级电流流入点火初级线圈的时间，可方便地检验分电器凸轮磨损的均匀度。各缸的闭合时间较为均匀，发动机运转平稳。如果电控点火系统各缸的闭合时间相差很大，要检查发动机 ECU。

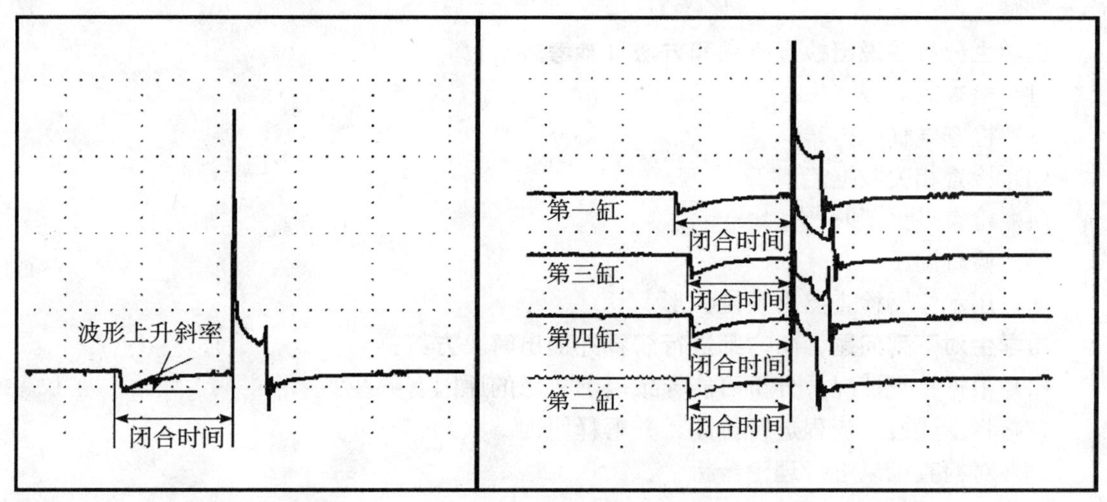

（a）单缸点火初级波形　　（b）四个缸点火初级并列波形

图 16—4　点火初级波形分析

为检测凸轮的均匀磨损情况，触点点火系统初级闭合角的测试是必不可少的项目。然而电子点火控制系统的出现，使闭合角调整不存在了，它改由发动机控制电脑来控制。现代发动机控制电脑含有最优化的点火控制图，它对点火正时、闭合角等进行精确控制，大大改善了发动机性能和尾气排放。

但发动机控制电脑以及它们的线路系统和点火控制模块都可能出故障，所以初级点火闭合角测试仍然是有用的，初级点火闭合角波形的作用有：

（1）分析单个气缸的点火闭合角（点火线圈充电时间）。

（2）确定平均闭合角的度数或毫秒数。

（3）分析点火线圈和初级电路性能（点火高压线）。

通过对各缸初级点火闭合角的测试，检查故障车点火控制系统的运行数据是否在厂家资料规定的范围内，以判断点火控制系统是否正常，对发现各缸点火过程中的间歇性故障非常有效。

检验学生实训能力阶段

通过点火波形检测，可以迅速确定由高压线断路、火花塞不良、高压线圈损坏等引起的发动机加速不良、怠速发抖等常见故障。实训教师可根据实训条件设置点火故障，比如可设计高压线电阻过高、火花塞短路、高压线圈击穿等故障，然后由学生独立完成故障的诊断与排除，或者由教师充当客户模拟一个或几个场景，让学生分组完成故障排除。

⚠ 注意：在操作过程中，注意操作程序与规范，注意设备的正确使用，防止出现实训事故。

一辆桑塔纳 2000 超人汽车出现发动机加速发抖（急加速更加严重）、怠速不稳、易熄火等现象，客户已经维修了燃油泵和电控系统，但故障未能解决。客户现在要求维修人员诊断维修。

让学生分析并说出检查步骤和方法（参考方法）：

（1）检查故障码。

（2）检查气缸压力。

（3）检查相关数据流。

（4）检查点火正时。

（5）检查油压。

（6）用示波器检查点火系统波形。

由学生对下列问题，向教师进行解释并提出解决方案：

（1）根据检查情况，分析可能导致以上故障的原因有哪些？

（2）将上述检查流程进行排序，并解释原因。

（3）对检查结果进行理论分析。

组织学生填写实训记录单

教师总结及信息反馈

（1）总结本次实训的要点内容；

（2）解答学生记录单中提出的各种疑问及实训中存在的难点；

（3）对学生解决实际问题的能力进行考核，做出点评，并给出本次实训成绩；

（4）结合本次实训存在的问题，比如在问题答疑、实训步骤、方法及故障设置等方面的问题，完成本次实训记录。

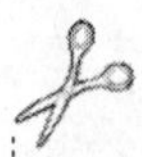

学生实训记录单

<table>
<tr><td>班级</td><td></td><td>车型</td><td colspan="3"></td></tr>
<tr><td>姓名</td><td></td><td>发动机型号</td><td colspan="3"></td></tr>
<tr><td>学号</td><td></td><td>VIN 码</td><td colspan="3"></td></tr>
<tr><td>日期</td><td></td><td>行驶里程</td><td></td><td>年款</td><td></td></tr>
<tr><td colspan="6">1. 测试并记录发动机工作性能良好时的次级并列波形。

____
2. 次级击穿电压的最大值为________，最小值为________。是否正常？　是□ 否□
若个别缸击穿电压过高，则发动机会出现的故障现象有：
____
3. 测试并记录发动机工作性能良好时的初级并列波形。

____
4. 初级闭合角的最大值为________，最小值为________。是否正常？　是□ 否□
若波形上升的斜率过高，则可能的原因有：
____
5. 本次实训中存在的疑问有哪些？最大的难点是什么？
____
______________________________</td></tr>
</table>

<table>
<tr><td rowspan="3">教师评语：

年　月　日</td><td colspan="3">本次实训成绩</td></tr>
<tr><td>良好</td><td>合格</td><td>不合格</td></tr>
<tr><td></td><td></td><td></td></tr>
</table>

实训十七

点火正时的检测与调整

实训计划

实训能力目标	内容及时间安排（分钟）		建议学时
1. 掌握点火正时的经验检查方法。 2. 掌握点火正时枪的使用方法。 3. 掌握用诊断仪检测点火正时的方法。	实训准备工作的检查及实训安全工作的说明	10	2 学时 （100 分钟）
	组织学生讨论点火正时的检测流程	10	
	指导学生用经验法检查点火正时	20	
	指导学生用点火正时枪检查点火正时	20	
	指导学生用诊断仪检测点火正时	20	
	学生完成记录单	10	
	教师总结及信息反馈	10	

实训过程

实训准备阶段

一、教师准备工作

教师在实训前准备能工作的试验发动机、万用表、点火正时枪、故障诊断仪等。

二、学生准备工作

（1）掌握与实训车型相关的点火正时的理论知识。

（2）了解本次实训课所用仪器及设备的使用方法。

指导学生实训阶段

发动机常见的怠速不稳、开空调熄火、空挡滑行熄火、加速无力等故障均与点火正时不准有关。点火正时的检查与调整是维修当中常见的问题。

一、经验检测法

1. 基本条件

在进行怠速点火提前角调整之前必须确认发动机满足以下条件：

（1）发动机冷却液温度大于 80℃。

（2）蓄电池电压大于 10.5V。

（3）节气门关闭位置正常。

（4）空调及其他所有用电设备关闭，散热风扇停止运转。

（5）发动机无故障代码存储。

（6）进排气系统无泄漏、阻塞。

2. 检测方法和步骤

(1) 在直接挡的条件下，将车速由 40km/h，急加速到节气门全开；

(2) 观察发动机是否有短暂的爆震敲缸声。

一般在 5 秒内出现爆震敲缸声，然后很快消失，说明点火正时基本准确；若 5 秒后爆震敲缸声依然强烈，说明点火正时过早；若无爆震敲缸声，说明点火正时过晚。

二、点火正时枪检测法

1. 点火正时枪的检测原理

如果照射转动零件的光束频率与旋转零件的转动频率相同，则由于人的视觉暂留生理特点，将觉得零件不转动。点火正时枪就是利用该原理检测点火正时的，其结构如图 17—1所示，主要由闪光灯、点火脉冲传感器、显示装置等组成。

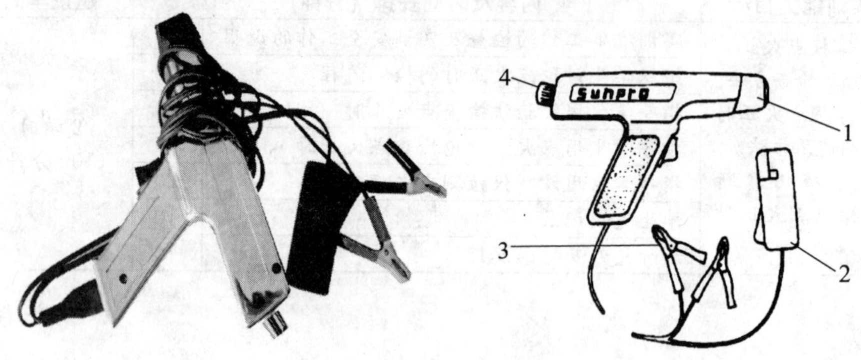

图 17—1　点火正时枪

1—闪光灯；2—点火脉冲传感器；3—电源夹；4—电位计旋钮

2. 检测方法及步骤

(1) 把飞轮或曲轴传动盘上的一缸压缩上止点标记擦干净；起动发动机，运转至冷却液达到正常温度（80～90℃）。

(2) 按要求将点火正时枪连接好，如图 17—2 所示。

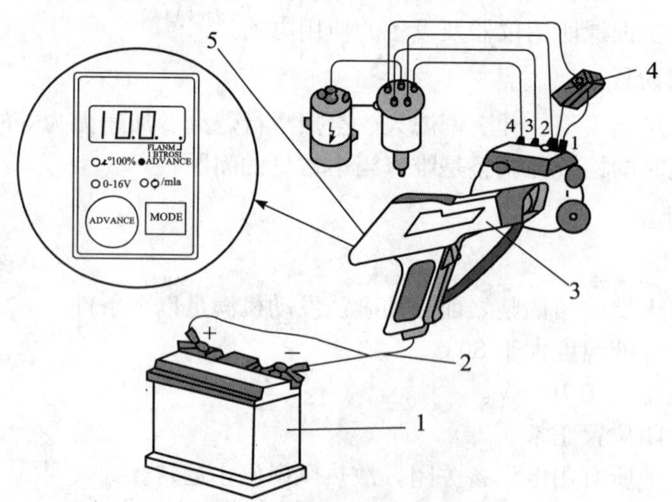

图 17—2　点火正时枪的接线方法

1—蓄电池；2—电源线；3—正时灯；4—高压感应夹；5—显示屏

（3）使发动机怠速运转，打开点火正时枪并对准飞轮或曲轴传动盘上的上止点标记。

（4）调整点火正时枪上的电位器，使飞轮或曲轴传动盘上的上止点活动标记与固定指针对齐，这时点火正时枪上的读数就是发动机怠速时的点火提前角。若实际读数与维修手册的标准不符，则调整分电器，直到实际读数与维修手册的标准相符。

（5）用上述方法检测不同转速时的点火提前角，并与维修手册的标准值对照，不符则检查分电器点火提前装置，有故障就维修或更换。

（6）把点火正时枪上的读数调整到怠速时的正确度数（桑塔纳 12°），然后用 13# 扳手松开分电器的紧固螺栓，转动分电器，让固定标记和活动标记对齐，然后紧固分电器。

三、诊断仪检测法

以装备 AFE 型电控发动机的桑塔纳 99 新秀、世纪新秀等车型为例进行介绍。连接故障诊断仪 VAG1552 进入 01-08-012 显示组，如图 17—3 所示。第四显示区显示的是点火提前角值，将发动机转速提高到 1 500r/min，操作者可一边转动分电器外壳，一边观察点火提前角值。当该值为 12°时，固定分电器外壳，此时的点火提前角即为 1 500r/min 时的最佳点火提前角。

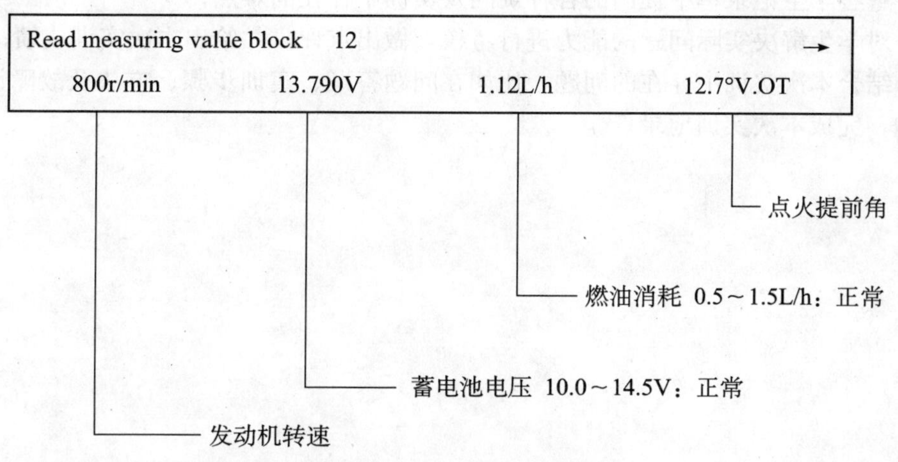

图 17—3　点火正时数据流

检验学生实训能力阶段

常见点火正时故障包括点火过早、过晚等。实训教师可根据实训条件设置点火正时故障，然后在实训教师的监督下，由学生独立完成故障的诊断与排除，或者由教师充当客户模拟一个或几个场景，让学生分组完成故障排除。

⚠ **注意：**在操作过程中，注意操作程序与规范，注意设备的正确使用，防止出现实训事故。

一辆桑塔纳 99 新秀汽车出现发动机急加速严重敲缸的现象，客户已经维修了机械系统，但故障未能解决。客户现在要求维修人员诊断维修。

让学生分析并说出检查步骤和方法（参考方法）：

（1）检查故障码。

（2）检查气缸磨损量。

（3）检查相关数据流。

（4）检查点火正时。

（5）检查爆震传感器。

（6）检查汽油标号。

由学生对下列问题，向教师进行解释并提出解决方案：

（1）根据检查情况，分析可能导致以上故障的原因有哪些？

（2）将上述检查流程进行排序，并解释原因。

（3）对检查结果进行理论分析。

组织学生填写实训记录单

教师总结及信息反馈

（1）总结本次实训的要点内容；

（2）解答学生记录单中提出的各种疑问及实训中存在的难点；

（3）对学生解决实际问题的能力进行考核，做出点评，并给出本次实训成绩；

（4）结合本次实训中存在的问题，比如在问题答疑、实训步骤、方法及故障设置等方面的问题，完成本次实训记录。

学生实训记录单

<table>
<tr><td>班级</td><td></td><td>车型</td><td colspan="3"></td></tr>
<tr><td>姓名</td><td></td><td>发动机型号</td><td colspan="3"></td></tr>
<tr><td>学号</td><td></td><td>VIN 码</td><td colspan="3"></td></tr>
<tr><td>日期</td><td></td><td>行驶里程</td><td></td><td>年款</td><td></td></tr>
<tr><td colspan="6">1. 用经验法诊断发动机点火正时，描述点火正时过早、过晚时发动机的工作现象。
点火正时过早时的现象：________________
点火正时过晚时的现象：________________
2. 检测发动机点火正时是否正常？ 是□ 否□
若不正常时，请判断是早□，还是晚□。请写出调整步骤：
____
3. 简述点火正时枪的使用方法：
____
____
4. 使发动机转速提高到大约 2 500r/min，用故障诊断仪读取点火提前角数据，为________。是否符合要求？ 是□ 否□
5. 本次实训中存在的疑问有哪些？最大的难点是什么？
____
____
________________</td></tr>
</table>

<table>
<tr><td rowspan="3">教师评语：

年 月 日</td><td colspan="3">本次实训成绩</td></tr>
<tr><td>良好</td><td>合格</td><td>不合格</td></tr>
<tr><td></td><td></td><td></td></tr>
</table>

实训十八

辅助控制系统的检测

实训计划

实训能力目标	内容及时间安排（分钟）		建议学时
1. 掌握怠速控制系统的检测方法。 2. 掌握废气再循环系统的检测方法。 3. 掌握炭罐吸附装置、二次空气供给系统、动力阀控制系统的检测方法。	实训准备工作的检查及实训安全工作的说明	10	4学时 （200分钟）
	指导学生对怠速控制系统进行检测	10	
	指导学生对废气再循环系统进行检测	50	
	指导学生对炭罐吸附装置进行检测	20	
	指导学生对二次空气供给系统进行检测	50	
	指导学生对动力阀控制系统进行检测	30	
	指导学生对可变配气相位控制系统进行检测	10	
	学生完成记录单	10	
	教师总结及信息反馈	10	

实训过程

实训准备阶段

一、教师准备工作

教师在实训前准备能工作的试验发动机、万用表、废气分析仪、真空泵等。

二、学生准备工作

（1）掌握与实训车型相关的辅助控制系统的理论知识。

（2）了解本次实训课所用仪器及设备的使用方法。

指导学生实训阶段

一、怠速控制系统的检测

1. 步进电机型怠速控制阀的检测方法和步骤

（1）拆开怠速控制阀线束插接器，将点火开关转至“ON”挡，但不起动发动机，在线束侧分别测量 B_1 和 B_2 端子与搭铁之间的电压，均应为蓄电池电压（9～14V），否则说明怠速控制阀电源电路有故障。

（2）发动机起动后再熄火时，2～3s 内在怠速控制阀附近应能听到内部发出的“嗡嗡”响声，否则应进一步检查怠速控制阀、控制电路及 ECU。

（3）拆开怠速控制阀线束连接器，在控制阀侧分别测量端子 B_1 与 S_1 和 S_3、B_2 与 S_2 和 S_4 之间的电阻，阻值均应为 10～30Ω，否则应更换怠速控制阀。

(4) 如图 18—1 所示，拆下怠速控制阀后，将蓄电池正极接至 B_1 和 B_2 端子，负极按顺序依次接通 S_1—S_2—S_3—S_4 端子时，随步进电机的旋转，控制阀应向外伸出；蓄电池负极按相反顺序依次接通 S_4—S_3—S_2—S_1 时，则控制阀应向内缩回。若工作情况不符合上述要求，应更换怠速控制阀。

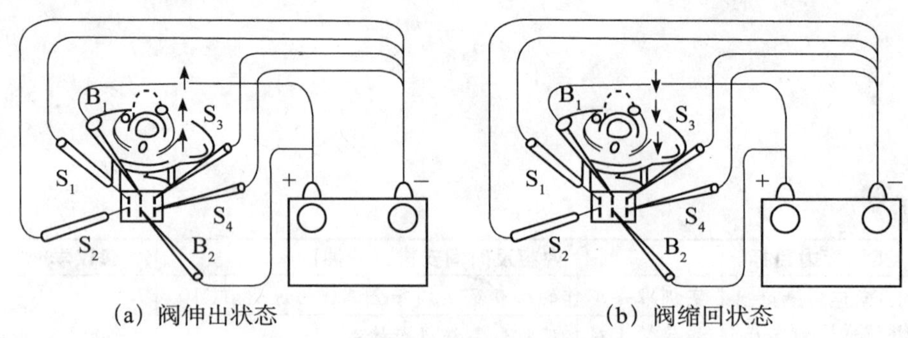

(a) 阀伸出状态　　(b) 阀缩回状态

图 18—1　步进电机型怠速控制阀的检测

2. 旋转电磁阀式怠速控制阀的检测方法和步骤

以丰田车的怠速控制阀的检测为例进行介绍，其插接器端子的布置如图 18—2 所示。

(1) 起动发动机，使发动机达到正常工作温度、变速器处于空挡位置，使发动机维持怠速运转，打开空调，观察发动机的转速，转速应升高至 1 000～1 200r/min，若不符合上述要求，应进一步检查怠速控制阀电路、ECU 和怠速控制阀。

(2) 拆开怠速控制阀线束插接器，将点火开关转至“ON”挡，但不起动发动机，在线束侧测量电源端子 B+与搭铁之间的电压，应为 9～14V，否则说明怠速控制阀电源电路有故障。

(3) 拆开怠速控制阀上的三端子线束插接器，在控制阀侧分别测量中间端子（B+）与两侧端子（ISCO 和 ISCC）之间的电阻，正常应为 18.8～22.8Ω，否则应更换怠速控制阀。

(4) 检查怠速控制阀的旋转情况。如图 18—2 所示，将蓄电池的两极分别连接到怠速控制阀的相应端子，当端子 B+和 ISCC 与蓄电池相连时，阀应旋转至全开位置；当端子 B+和 ISCO 与蓄电池相连时，阀应旋转至关闭位置；如果阀不能正常开启和关闭，应检查控制阀是否有油污和卡滞等现象，当经过清洗后，若仍不能正常开启和关闭，则应更换怠速控制阀。

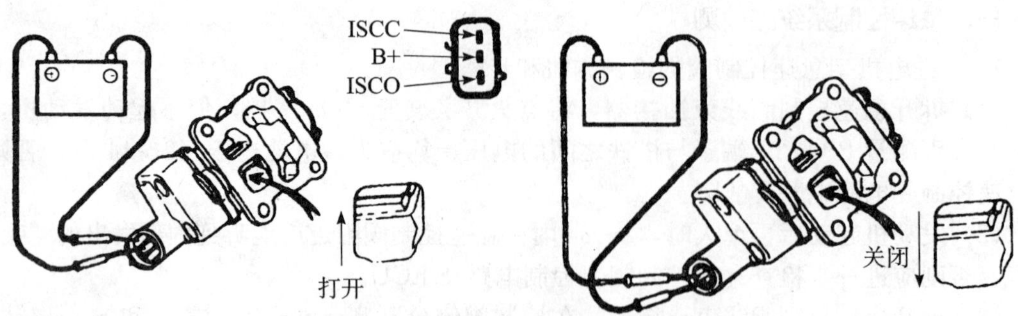

图 18—2　旋转电磁阀式怠速控制阀的检测

3. 脉冲电磁阀式怠速控制阀的检测方法和步骤

以本田轿车脉冲电磁阀式怠速控制阀的检测为例进行介绍，其控制电路如图 18—3 所示。

(1) 拆开怠速控制阀的线束插接器，将点火开关转至“ON”挡，但不起动发动机，在线束侧测量电源端子与搭铁之间的电压，应为蓄电池电压，否则说明怠速控制阀电源电路有故障。

(2) 拆开怠速控制阀上的两端子线束插接器，在控制阀侧分别测量两端子之间的电阻，正常应为 10～15Ω，否则应更换怠速控制阀。

(3) 检查怠速控制阀的运动情况，方法与旋转电磁阀式怠速控制阀相似。

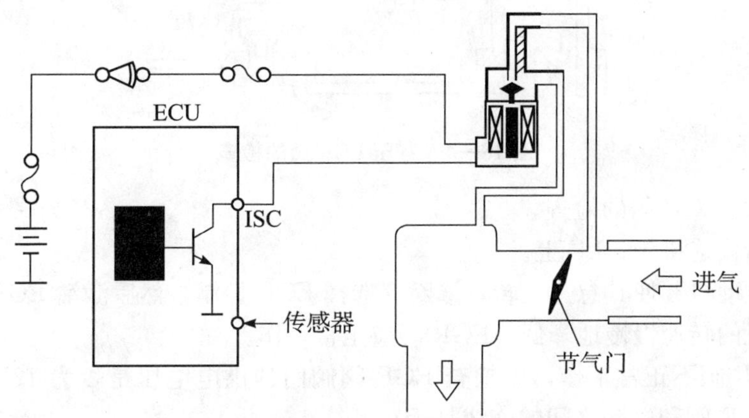

图 18—3　本田轿车脉冲电磁阀式怠速控制阀的控制电路

二、废气再循环系统的检测

1. EGR 系统就车测试

(1) 起动发动机后，使其怠速运转。

(2) 用手按在废气再循环阀的膜片上，检查废气再循环阀有无动作。

(3) 在冷车状态，踩加速踏板，使发动机转速上升到 2 000r/min 左右，此时废气再循环阀应不开启，手指应感觉不到膜片的动作。

(4) 在热车状态（水温高于 50℃），踩下加速踏板，使发动机转速上升到 2 000r/min 左右，此时废气再循环阀应开启，手指应可感觉到膜片的动作，否则，说明系统工作不正常，应进一步检查系统各部件。

2. EGR 阀真空泵的检查

(1) 背压 EGR 阀的检查。

1) 在冷机起动后，拆下 EGR 阀上的真空软管，发动机转速应无变化，用手触试真空软管口应无真空吸力；当发动机工作温度正常后，将转速提高到 2 500r/min 左右，从 EGR 阀上拆下软管，发动机转速应有明显提高。若不符合上述要求，说明 EGR 系统工作不正常。

2) 发动机熄火，拔下 EGR 阀插头，冷态下测量电磁阀电阻，一般应为 33～39Ω。

3) 电磁阀不通电时，从通进气管侧接头吹入空气应畅通，从通大气的滤网处吹入空气应不通。当给电磁阀通电时，从通进气管侧接头吹入空气应不通，从通大气的滤网处吹入空气应畅通，否则应更换电磁阀。

4）拆下 EGR 阀，如图 18—4 所示，用手动真空泵在 EGR 阀膜片上方施加约 15kPa 的真空度，EGR 阀应能开启；不施加真空度时，EGR 阀应能完全关闭，否则应更换 EGR 阀。

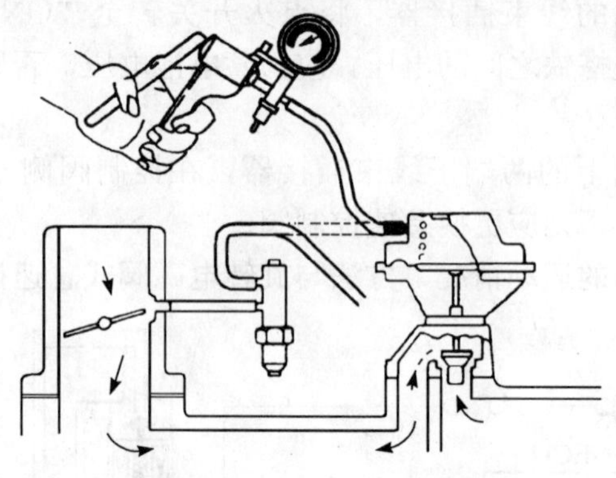

图 18—4　背压 EGR 阀的检查

（2）数字式 EGR 阀的检查。

1）将诊断仪连接到 DLC 上。

2）起动发动机并使其怠速运转，诊断仪选择 EGR 控制，然后激活 EGR 的电磁阀。

3）发动机的转速慢慢地降低，EGR 阀应正常工作。

4）若 EGR 阀不正常工作，则检查 EGR 阀阀门的供电电压是否为 12V，如图 18—5 所示。检查 EGR 阀和电脑之间的连线是否正常。

5）拆下 EGR 阀阀门并检查阀门底下的管道是否堵塞。

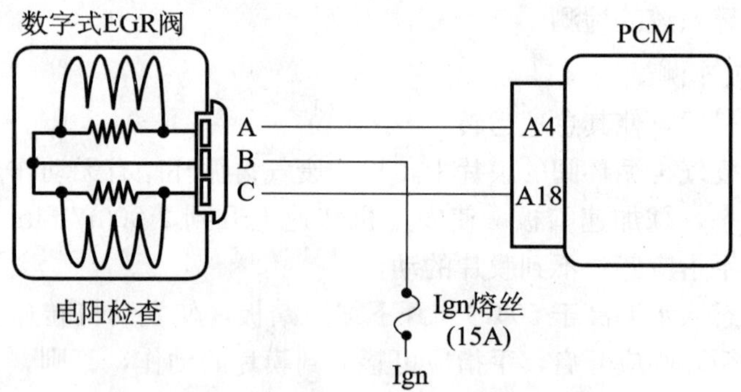

图 18—5　数字式 EGR 阀的控制电路

（3）线性 EGR 阀的检查方法。

线性 EGR 阀的结构如图 18—6 所示。

1）检查 EGR 阀的电源线及熔丝。

2）检查从 EGR 阀线束插接器到 PCM 的连接电线是否有断路、接地、短路情况。

3）使用数字式电压表检查位置传感器与参考线间的电压是否为 5V。

4）检查位置传感器接地线的电阻是否过大。

5）拆下阀门，并用手将枢轴向上推，在阀位置传感器的信号线与地线之间接一个电压表，电压表读数应该在 1～4.5V 之间变化，否则，应更换 EGR 阀。

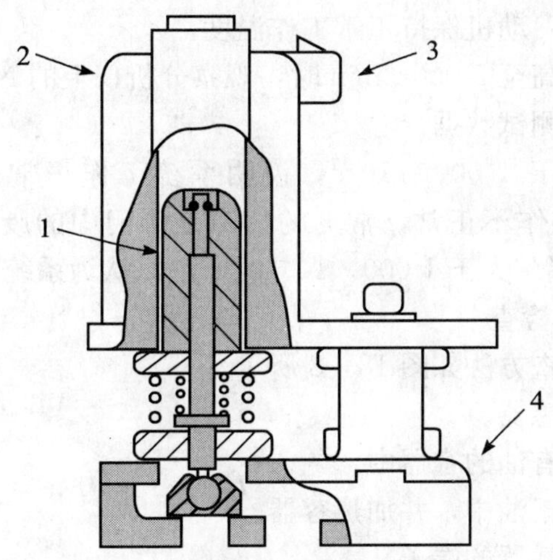

图 18—6　线性 EGR 阀的检查

1—电枢；2—电磁阀；3—线束插接器；4—基座

3. EGR 阀转换效率的测试

用气体分析仪可以检查 EGR 系统的工作状况，分析 EGR 阀的转换效率，如图 18—7 所示。测试方法和步骤如下：

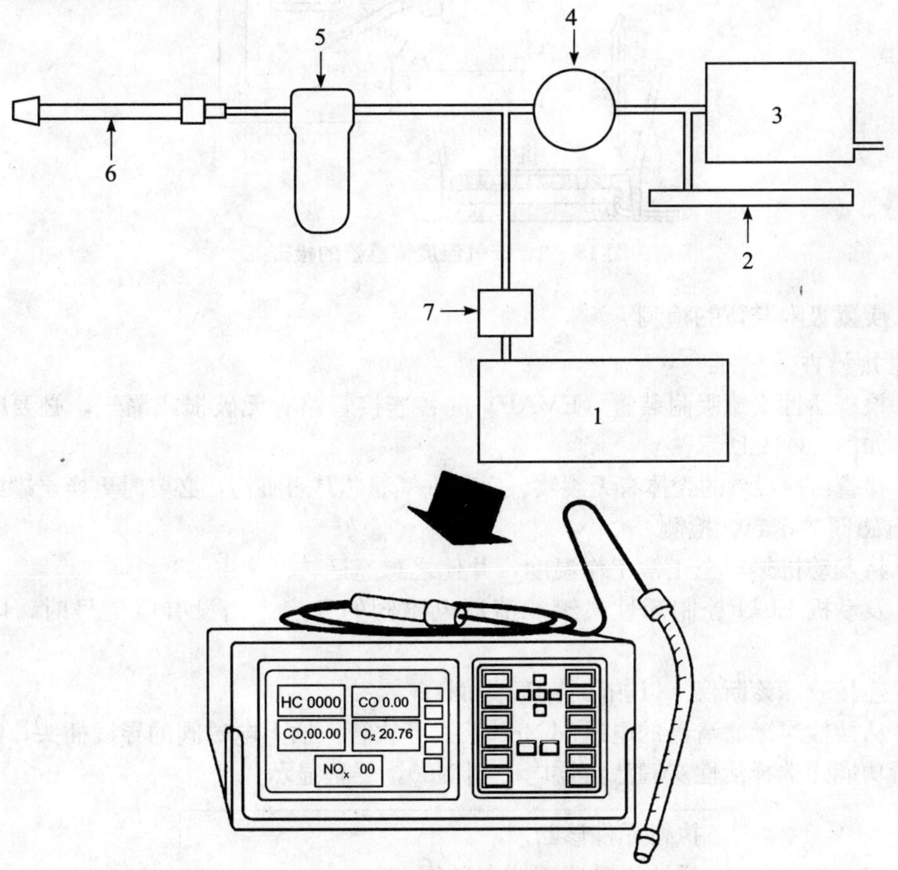

图 18—7　废气分析仪工作原理

1—电脑；2—滤清器；3—采样室；4—空气泵；5—干燥器；6—采样探头；7—指示器

（1）起动发动机，使发动机保持正常工作温度。

（2）将发动机速度提高至 2 000r/min 时，观察分析仪上的 NO_x 的读数。

（3）参照标准，分析测试数据。

若 NO_x 的测量值小于 $1\ 000\times10^{-6}$，说明系统工作正常；若 NO_x 的测量值大于 $1\ 000\times10^{-6}$，说明系统工作不正常，常见的故障是阀门中的废气排放通道被炭粒堵塞。但是，若 NO_x 的测量值偶尔大于 $1\ 000\times10^{-6}$ 时，可以认为系统工作正常。

4. 废气温度传感器的检查

废气温度传感器的检查方法如图 18—8 所示。

（1）拆下废气温度传感器。

（2）将其放在一个装有油的容器中。

（3）将一个温度计放于油中，并加热容器。

（4）用万用表连接传感器的端子。

（5）读取传感器在不同温度下的阻值，并与标准值进行对比分析。

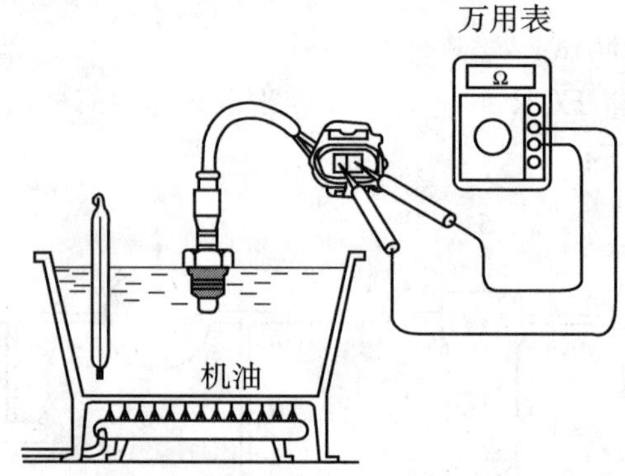

图 18—8　废气温度传感器的检查

三、炭罐吸附装置的检测

1. 常规检查

（1）检查活性炭罐吸附装置（EVAP）的各连接管路有无破损或漏气，必要时更换连接软管，如图 18—9 所示。

（2）检查活性炭罐的壳体有无裂纹、底部进气滤芯是否脏污，必要时更换炭罐或滤芯。

2. 电磁阀的密封性检测

（1）将发动机热车至正常工作温度，并使之怠速运转。

（2）发动机 ECU 控制活性炭罐滤清器电磁阀的开启，当没有电信号时，电磁阀应常闭。

（3）连接故障诊断仪（以帕萨特 B5 为例）；

（4）从活性炭罐滤清器的电磁阀 N80 上拔下软管，插上电磁阀的导线插头，起动执行元件诊断功能并选择活性炭罐滤清器电磁阀 N80，屏幕显示：

执行元件诊断　　　　　　→
活性炭罐滤清器电磁阀 N80

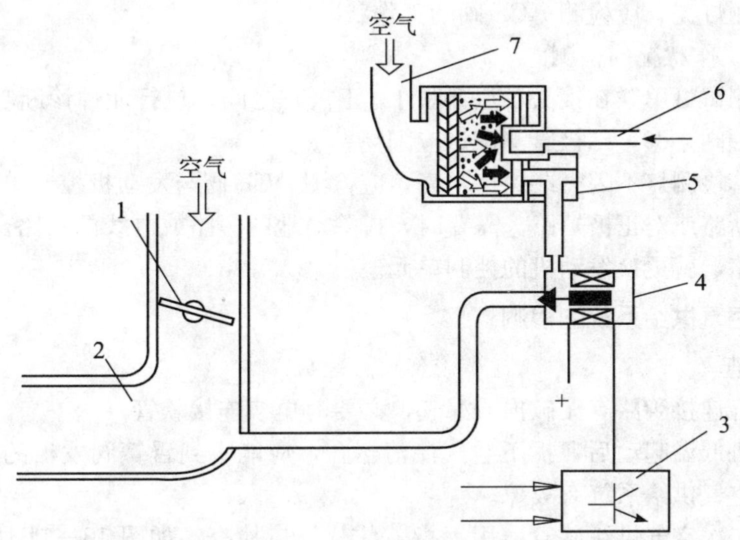

图 18—9　EVAP 装置的检查

1—节气门；2—进气管；3—ECU；4—电磁阀；5—活性炭罐；6—接油箱；7—通大气

电磁阀应发出咔嗒声，如没发出咔嗒声，应进行活性炭滤清器电磁阀的电气检测。方法是：向辅助软管吹气，观察电磁阀是否有开启、关闭动作。

当没有电信号时电磁阀应常闭。如电磁阀不能正常地打开、关闭，应更换活性炭罐滤清器的电磁阀。

3. 活性炭罐滤清器系统电磁阀 N80（ACF 阀）的电气检测

如图 18—10 所示，拔下活性炭罐电磁阀 N80 的线束插头，用万用表测量插座两触点之间的电阻，其规定值为 22～30Ω。如果没达到规定值应更新活性炭罐滤清器电磁阀 N80。如果电阻值符合要求，应进一步测试此阀的供电电压。

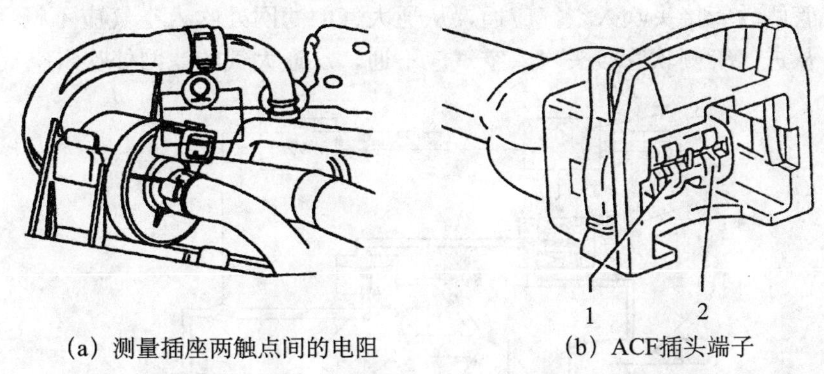

（a）测量插座两触点间的电阻　　（b）ACF插头端子

图 18—10　测量插座两触点间的电阻及 ACF 插头端子

4. ACF 阀供电情况的检测

ACF 阀通过燃油泵继电器得到供电。测试时 ACF 阀保险丝应完好。测试时先拔下 ACF 阀的电线插头，再把二极管测试灯串接在插头触点 1 与发动机搭铁之间。然后起动发动机，这时二极管检测灯应亮。如二极管检测灯不亮，应检测触点 1 通过保险丝到燃油泵继电器之间的导线是否断路，如需要，排除故障。如导线完好，应检测燃油泵继电器。

如果二极管检测灯亮，应检测 ACF 阀的工作状况。

5. ACF 阀工作状况的检测

把二极管测试灯串联在接头触点 2 和 1（正极）之间，执行元件诊断功能并选择活性炭罐滤清器电磁阀 N80，二极管测试灯应闪亮。

如果二极管检测灯不闪亮或保持常亮，应检测 ACF 阀与发动机控制单元的相关线束。检查线束是否断路或对正极短路。需要时，排除对地的短路或电线的断路。如果没发现导线的短路或断路，就更换发动机的控制单元。

四、二次空气供给系统的检测

1. 常规检查

（1）检查各连接管路有无破损或漏气，必要时更换连接软管。

（2）发动机低温起动后，拆下空气滤清器盖，应能听到舌簧阀发出的“嗡、嗡”声，否则说明二次空气供给系统有故障。

（3）拆下二次空气供给软管，用手指盖住软管口检查，如图 18—11 所示，使发动机怠速运转，手指应感到有真空吸力；70s 后，且发动机温度在 63℃以上时，应无真空吸力；发动机转速从 4 000r/min 急减速时，应有真空吸力，否则，说明二次空气供给系统有故障。

2. 元件检测

（1）二次空气控制阀的检测。

拆下二次空气控制阀，从空气滤清器侧吹入空气应不通；用手动真空泵从空气滤清器侧施加 20kPa 真空度，吹入空气应通畅；若不符合上述要求，说明膜片阀工作不良，应检修或更换。

（2）二次空气电磁阀的检测。

首先测量二次空气电磁阀的电阻，一般应为 36～44Ω；然后在给电磁阀接通蓄电池电源时，从进气管侧软管接头吹入空气应通，从通大气的滤网处吹入空气应不畅通；当电磁阀不通电时，从进气管侧软管接头吹入空气应不通，从通大气的滤网处吹入空气应畅通。

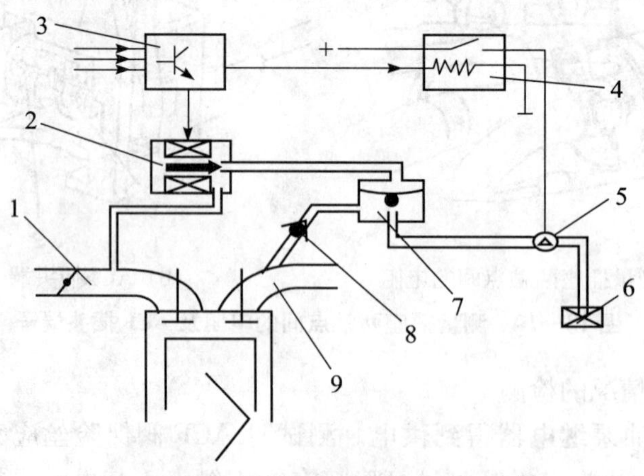

图 18—11　二次空气供给系统

1—进气管；2—电磁阀；3—ECU；4—继电器；5—空气泵；6—空气滤清器；7—真空气室；8—单向阀；9—排气管

五、动力阀控制系统的检测

1. 常规检查

(1) 检查各连接管路有无破损或漏气，必要时更换连接软管，如图 18—12 所示。

(2) 拔下真空泵与进气管之间的软管，起动发动机怠速运转后，再将软管插上，观察发动机转速应缓慢上升，否则，说明控制系统有故障。

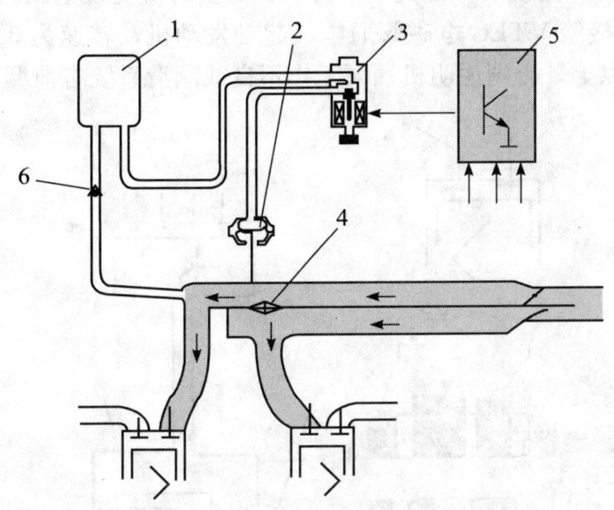

图 18—12　动力阀控制系统

1—真空罐；2—膜片真空气室；3—真空电磁阀（VSV）；4—动力阀；5—ECU；6—单向阀

2. 元件检测

(1) 拆下真空驱动室，给其施加真空，观察其拉杆是否移动，或是否有卡滞现象。

(2) 检查真空罐的空气进口和出口之间是否畅通；检查单向阀是否单向畅通。

(3) 检查 VSV 阀的电阻，并与标准值对照，不符则应更换 VSV 阀。

(4) VSV 阀通电时，空气进口和出口之间应畅通；断电时，空气进口和出口之间应不通，否则，应更换真空电磁阀。

六、可变配气相位控制系统（VTEC）的检测

可变配气相位控制系统的检测内容包括：电磁阀电阻检测；电磁阀与控制电脑连接线路检测；可变配气相位控制系统机械摇臂检测；摇臂控制活塞检测；机油压力检测等。可变配气相位控制系统如图 18—13 所示。不同车型的检测标准数据略有不同，请参考相关维修手册。

(1) 先用诊断仪清除故障码，再重新起动发动机，调取故障码，若有故障码，则按故障码的提示排除故障。

(2) 关闭点火开关，拆开 VTEC 电磁阀线束插接器，测量电磁阀线圈电阻，并与相应车型维修手册对比，本田车应为 14～30Ω，不符则更换 VTEC 电磁阀；检查 VTEC 电磁阀与电脑之间的连接线路是否有短路或断路故障。

(3) 拆下气门室罩盖，转动曲轴分别使各缸处于压缩上止点位置，用手按压中间摇臂，应能与主摇臂和次摇臂分离单独运动，否则应更换摇臂总成。

拆下油压检查孔处的密封螺栓，通入压力为400kPa的压缩空气，用手推动正时片端部使其向上移动2～3mm，观察同步活塞的结合情况，同步活塞应将三个摇臂连接为一体，用手按压中间摇臂应不能单独运动，否则应更换摇臂总成。

(4) 将专用接头和压力表连接到VTEC电磁阀上，起动发动机，当达到正常工作温度后，观察发动机转速分别为1 000r/min、2 000r/min和4 000r/min时的机油压力，若机油压力均低于49kPa，则说明电磁阀不能开启，必要时应更换电磁阀。

(5) 用蓄电池直接给VTEC电磁阀通电，起动发动机，转速为3 000r/min时的机油压力应达到250kPa以上，否则说明机油泵工作不良或润滑系统有泄漏。

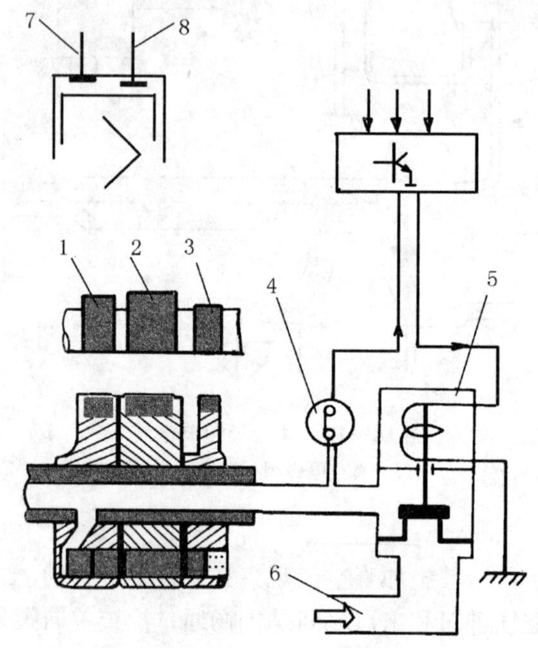

图18—13　VTEC控制系统

1—主凸轮；2—中间凸轮；3—次凸轮；4—压力开关；5—VTEC电磁阀；6—压力油；7—次气门；8—主气门

检验学生实训能力阶段

常见的辅助控制系统故障包括怠速控制阀故障引起的怠速不良、EGR阀故障引起的怠速不良或加速无力、炭罐控制系统引起的怠速不良、VTEC控制系统引起的加速不良等。实训教师可根据实训条件设置辅助控制系统故障，比如可设计怠速控制阀故障引起的空调怠速发抖、VTEC控制系统引起的加速不良等故障，然后由学生独立完成故障的诊断与排除；或者由教师充当客户模拟一个或几个场景，让学生分组完成故障排除。

⚠ **注意：** 在操作过程中，注意操作程序与规范，注意设备的正确使用，防止出现实训事故。

一辆桑塔纳99新秀汽车出现打空调发动机熄火的现象，客户已经清洗了油路、更换了高压线，但故障未能解决。客户现在要求维修人员诊断维修。

让学生分析并说出检查步骤和方法（参考方法）：

（1）检查故障码。

（2）检查空调系统压力。

（3）检查相关数据流。

（4）检查点火正时。

（5）检查发动机电脑。

（6）检查怠速控制阀。

由学生对下列问题，向教师进行解释并提出解决方案：

（1）根据检查情况，分析可能导致以上故障的原因有哪些？

（2）将上述检查流程进行排序，并解释原因。

（3）对检查结果进行理论分析。

组织学生填写实训记录单

教师总结及信息反馈

（1）总结本次实训的要点内容；

（2）解答学生记录单中提出的各种疑问及实训中存在的难点；

（3）对学生解决实际问题的能力进行考核，做出点评，并给出本次实训成绩；

（4）结合本次实训存在的问题，比如在问题答疑、实训步骤、方法及故障设置等方面的问题，完成本次实训记录。

学生实训记录单

班级		车型			
姓名		发动机型号			
学号		VIN 码			
日期		行驶里程		年款	

1. 所检测的怠速控制阀类型为__________，插座端子数为__________。

2. 检测步进电机型怠速控制阀，当点火开关打开和关闭时，观察步进电机的工作情况是否正常？ 是□ 否□

解释上述现象：______________________________

3. 写出清洗怠速控制阀的流程。

____

4. 当空调开、关时，用示波器测试怠速控制阀的波形，观察并画出波形：

____

请分析怠速控制阀的工作性能__________________________

5. 当发动机怠速时，检查活性炭罐电磁阀是否打开？ 是□ 否□

使发动机转速提高到大约 2 000r/min 时，检查活性炭罐电磁阀是否打开？ 是□ 否□

6. 当发动机转数在 1 500～2 000r/min 时，用气体分析仪检查 EGR 系统的工作状况，以及 EGR 阀的转换效率。写出检测过程：

____

____

7. 本次实训中存在的疑问有哪些？最大的难点是什么？

____

____

教师评语：	本次实训成绩		
	良好	合格	不合格
年 月 日			

实训十九

电控节气门的检测

实训计划

实训能力目标	内容及时间安排（分钟）		建议学时
1. 掌握电控节气门外观检查的内容和方法。 2. 正确解读电控节气门的控制电路图。 3. 掌握电控节气门的检测方法	实训准备工作的检查及实训安全工作的说明	10	2学时 （100分钟）
	指导学生对电控节气门进行外观检查	20	
	指导学生解读电控节气门的控制电路	20	
	指导学生检测电控节气门	30	
	组织学生讨论并完成记录单	10	
	教师总结及信息反馈	10	

实训过程

实训准备阶段

一、教师准备工作

教师在实训前准备能工作的试验发动机、万用表、故障诊断仪等。

二、学生准备工作

（1）掌握与实训车型相关的电控节气门的理论知识。

（2）了解本次实训课所用仪器及设备的使用方法。

指导学生实训阶段

发动机怠速出现故障时，要对电控节气门组件进行外观及电路检查，以桑塔纳2000GSi型轿车发动机电控节气门组件的检测为例，介绍其相关检查方法。

一、外观检查

1. 节气门拉索的检查

（1）检查节气门拉索是否出现弯曲，若出现弯曲应更换，桑塔纳2000GSi型轿车的节气门机构如图19—1所示。

（2）检查节气门拉索在各个支承座和紧固点之间是否保持平直，若不平直，应通过变换支架上的卡板的位置来调整节气门拉索，使节气门杠杆能够达到节气门全开的位置。

2. 节气门组件线路插接器的检查

（1）检查端子是否有锈蚀、变形现象；

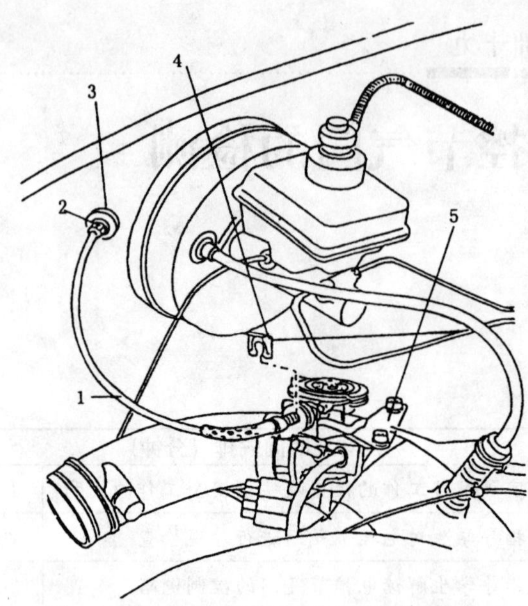

图 19—1　桑塔纳 2000GSi 型轿车的节气门机构布置图

1—节气门拉索；2—节气门拉索张紧螺母；3—挡片；4—调整锁片；5—节气门拉索支架

（2）检查插接器插接是否牢固；

（3）检查插接器是否破损。

二、控制电路检测

桑塔纳 2000 轿车发动机电控节气门组件与电控单元之间的电路连接如图 19—2 所示。

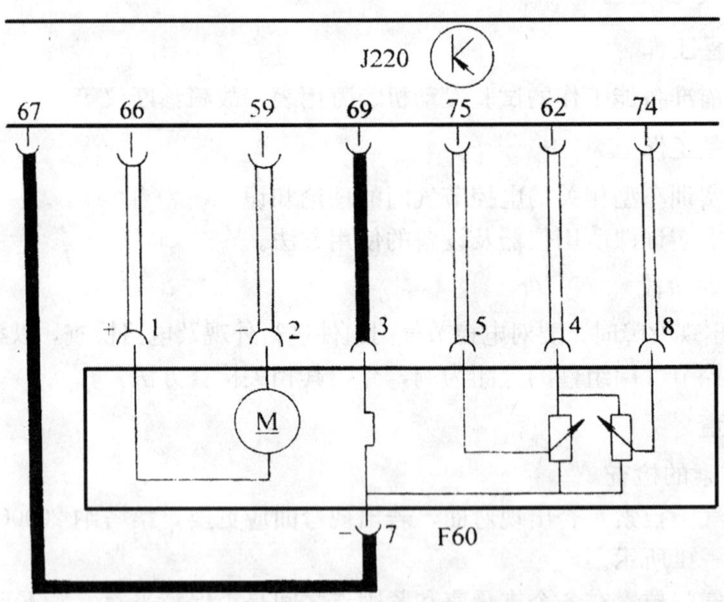

图 19—2　桑塔纳 2000 轿车发动机电控节气门组件的电路

桑塔纳 2000AJR 发动机用的节气门控制组件，由节气门电位计（G69）和节气门定位电位计（G88）组成，如图 19—3 所示。节气门电位计起着节气门位置传感器的作用。节气门定位电位计给发动机控制单元提供节气门控制器 V60 的停止位置信息。其检测内容和要求如下（实训教师可根据实际情况改换车型）。

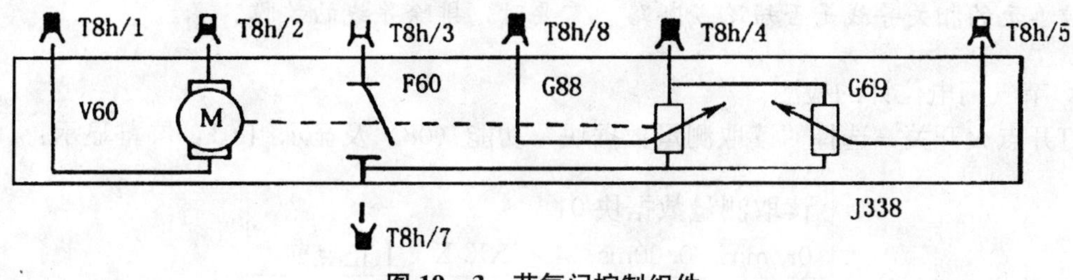

图 19—3　节气门控制组件

1. 供电电压的测量

打开点火开关，测量节气门控制组件插头，端子布置如图 19—4 所示，端子 4 和端子 7 之间的电压应约为 5V（用 20V 直流挡测量）。

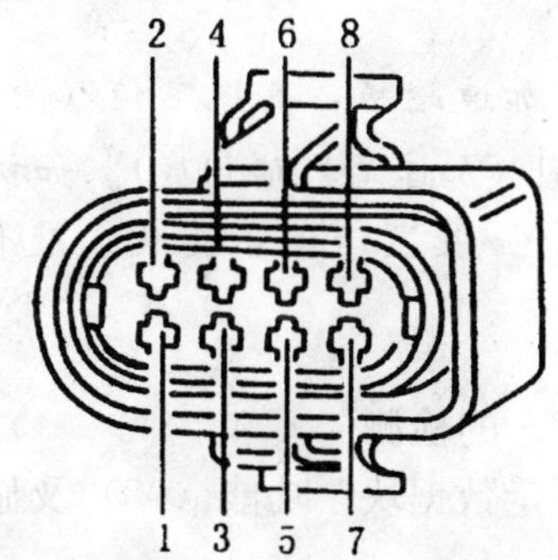

图 19—4　测量节气门控制组件的供电电压

2. 怠速开关的检测

打开点火开关，选择“读取测量数据块”功能（08）和显示组 98，屏幕显示：

系统在基本设置状态 98			→
X. XXXV	X. XXXV	怠速	…

显示区 3 应显示“怠速”，渐渐地打开及关闭节气门，屏幕显示：

系统在基本设置状态 98			→
X. XXXV	X. XXXV	部分负荷	…

显示区 3 的显示应由“部分负荷”变成“怠速”，屏幕显示：

系统在基本设置状态 98			→
X. XXXV	X. XXXV	怠速	…

⚠ **注意**：（1）如果显示没变成“怠速”，应关闭点火开关，断开节气门控制组件端子，用万用表测量端子 3 和端子 7 之间的电阻，其规定值为导通（节气门关闭）。逐渐加大节气门开度，其规定值为不导通（怠速开关应打开）。如没有

达到规定要求，则更换节气门控制组件。

(2) 如果节气门控制组件正常，应拔下节气门控制单元的导线插头，检查电控单元的相关导线是否短路或断路。需要时，排除导线的故障。

3. 节气门电位计的检测

打开点火开关，选择“读取测量数据块”功能（08）及显示组 01，屏幕显示：

读取测量数据块 01			→
0r/min	0.00ms	4∠^{0}XX.X	上止点前

检查显示区 3 的显示，其规定值为 0～5∠^{0}。

读取测量数据块 01			→
0r/min	0.00ms	4∠^{0}XX.X	上止点前

⚠ **注意：** 慢慢地踩下加速踏板，其规定值（为显示区 3 的显示值）应增大，最终在 85 至 95∠^{0} 之间（加速踏板踏到底）。如初始值和最终值都没达到规定要求，应检测供电电压；如果显示值不变化或变化没有规律应检测导线的连接。

4. 节气门定位电位计（G88）的检测

起动发动机，选择“读取测量数据块”功能（08）及显示组 98，屏幕显示：

读取测量数据块 98			→
4.420V	3.880V	怠速	自适应正常

⚠ **提示：** 查看显示区 2 的显示，其规定值为 0.500～4.900V。如果没有满足规定的要求，应关闭点火开关。先拔下节气门控制单元的导线插头，检查同发动机控制单元连接的线束，检测导线连接是否断路/或对正极或负极短路，需要时，排除导线的故障。如导线没问题应更换节气门控制单元（J338）。

5. 检测节气门控制器（V60）

节气门控制器（V60）是个电机，发动机怠速时，节气门控制器通过一个齿轮机构驱动节气门来实现怠速的控制。

打开点火开关，起动发动机，选择“基本设置”功能（04）及显示组 98，屏幕显示：

读取测量数据块 98			Q
4.420V	3.880V	怠速	进行自适应

⚠ **提示：** 按下 Q 键，节气门控制器应转动到最小及最大限位点。如节气门控制器没有转动，应关闭点火开关。先拔下节气门控制单元的导线插头，检查同发动机控制单元连接的线束，检测导线连接是否断路/或对正极或负极短路，需

要时排除导线的故障。如果导线没问题，应更换节气门控制单元（J338）。

如果拆装或换了新的节气门控制组件，或者发动机ECU出了故障，都必须重新进行基本设定，即：完成发动机ECU与节气门控制组件的匹配工作，用V. A. G1552故障诊断仪来完成。

三、基本设定

基本设定是指对发动机控制单元和节气门控制部件进行匹配。发动机控制单元被切断电源或节气门被清洗后，都必须进行基本设定。

1. 基本设定条件

（1）冷却液温度不低于80℃；

（2）测试时，散热风扇不允许转动；

（3）空调关闭；

（4）其他用电设备关闭；

（5）在故障储存中没有故障存在。

2. 设定过程

（1）连接故障诊断仪V. A. G1552或V. A. G1551，打开点火开关。选择地址码01“发动机电子控制系统”，屏幕显示：

Test of vehicle systems	HELP
Select function　XX	
车辆系统测试	帮助
选择功能　XX	

（2）输入“基本设定”功能（04），按Q键确认。屏幕显示：

Introduction of basic setting	HELP
Enter display group number　XX	
引入基本设定	帮助
输入组别号　XX	

（3）输入98显示组，按Q键确认，屏幕显示：

System in basic setting 98	→
X. XXX V　X. XXXX V　Leerlauf ADP. EIN	
基本设定　98	→
X. XXX V　X. XXX V　怠速　匹配. 打开	

（4）按Q键确认，屏幕显示：

System in basic setting 98	HELP
X. XXX V　X. XXXX V　Leerlauf ADP. i. O	
基本设定　98	帮助
X. XXX V　X. XXX V　怠速　匹配. 完成	

⚠ **注意：** 如果节气门不能完全关闭（例如：节气门不清洁）、油门拉线调整不当、蓄电池电压太低、节气门控制单元或导线损坏，在自适应过程中发动机起动了，踏下了加速踏板（油门），节气门控制单元的基本设置都将被中断，中断之后将在故障存储器内存储“基本设置没完成，基本设置出错”的故障信息，下一次打开点火开关时基本设置将再次自动进行。

检验学生实训能力阶段

电控节气门故障包括ECU对节气门定位器的控制故障或节气门定位器（怠速电机）故障导致的怠速紧急运行故障（怠速过高）或更换、清洗节气门体后没进行匹配引起的怠速不稳故障等。实训教师可根据实训条件设置电控节气门故障，比如可设计更换、清洗节气门体后没进行匹配引起怠速不稳等故障，然后由学生独立完成故障的诊断与排除，或者由教师充当客户模拟一个或几个场景，让学生分组完成故障排除。

⚠ **注意：** 在操作过程中，注意操作程序与规范，注意设备的正确使用，防止出现实训事故。

场景

一辆桑塔纳2000GSi型汽车出现清洗节气门体后发动机怠速不稳的现象，客户现在要求维修人员诊断维修。

让学生分析并说出检查步骤和方法（参考方法）：

（1）检查故障码。

（2）检查清洗效果。

（3）检查相关数据流。

（4）检查节气门体的磨损情况。

（5）检查发动机电脑。

由学生根据下列问题，向教师进行解释并提出解决方案：

（1）根据检查情况，分析可能导致以上故障的原因有哪些？

（2）将上述检查流程进行排序，并解释原因。

（3）对检查结果进行理论分析。

组织学生填写实训记录单

教师总结及信息反馈

（1）总结本次实训的要点内容；

（2）解答学生记录单中提出的各种疑问及实训中存在的难点；

（3）对学生解决实际问题的能力进行考核，做出点评，并给出本次实训成绩；

（4）结合本次实训存在的问题，比如在问题答疑、实训步骤、方法及故障设置等方面的问题，完成本次实训记录。

学生实训记录单

班级		车型			
姓名		发动机型号			
学号		VIN 码			
日期		行驶里程		年款	

1. 节气门拉索是否有弯折的现象？加减速时节气门拉索是否回位自如？

____

____

2. 如果节气门杠杆不能达到节气门全开时的位置应如何调整？

____

____

3. 断开节气门组件线束插接器，检查端子是否有锈蚀、变形现象；检查插接器插接的是否牢固；检查插接器是否破损。

____

____

4. 简述节气门匹配流程。

____

____

5. 本次实训中存在的疑问有哪些？最大的难点是什么？

____

____

教师评语：	本次实训成绩		
	良好	合格	不合格
年　月　日			

实训二十

发动机电控单元的测试与更换

实训计划

实训能力目标	内容及时间安排（分钟）		建议学时
1. 掌握发动机电控单元常见的故障现象。 2. 掌握发动机电控单元的检测方法。 3. 掌握发动机电控单元的更换方法。	实训准备工作的检查及实训安全工作的说明	10	2 学时 （100 分钟）
	组织学生讨论发动机电控单元的故障现象	10	
	指导学生对发动机电控单元进行检测	40	
	指导学生正确更换发动机电控单元	20	
	组织学生讨论并完成记录单	10	
	教师总结及信息反馈	10	

实训过程

实训准备阶段

一、教师准备工作

教师在实训前准备能工作的试验发动机、万用表、解码器、备用电脑等。

二、学生准备工作

（1）掌握与实训车型相关的发动机电控单元的理论知识。

（2）了解本次实训课所用仪器及设备的使用方法。

指导学生实训阶段

发动机电控单元在正常使用时是不易出现故障的，但也不能排除因外界因素或人为操作不当造成的损坏，因此，当发动机出现无法起动或起动困难、发动机怠速不稳、发动机加速性能差、发动机油耗过高或尾气排放超标、发动机高速性能差或无高速等现象时，就有可能是由于电控单元损坏引起的。电控单元损坏的原因一般有以下几种：

（1）使用时间过长，元件老化。

（2）电子元件受潮，导致元件出现短路、腐蚀现象。

（3）由于电磁阀或其他执行器电路短路而引起的电压超载。

（4）检查或维修时不规范的操作，造成人为损坏电控单元。

一、电控单元的检测

1. 熟悉电控单元端子及含义

如图 20—1 所示为大众汽车 AJR、ANQ 发动机的电控单元端子，有两个插接器，即 52 针插接器和 28 针插接器，总共 80 个接线端子。AJR 发动机上的有效端子为 36 个，ANQ 发动机上的有效端子为 43 个，其余都为备用端子。各端子的含义见表 20—1。

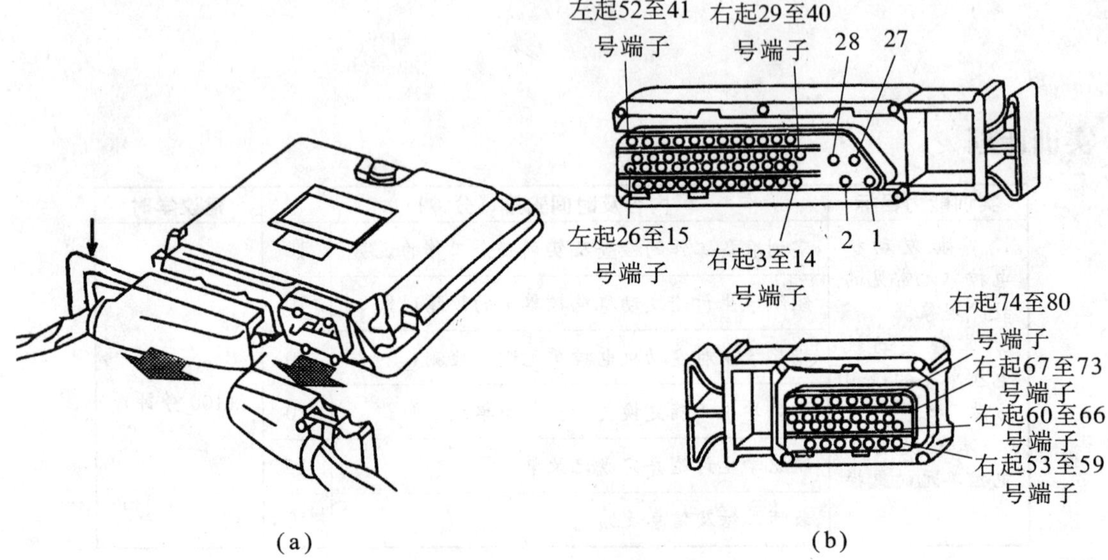

图 20—1　AJR、ANQ 发动机的电控单元端子

表 20—1　AJR、ANQ 发动机的电控单元端子及含义

AJR 发动机的电控单元端子及含义（36 个）		ANQ 发动机的电控单元端子及含义（43 个）	
端子	含义	端子	含义
1	连接电源 15 号线，受点火开关控制	1	连接电源 15 号线，受点火开关控制
2	接地线	2	接地线
3	备用电源，接 30 号线	3	备用电源，接 30 号线
4	燃油泵控制线	4	燃油泵控制线
6	发动机转速信号	6	发动机转速信号
8	空调压缩机控制	8	空调压缩机控制
10	空调开关控制	10	空调开关控制
11	空气流量计电源线	11	空气流量计电源线
12	空气流量计信号线（＋）	12	空气流量计信号线（＋）
13	空气流量计信号线（－）	13	空气流量计信号线（－）
15	活性炭罐电磁阀控制	15	活性炭罐电磁阀控制
18		18	燃油信号
19	自诊断触发信号线	19	自诊断触发信号线
20	车速信号线	20	车速信号线
25	氧传感器信号线	25	氧传感器信号线
26	氧传感器信号线	26	氧传感器信号线
27	氧传感器加热器控制	27	氧传感器加热器控制

续前表

AJR 发动机的电控单元端子及含义（36 个）		ANQ 发动机的电控单元端子及含义（43 个）	
端子	含义	端子	含义
29		29	CAN 信号线
38	3 缸喷油器控制线	31	3 缸喷油器控制线
41		41	CAN 信号线
53	冷却液温度传感器	53	冷却液温度传感器
54	进气温度传感器	54	进气温度传感器
55		55	凸轮轴调节阀 N205 可变进气相位（一）
56	转速传感器 G28	56	转速传感器 G28
59	节气门定位器	59	节气门定位器
60	3 缸和 4 缸爆震传感器	60	3 缸和 4 缸爆震传感器
62	霍尔传感器	62	霍尔传感器
63	转速传感器	63	转速传感器
64		64	可变路径进气电磁阀 N156 信号线
65	4 缸喷油器控制线	65	4 缸喷油器控制线
66	节气门调节器	66	节气门调节器
67	接地线	67	接地线
68	1 缸和 2 缸爆震传感器	68	1 缸和 2 缸爆震传感器
69	怠速开关	69	怠速开关
70		70	1 缸点火控制
71	2 缸、3 缸点火控制	71	4 缸点火控制
73	1 缸喷油器控制线	73	1 缸喷油器控制线
74	节气门调节器电位计	74	节气门调节器电位计
75	节气门电位计	75	节气门电位计
76	霍尔传感器	76	霍尔传感器
77		77	3 缸点火控制
78	1 缸、4 缸点火控制	78	2 缸点火控制
80	2 缸喷油器控制线	80	2 缸喷油器控制线

2. 电控单元供电电压的检测

检查条件：（1）蓄电池电压必须至少是 11.5V；（2）32 号保险丝必须正常；（3）交流发电机正常。

（1）连接故障诊断仪 V. A. G1551，起动发动机，并用地址码 01 选定发动机 ECU。屏幕显示：

Rapid data transfer HELP Select function XX
快速数据传输 帮助 选择功能 XX

(2) 按数字键 0 和 8 读测量数据块，并用 Q 键确认。屏幕显示：

Read measured value block　　HELP Input display group number　XXX
基本设定　　　　　　　　　帮助 输入显示组号　XXX

(3) 输入显示组编号 003，按 Q 键确认，屏幕显示：

Read measured value block 3			→
1	2	3	4
读测量数据块 3			→
1	2	3	4

(4) 读出显示区域 2 中的显示值，允许值至少为 11.5V。按→键，并结束输出，关闭点火开关。

(5) 如尚未达到允许值，则将测试盒 V. A. G1598/22 连接到控制单元线束上，如图 20—2 所示。用万用表及 V. A. G1594 的辅助导线测量测试盒插孔 2 和 3 之间的电源电压（30 号终端电压供应），该值应至少为 11.5V。如达不到允许值，则检查到继电器板的导线连接。

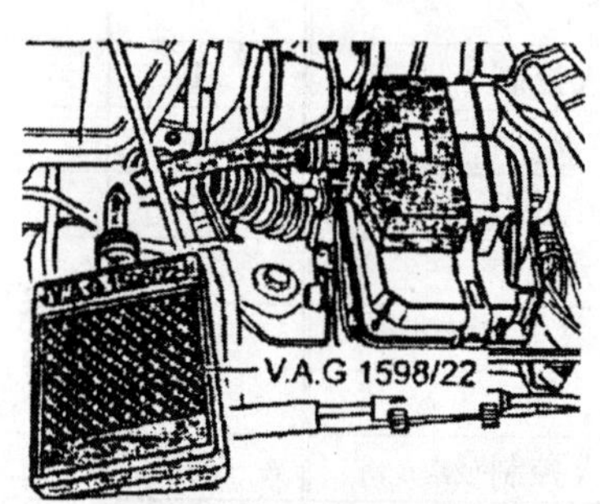

图 20—2　将测试盒连接到发动机控制单元

(6) 用万用表及 V. A. G1594 的辅助导线测量测试盒插孔 1 和 2 之间的电源电压（15 号终端电压供应），打开点火开关，该值应至少为 11.5V。如达不到允许值，检查到继电器板的导线连接。

⚠ **提示：**在电源供应中断后进行以下工作：

(1) 开启点火开关至少 10 秒钟。

(2) 关闭点火开关。

(3) 将发动机控制单元同节气门控制部件进行匹配。

(4) 进行怠速检查。

(5) 进行一次较长的试车行驶，直到排除行驶特性不良的现象。在试车时要求冷却液温度升到 80℃以上时，进行怠速、部分负荷、满负荷、滑行运行等试车，满负荷时转速必须超过 3 500r/min。

二、电控单元的更换

1. 注意事项

在维修电控单元前，必须遵循一些注意事项，以防损坏电控单元。

(1) 不要将任何控制电路接地或在其上施加电压，除非维修手册上指示可以这么做。

(2) 只能用高电阻万用表来测试电路。

(3) 在拆下或连接电控单元的接线端子前，要确定点火开关是断开的。

(4) 在拆下或连接传感器或执行器的任何电线接头之前，要断开点火开关，除非制造商的维修手册另有指示。

(5) 不管何时断开或连接蓄电池的接线端子，都要断开点火开关。更换熔丝时，也要将点火开关断开。

(6) 不要将任何电子元件连接到计算机控制系统的绝缘部分或是接地线路上。

(7) 根据所维修车辆的制造年份和类型，只能使用制造商规定的测试和零件更换程序。

(8) 电控单元是对静电比较敏感的元件，一些制造商用警示标志来提示技师静电放电，如图 20—3 所示。

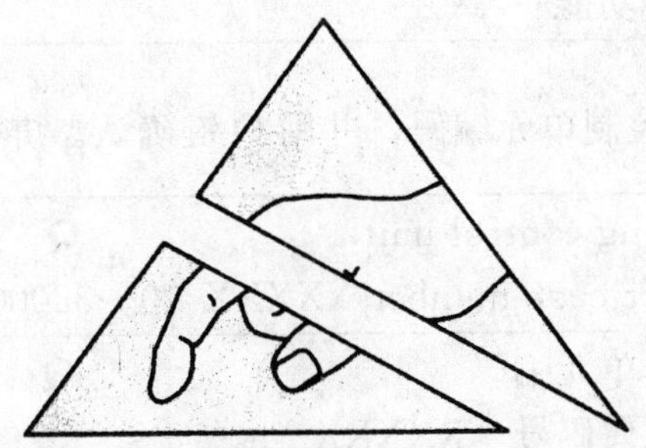

图 20—3　通用汽车公司静电提示标志

(9) 使用电压表时，一定要先连接表的负极。

(10) 更换电控单元时，要将一根金属线的一端缠绕在手腕上而另一端与地线连接，以使身体接地。

2. 控制单元的拆装

(1) 连接故障诊断仪 V. A. G1551 (V. A. G1552)，打开点火开关，并用地址码 01 选定发动机控制单元。打印控制单元标识和现有控制单元的编码。然后结束输出，关闭点火开关。

(2) 拆下控制单元 (ECU) 保护盒的罩盖，如图 20—4 所示。

(3) 小心用起子撬开紧固夹，如图 20—5 中箭头所示。随后拔下控制单元的连接插头并拆下。

(4) 取出旧的控制单元，并换上新的。然后进行以下工作：检查以前的编码并对新的 ECU 进行编码；将新的控制单元同节气门控制部件匹配；将新的控制单元同电子防盗器进行匹配；查询发动机 ECU 的故障存储并删除存储的故障码。

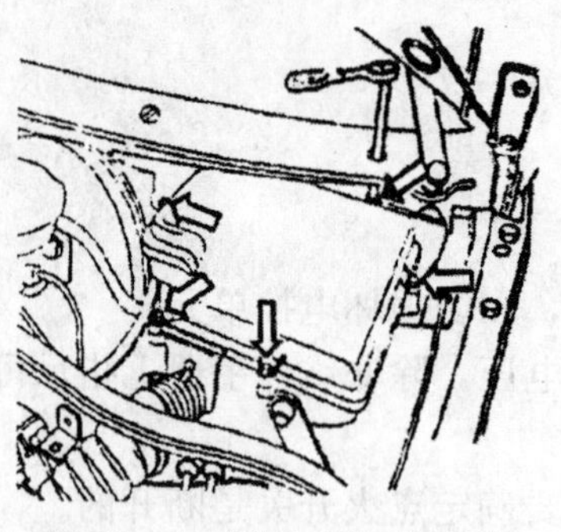
图 20—4 拆下 ECU 的罩盖

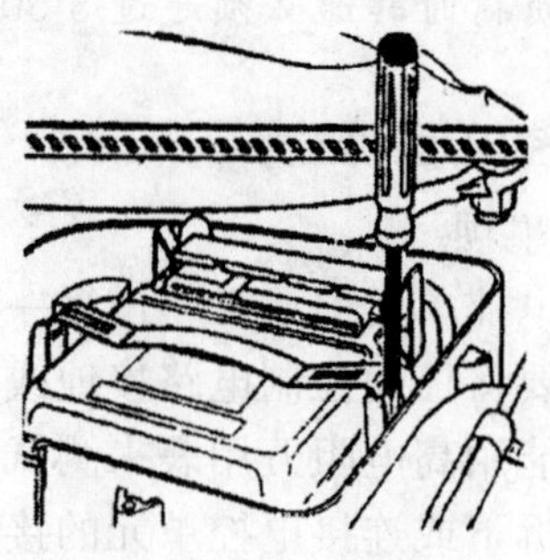
图 20—5 撬开紧固夹

三、电控单元的匹配

1. 发动机 ECU 编码

（1）连接故障诊断仪 V. A. G1551，并用地址码 01 选定发动机 ECU。屏幕显示：

Rapid data transfer HELP Select function XX
快速数据传输 帮助 选择功能 XX

（2）按 0 和 7 键，选定控制单元编码，并用 Q 键确认。屏幕显示：

Coding control unit Q Enter code number XXXXX（0～32000）
控制单元编码 Q 输入代码号 XXXXX

（3）输入该车辆相应的代码号，并用 Q 键确认。如果输入一个未经许可的代码，则屏幕会显示：

Function is not recognized or cannot → Be performed at the moment
功能不能识别或 → 目前不能执行

（4）如果在屏幕上显示出控制单元标识和编码，例如：

800 907 559B 1. 8L R4/5V MOTR HS D01 → Coding 04001 WSC XXXXX

则按 0 和 6 键结束输出，并用 Q 键确认。不同车辆的发动机 ECU 的代码如表 20—2 所示。

表 20—2　　不同车辆发动机的 ECU 代码

国家/排气	驱动/辅助功能	变速箱	车辆型号
00＝	0＝无驱动打滑的前轮驱动	0＝5 挡手动变速箱	0＝
01＝	1＝	1＝	1＝B级 如帕萨特
02＝	2＝无驱动打滑调控的四轮驱动	2＝	2＝
03＝	3＝	3＝自动变速箱 01N	3＝
04＝按欧洲 EUROⅡ标准的排放值	4＝	4＝	4＝
05＝	5＝	5＝自动变速箱 01V（Tiptronic）	5＝
06＝	6＝	6＝	6＝
07＝	7＝	7＝	7＝
08＝	8＝	8＝	8＝

2. 发动机 ECU 同节气门控制部件的匹配

（1）检查条件：故障存储中没有故障码；蓄电池电压至少为 11.5V；所有电气设备如照明、后玻璃窗加热等都必须关闭；节气门必须在怠速运行位置；如有巡航控制系统，其功能必须正常。

（2）连接故障诊断仪 V. A. G1551，并用地址码 01 选定发动机 ECU。屏幕显示：

Rapid data transfer　　　HELP Select function　XX
快速数据传输　　　　　帮助 选择功能　XX

（3）按 0 和 4 键，选定基本设置功能，并用 Q 键确认。屏幕显示：

Basic setting　　　　　　HELP Input display group number XXX
基本设置　　　　　　　帮助 输入显示组号码 XXX

（4）按 0、9 和 8 键，选定“显示组 98”，并用 Q 键确认。屏幕显示：

System in basic setting　98　→ x. xxxV　x. xxxV　Iding ADP. runs
系统基本设置　　　　98　→ x. xxxV　x. xxxV　怠速 ADP. 运行

（5）在按Q键之后，如节气门的位置调节器在最大、最小和五个中间位置运行，则控制单元将在连续存储器中存储相应的节气门角度。该过程持续约10秒钟，随后节气门在起动位置保持片刻，然后关闭。匹配完成，关闭点火开关。

（6）如果节气门脏污、油门拉索调整错误，蓄电池电压太低或节气门控制部件损坏等，则可能造成控制单元基本设定被中断，在中断之后，将在故障存储器中，存入故障码“17967”或“17972”，在下一次打开点火开关时，将自动进行基本设置。

3. 发动机ECU同电子防盗器的匹配

（1）取下手刹车拉杆右侧自诊断接口的罩壳，连接V. A. G1551或V. A. G1551/3，如图20—6所示。

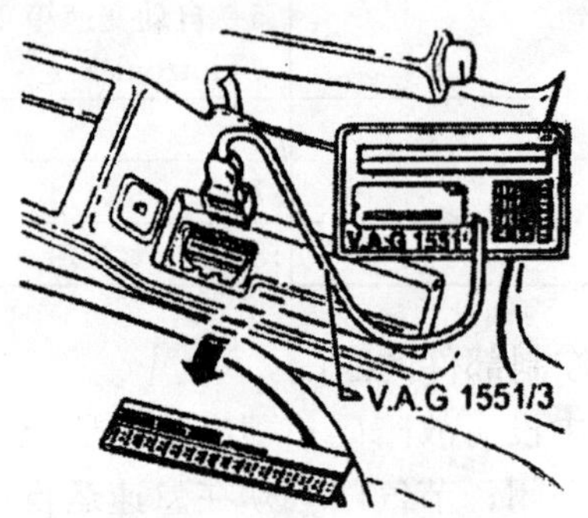

图20—6　连接V. A. G1551

（2）打开点火开关，按键1选定快速数据传输，然后按0和7键，选定地址码07“仪表板总成”，并用Q键确认。屏幕显示：

B0919880 B5 Kombiinstr. VDO X06 →
Coding 00042 WSC XXXXX
B0919880 B5 Kombiinstr. VDO X06 →
代码 00042 WSC XXXXX

（3）按→键，屏幕显示：

IMMO-IDENTNR：VWZ7Z0T2000307 →

（4）按→键，屏幕显示：

Rapid data transfer HELP
Select function XX
快速数据传输 帮助
选择功能 XX

（5）按1和0键，选择“匹配”功能，并用Q键确认。屏幕显示：

Adaptation Feed in channel number XX
匹配 输入通道号 XX

（6）按 00 键，选定“频道 0”，并用 Q 键确认。屏幕显示：

Adaptation　　　　　　Q Erase learnt values?
匹配　　　　　　　　Q 删除学习值吗？

（7）用 Q 键确认，屏幕显示：

Adaptation　　　　　　→ Learnt values have been erased
匹配　　　　　　　　→ 学习值已被删除

（8）通过按→键结束匹配，并结束输出。

检验学生实训能力阶段

与发动机电控单元相关的维修内容包括：电控单元端子检测、电控单元更换、新电控单元与节气门及电子防盗器匹配等。实训教师可根据实训条件设置发动机电控单元检修项目，比如可设计电控单元供电或接地端子检测、新电控单元与节气门匹配等。然后在实训教师的监督下，由学生独立完成故障的诊断与排除，或者由教师充当客户模拟一个或几个场景，让学生分组完成故障排除。

⚠ **注意**：在操作过程中，注意操作程序与规范，注意设备的正确使用，防止出现实训事故。

一辆桑塔纳 2000GSi 型汽车更换发动机电控单元后，出现发动机怠速不稳的现象，经客户描述得知，已进行了电控单元编码，但故障未能解决，客户现在要求维修人员诊断维修。

让学生分析并说出检查步骤和方法（参考方法）：

（1）检查故障码。

（2）检查电控单元编码。

（3）检查节气门体。

（4）检查进气系统漏气。

(5) 检查发动机电控单元与节气门匹配。

由学生对下列问题，向教师进行解释并提出解决方案：

(1) 根据检查情况，分析可能导致以上故障的原因有哪些?

(2) 将上述检查流程进行排序，并解释原因。

(3) 对检查结果进行理论分析。

组织学生填写实训记录单

教师总结及信息反馈

(1) 总结本次实训的要点内容；

(2) 解答学生记录单中提出的各种疑问及实训中存在的难点；

(3) 对学生解决实际问题的能力进行考核，做出点评，并给出本次实训成绩；

(4) 结合本次实训存在的问题，比如在问题答疑、实训步骤、方法及故障设置等方面的问题，完成本次实训记录。

学生实训记录单

班级		车型			
姓名		发动机型号			
学号		VIN 码			
日期		行驶里程		年款	

1. 简述电控单元维修的注意事项。

2. 简述电控单元编码的流程。

3. 描述更换发动机电控单元后未进行节气门匹配的故障现象。

4. 描述更换发动机电控单元后未进行防盗匹配的故障现象。

5. 简述更换发动机电控单元后防盗匹配的流程。

6. 本次实训中存在的疑问有哪些？最大的难点是什么？

教师评语：	本次实训成绩		
	良好	合格	不合格
年　月　日			

实训二十一

机械式柴油机燃料供给系的检测

实训计划

实训能力目标	内容及时间安排（分钟）		建议学时
1. 掌握柴油机燃料供给系密封性的检测方法。 2. 掌握输油泵、喷油器、喷油泵的检测方法。 3. 掌握柴油机供油正时的检测和调整方法。	实训准备工作的检查	10	4学时 （200分钟）
	实训安全工作的检查及说明	10	
	指导学生对柴油机燃料供给系的密封性进行检测	50	
	指导学生检测输油泵、喷油器、喷油泵	50	
	指导学生检测和调整柴油机供油正时	50	
	组织学生讨论并完成记录单	20	
	教师总结及信息反馈	10	

实训过程

实训准备阶段

一、教师准备工作

教师在实训前准备喷油嘴检验设备、压力油管、烧杯、柴油发动机、通用工具。

二、学生准备工作

（1）掌握与实训车型相关的柴油机燃料供给系统的理论知识。

（2）了解本次实训课所用仪器及设备的使用方法。

指导学生实训阶段

传统机械式柴油机的燃料供给系统一般由输油泵、喷油泵、喷油器、滤清器、高压油管及油箱等组成，如图21—1所示。

一、系统密封性检查

供油系统泄漏是柴油机常见的故障现象。当供油系统出现泄漏时，会造成柴油机无法起动、起动困难等故障。

可能原因是油管接头、油箱开关等部位出现泄漏。常用的简易检查方法是：断开油箱及高压泵的油管，将一端封闭，从另一端将适度压力的压缩空气打入供油管路，将肥皂水涂抹于油管接头等易于漏气的部位，通过目视观察来确定漏点，然后进行维修。

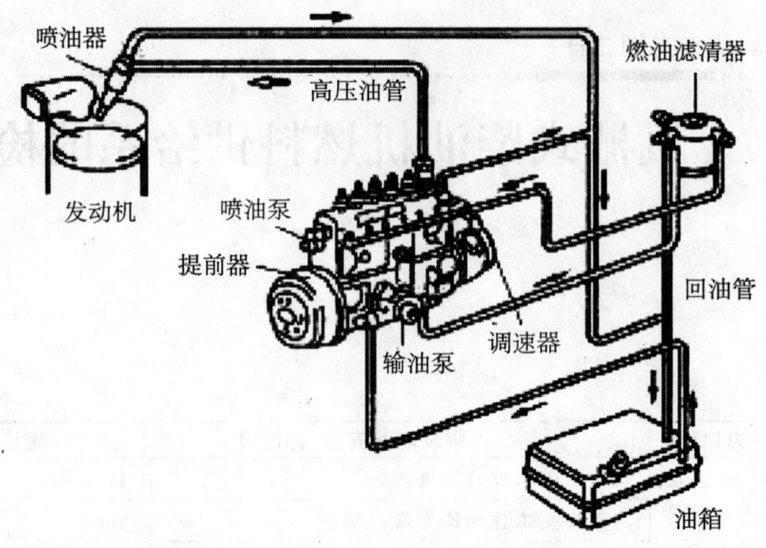

图 21—1　传统机械式柴油机燃料供给系统

二、输油泵的检测

当输油泵故障时，会出现发动机起动困难、动力下降等现象。对输油泵进行检修，包括调节油压值、输油泵供油量等。不同类型的输油泵的检测方法略有不同。

1. 膜片式输油泵的检测

膜片式输油泵的外形如图 21—2 所示，其检测内容如下：

（1）检测输油泵的工作油压，正常应为 250±0.5kPa。

（2）检测推杆的行程，正常应为 2.5～2.6mm。

（3）当上述检测都不正常时，应更换输油泵。

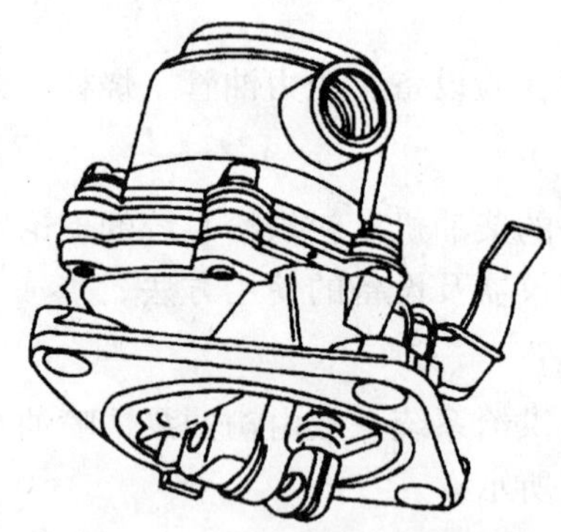

图 21—2　膜片式输油泵的外形

2. 柱塞式输油泵的检测

柱塞式输油泵的检测内容如下：

（1）检查输油泵的气密性。如图 21—3 所示，加入 0.2MPa 的压缩空气，顶杆配合处不得有漏气现象。

（2）检查输油泵的泵油性能，如图 21—4 所示。

测试条件：输油管内径 8mm 、长度 2 000mm、油面高度落差 1 000mm。

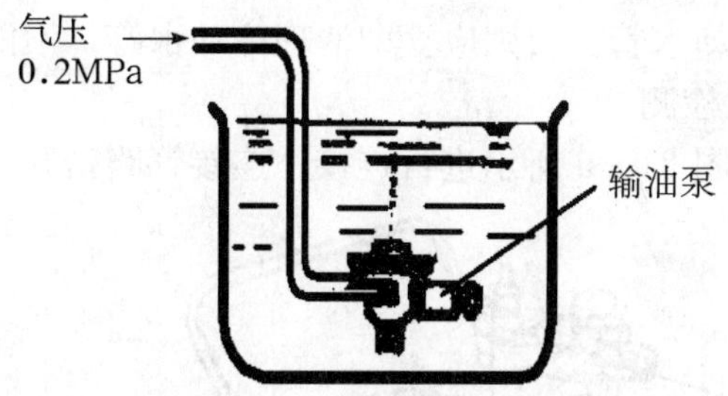

图 21—3　输油泵气密性检查

首先，用手动方式，使输油泵以 80～100r/min 进行工作，输油泵在 30s 内应有燃油从出油口流出，即燃油从油杯 A 流到油杯 B。然后，检测输油泵流量，要求在试验台上以 1 100r/min 工作，每分钟应有 1.8L 的燃油从出油口流出（凸轮升程不低于 6mm）。

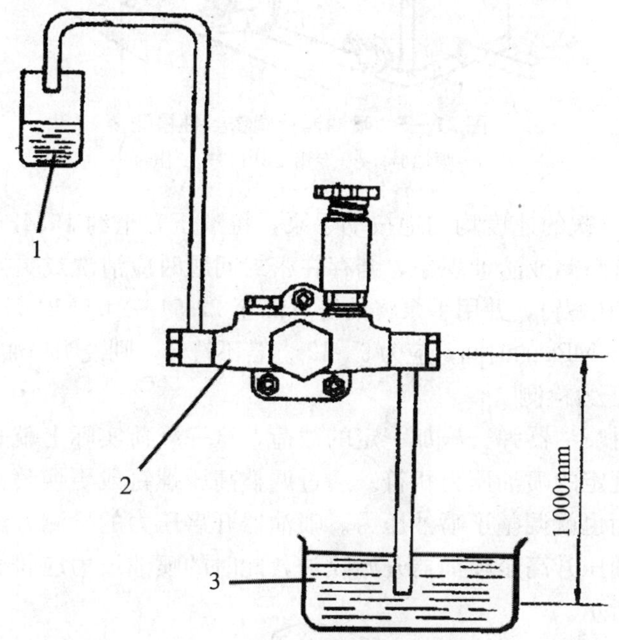

图 21—4　输油泵泵油性能检查

1—油杯 A；2—输油泵；3—油杯 B

三、喷油器的检测

喷油器性能的好坏，直接影响发动机的工作状况。有故障的喷油器将导致发动机动力下降、过量地排黑烟、冷起动时有较强的青烟、较高的燃油消耗量、发动机过热、一个或几个缸工作不良、起动困难等故障。当出现上述现象时，应对喷油器进行检修。

1. 检测时的注意事项

（1）拆装前连接处和周围环境应清理干净。

（2）拆卸后的零件应放在干净的地方并盖好，不能使用易脱落纤维的抹布。

（3）当维修不能立即进行时，打开的零件应仔细盖好。

（4）配件应在装配前直接开包取出，不使用的零件不能开包。

（5）对拆开的设备尽可能不用压缩空气处理，车辆尽可能不移动。

（6）柴油不能流进冷却水管。否则应立即清理冷却水管，不能清理干净的应更换。

2. 喷油器针阀密封性检测

（1）将被测喷油器按图 21—5 所示进行连接，连接管路密封要良好。

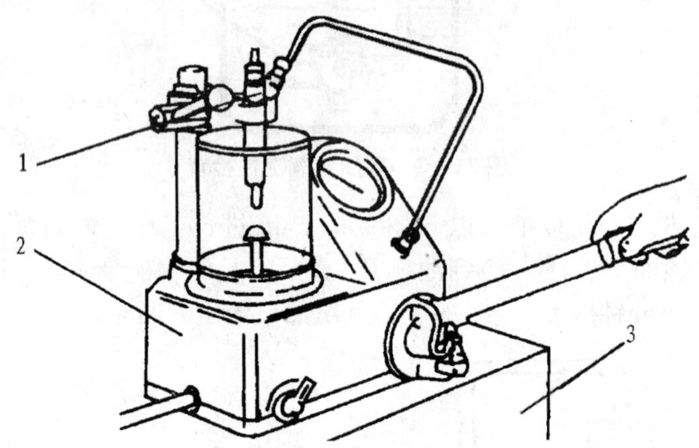

图 21—5　喷油器针阀密封性检测

1—喷油器；2—专用工具；3—工作台

（2）以每分钟 10 次的速度均匀地按动手泵，将油压升至约 15MPa，并保持 10 秒，此时，喷油嘴处不得有渗漏或滴油现象，当存在密封问题时应清洗或更换喷油器。

（3）继续调整高压螺钉，并用手泵将油压升高至 22.54～24.5MPa，停止压油，记录油压从 19.6MPa 降到 17.64MPa 的时间，应为 9～12s。若不符合，则说明喷油器针阀密封性不好。

3. 喷油器开启压力检测

校准喷油器即对喷油器弹簧施加一定的载荷，这一载荷实际上就是浮起喷油器针阀所需的压力，它应与规定的喷油压力相符。通过调整高压螺钉或更换喷油压力调整垫片可改变弹簧的负载，从而也就调整了喷油压力。喷油器开启压力的检测方法和步骤如下：

（1）用手泵将油压升高至喷油器开始喷油，此时的喷油压力应符合各型号喷油器的规定值，如图 21—6 所示。

图 21—6　喷油器开启压力的检测及调整

（2）旋入高压螺钉，喷油压力应增大，反之压力应下降；增加垫片厚度，喷油压力应增大，反之压力应下降。为保证柴油机运转平稳，同一台柴油机各缸的喷油压力差应不得大于 245kPa。

4. 喷油器雾化质量检测

用手泵以 60～70 次/min 的速度压油，进行雾化试验，观察喷孔喷出的柴油应成雾状，不应有明显的肉眼可见的飞溅油粒或连续性油柱，以及极易判别的局部浓稀不均匀现象。

⚠ **注意：**（1）喷油器试验是在高压条件下进行的，千万不要将手掌放在喷嘴下压油，以免高压油粒穿透皮肤，造成局部肌肉坏死。另外，要注意防火。

（2）不同车型的技术参数略有不同，维修时请查阅相关车型的维修手册。

四、喷油泵的检测

1. 柱塞偶件的检测

柱塞偶件的磨损有其一定的规律，常见的磨损部位如图 21—7 所示。在无专用设备检测的条件下，磨损程度可以通过外观检视、滑动试验和密封试验来判定。

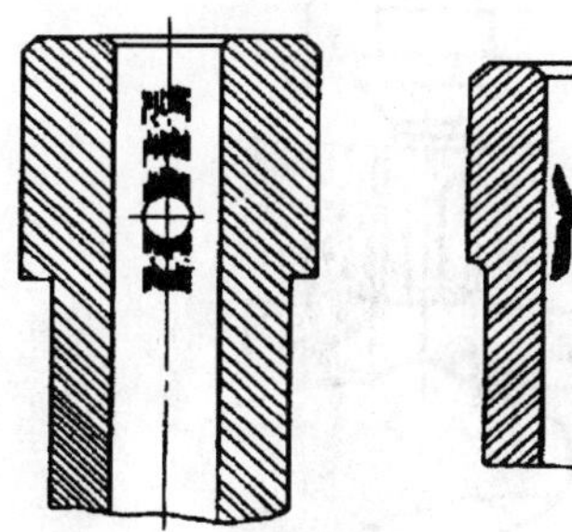

（a）进油孔附近的磨损　（b）回油孔附近的磨损

图 21—7　柱塞偶件的磨损部位

（1）外观检查。

将认真清洗后的柱塞从柱塞套筒中拉出检视，若其表面光亮并呈淡蓝紫色光泽，则表明磨损不大，可以继续使用；若表面呈现无光泽的黄色或严重的拉痕，则表明柱塞已磨损严重，不能再用。

（2）滑动试验。

将在清洁柴油中清洗过的柱塞偶件保持在与水平面成 60°的位置，拉出柱塞长度的 1/3。如它能借自重缓慢滑下，则属正常，如图 21—8 所示；如出现卡滞或急剧滑下，则均应更换新件。

（3）密封试验。

将用柴油浸润后的柱塞偶件拿在手上，用手指堵住柱塞套的上端孔、进油孔和回油孔，如图 21—9 所示。另一只手拿住柱塞下脚，转至最大供油位置，将柱塞拉出 5～7mm，当感到有真空吸力时，迅速松开，若此时柱塞能迅速回到原来位置，则可继续使用，否则应更换新件。

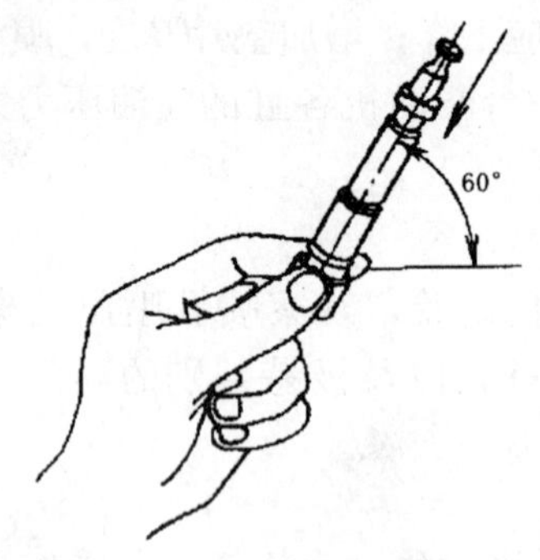

图 21—8　柱塞偶件滑动情况检查

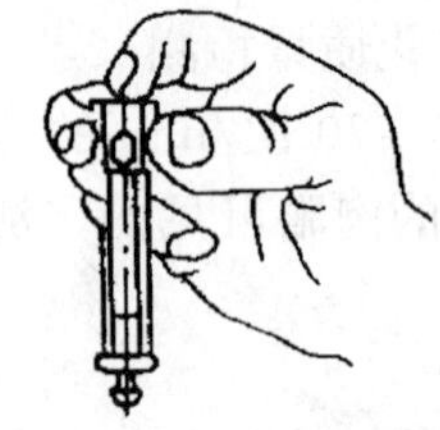

图 21—9　柱塞偶件密封情况检查

2. 出油阀偶件的检测

出油阀偶件的磨损主要发生在密封锥面和减压环带上，如图 21—10 所示。检修方法和柱塞偶件的检修方法类似。

（1）外观检视工作面，是否有刻痕、裂纹、锈蚀、局部阴影及斑纹等。

（2）检查密封锥面环带，是否光泽明亮、连续完整。

（3）检测环带宽度，不得大于 0.5mm。

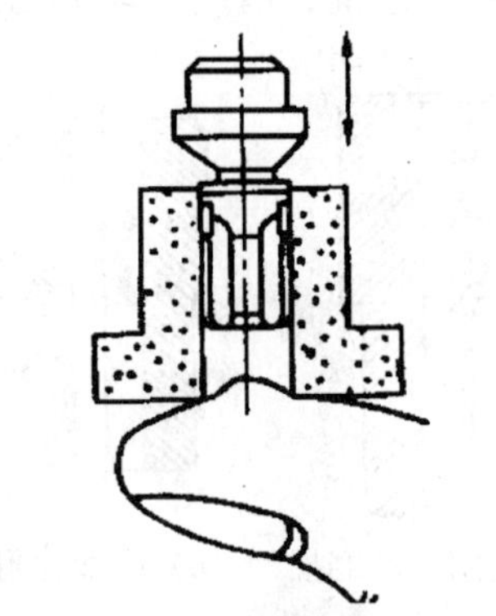

图 21—10　出油阀偶件的密封性检查

五、供油正时的检测

1. 经验法检测供油正时

（1）用手摇把摇转柴油机曲轴，使 1 缸活塞处于压缩行程中，当飞轮或曲轴传动带轮上的供油提前角标记（或规定角度）对准固定标记时，停止摇转。

（2）检查喷油泵联轴器从动盘上的刻线标记是否与泵壳前端面上的刻线标记对正，如图 21—11 所示。若两刻线标记正好对正，说明喷油泵 1 缸柱塞的开始供油时间是准确的；若联轴器从动盘刻线标记未到达泵壳前端面上的刻线标记，说明 1 缸柱塞的开始供油时间过晚；反之，若联轴器从动盘上的刻线标记已超过泵壳前端面上的刻线标记，说明 1 缸柱塞的开始供油时间过早。若喷油泵 1 缸柱塞的开始供油时间过早或过晚，应松开联轴器固定螺钉，在上述一对刻线标记对正的情况下紧固。

若联轴器从动盘和泵壳前端面上没有标记，应拆下喷油泵 1 缸的高压油管，用手摇把摇转曲轴，当 1 缸柱塞快要供油时，缓慢摇转曲轴并注视 1 缸压紧螺母出油口液面，当液面刚刚向上动时，停止摇转，此时即为 1 缸开始供油位置。为了以后检查方便，应在联轴器从动盘上和泵壳前端面上补做一对标记。

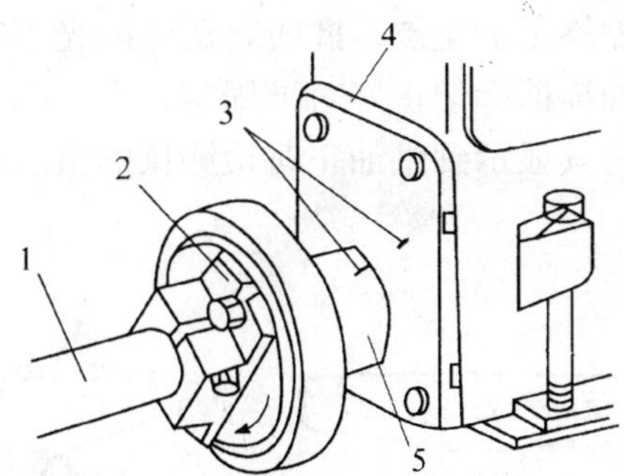

图 21—11　供油正时记号

1—驱动轴；2—联轴器主动盘；3—1 缸供油记号；4—泵壳上的轴承盖；5—联轴器从动盘

(3) 进行路试。

1) 选择平坦、坚硬的直线道路或专用汽车跑道。

2) 汽车运行至正常工作温度后，以最高挡的最低稳定车速行驶。

3) 然后将加速踏板一下踩到底，使汽车急加速运行。此时，若能听到柴油机有轻微的着火敲击声，且随着车速的提高而逐渐消失，说明供油时间正确。

如果听到的着火敲击声强烈，且车速提高后长时间不消失，说明供油时间过早；如果听不到着火敲击声，且加速不良、动力不足、排气管冒白烟，说明供油时间过晚。

4) 当供油时间过早或过晚时，应停车松开喷油泵联轴器紧固螺钉，使喷油泵凸轮轴顺转动方向或逆转动方向转动少许，反复调试几次就可使供油时间调整正确。

检查喷油泵 1 缸柱塞的开始供油时间，也可以使用下述方法：摇转曲轴使联轴器从动盘上的刻线标记与泵壳前端面的刻线标记对正，此时 1 缸柱塞应开始供油，然后观察飞轮或曲轴传动带盘上的供油提前角标记（或规定角度）与固定标记的相对位置。若供油提前角标记（或规定角度）正好与固定标记对正，说明 1 缸柱塞开始供油时间是正确的；若供油提前角标记（或规定角度）还未转到固定标记，说明 1 缸柱塞开始供油太早；反之，若供油提前角标记（或规定角度）已转过固定标记，说明 1 缸柱塞开始供油太迟。

当把喷油泵总成从车上拆下检修、调试后重新装回时，摇转曲轴使供油提前角标记（或规定角度）与固定标记对正，再使联轴器从动盘与泵壳前端面的两刻线标记对正，在此情况下把联轴器装复并旋紧固定螺钉，就能保证 1 缸柱塞供油时间正确。如果还有差异，可在路试中调试解决。

以上是喷油泵 1 缸柱塞供油提前角的检查和校正，其他各缸的供油时间是否正确，则决定于按着火顺序各缸间的供油间隔是否符合要求。

2. 闪光法检测供油正时

用闪光法制成的供油正时检测仪可用来检测供油正时。其组成、结构、工作原理和使用方法与检测汽油机的点火正时的闪光正时检测仪基本相同。

常见的柴油机供油正时检测仪，其油压传感器串接在 1 缸高压油管与喷油器之间或外卡在高压油管上，可使油压信号转变为电信号，并触发闪光正时灯。闪光正时灯每闪光 1 次表示 1 缸供油 1 次。因此，闪光时刻与 1 缸供油时刻是同步的。当用闪光正时灯对准柴油机 1 缸压缩终了上止点标记，并按实际供油时间闪光时，可以看到运转中的柴油机在闪光的照射下，其运转部分（飞轮或曲轴传动带盘）上的供油提前角标记还未到达固定标记，即1缸活塞还未到达压缩终了上止点。此时若调整闪光正时灯的电位器，使闪光时刻逐渐延迟至转动部分上的供油提前标记正好对准固定标记，则延迟闪光的时间就是供油提前的时间。经变换、处理后将其显示到供油正时检测仪的指示装置上，便可读出要测的供油提前角。

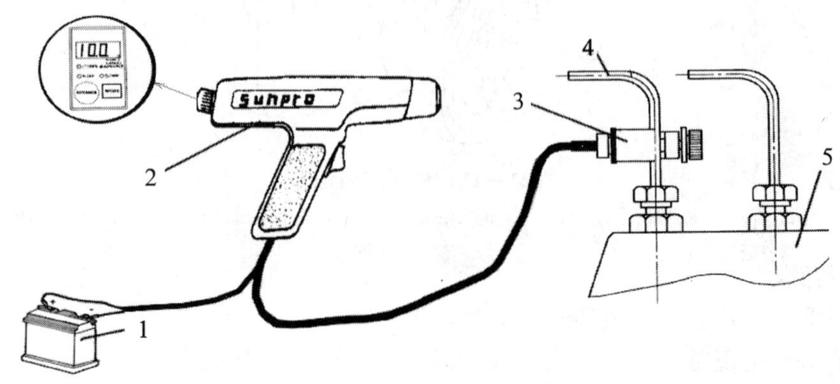

图 21—12　供油正时检测仪的接线方法

1—蓄电池；2—正时检测仪；3—油压传感器；4—高压油管；5—高压油泵

3. 缸压法检测供油正时

用缸压法制成的供油正时检测仪，与用缸压法制成的汽油机点火正时检测仪的结构、工作原理和使用方法是基本相同的，不同之处在于供油正时检测仪使用的传感器是油压传感器。

用缸压法检测柴油机供油正时时，必须拆下被测气缸的喷油器，在其孔上安装缸压传感器，如图 21—13 所示。对于有些型号的柴油机，缸压传感器也可以装在预热塞孔或起动活门处。检测中，缸压传感器采集被测缸的压缩压力信号，其最大压力点就是活塞压缩终了上止点；油压传感器采集供油开始信号，两者之间的曲轴转角或凸轮轴转角即为供油提前角，如图 21—14 所示。柴油机的供油提前角应符合原厂规定。

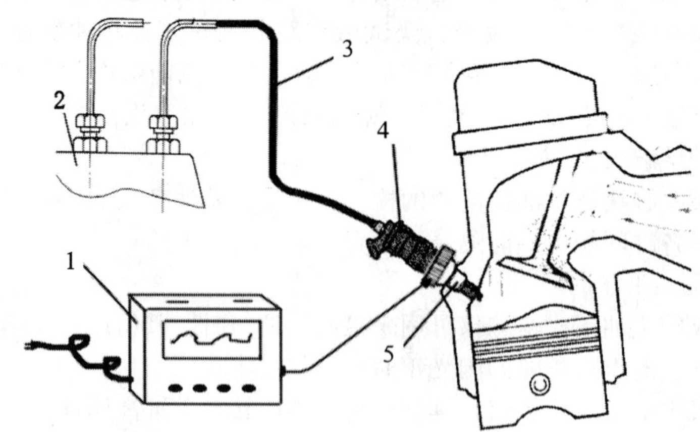

图 21—13　缸压法检测供油正时的接线方法

1—供油正时检测仪；2—高压油泵；3—高压油管；4—喷油器；5—油压传感器

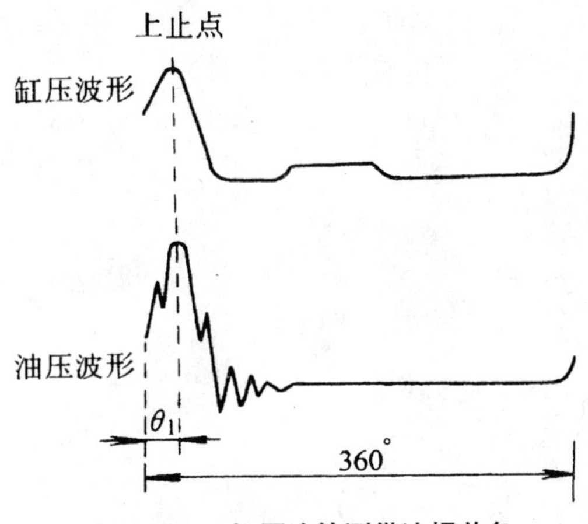

图 21—14　缸压法检测供油提前角

检验学生实训能力阶段

常见柴油机燃料供给系的故障包括低压管路漏气、喷油器雾化不良、高压泵故障等。实训教师可根据实训条件设置柴油机燃料供给系故障，然后由学生独立完成故障的诊断与排除，或者由教师充当客户模拟一或几个场景，让学生分组完成故障排除。

⚠ **提示：**在操作过程中，注意操作程序与规范，注意设备的正确使用，防止出现实训事故。

一辆捷达汽车（配置 SDI 柴油发动机）出现发动机不易起动故障。客户已经在其他维修厂检修了电控系统、气缸压力，但故障未能解决。客户现在要求维修人员诊断维修。

让学生分析并说出检查步骤和方法（参考方法）：

（1）检查蓄电池性能。

（2）检查故障码。

（3）检查油路是否漏气。

（4）检查供油正时。

由学生对下列问题，向教师进行解释并提出解决方案：

（1）根据检查情况，分析可能导致以上故障的原因有哪些？

（2）将上述检查流程进行排序，并解释原因。

（3）对检查结果进行理论分析。

组织学生填写实训记录单

教师总结及信息反馈

（1）总结本次实训的要点内容；

（2）解答学生记录单中提出的各种疑问及实训中存在的难点；

（3）对学生解决实际问题的能力进行考核，做出点评，并给出本次实训成绩；

（4）结合本次实训存在的问题，比如在问题答疑、实训步骤、方法及故障设置等方面的问题，完成本次实训记录。

学生实训记录单

班级		车型			
姓名		发动机型号			
学号		VIN 码			
日期		行驶里程		年款	

1. 描述供油系统漏气时发动机的故障现象。

____

____

____

2. 在试验台检测输油泵的流量，当转速为 1 100r/min 时，输油泵的流量为（　　　）L/min，是否符合标准？为什么？

____

3. 调整喷油器螺钉，用手泵使油压升高至 22.54～24.5MPa，停止压油，记录油压从 19.6MPa 降到 17.64MPa 的时间，检测值为（　　　　）s。喷油器针阀密封性是否良好？为什么？

____

4. 认真清洗柱塞偶件，从柱塞套筒中拉出检视，如果发现表面（　　　　　　），说明（　　　　　　　　）。

5. 简述用闪光法检测供油正时的流程。

____

____

____

6. 本次实训中存在的疑问有哪些？最大的难点是什么？

____

____

<table>
<tr><td rowspan="3">教师评语：

年　月　日</td><td colspan="3">本次实训成绩</td></tr>
<tr><td>良好</td><td>合格</td><td>不合格</td></tr>
<tr><td></td><td></td><td></td></tr>
</table>

实训二十二

电控柴油机燃油供给系的拆装与检查

实训计划

实训能力目标	内容及时间安排（分钟）		建议学时
1. 掌握燃油分配泵的拆装步骤、方法。 2. 掌握燃油分配泵的检查内容和方法	实训准备工作的检查及实训安全工作的说明	10	2学时 （100分钟）
	指导学生拆装燃油分配泵	40	
	指导学生检测燃油分配泵	30	
	组织学生讨论并完成记录单	10	
	教师总结及信息反馈	10	

实训过程

实训准备阶段

一、教师准备工作

教师在实训前准备拆装用的燃油分配泵、扭力扳手、万用表、通用工具等。

二、学生准备工作

（1）掌握与实训车型相关的燃油分配泵的理论知识。

（2）了解本次实训课所用仪器及设备的使用方法。

指导学生实训阶段

柴油机燃油供给系一般由燃油分配泵（控制单元）、电动油泵、滤清器、传感器、高压油管及油箱等组成。

一、系统密封性检查

以捷达SDI发动机燃料供给系统为例介绍柴油机燃料供给系密封性的检查方法，如图22—1所示。

（1）按要求连接设备，将V. A. G1274/11与V. A. G1274相连。

（2）拆下喷油泵回油管后将V. A. G1274/11软管接到回油管上。

（3）将专用工具3094夹到燃油滤清器后的输油管和喷油泵回油管上。

（4）用V. A. G1274产生100～150kPa的真空压力，并观察压力变化。若该压力不断下降，则应查找泄漏点并排除故障。

用同样的方法分段对其他油路进行检查。

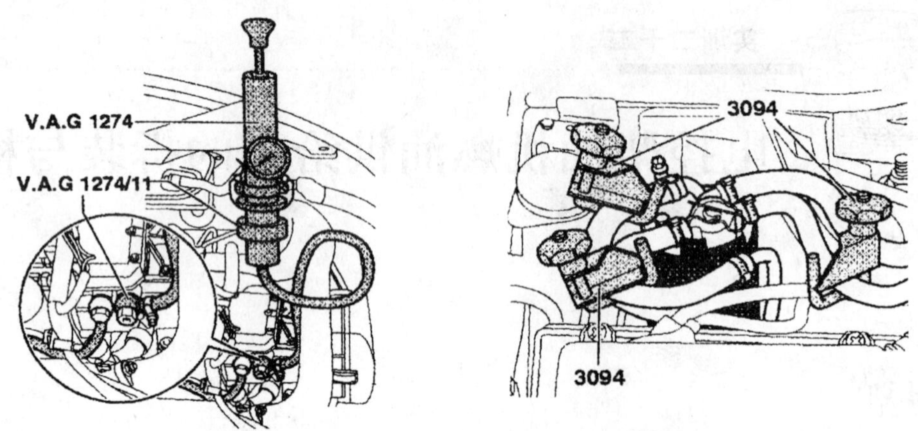

图 22—1　柴油机燃料供给系密封性检查

⚠ 提示：柴油机燃料供给系维修后，必须对其进行排气。

二、燃油分配泵的拆装

燃油分配泵的结构及相关螺栓的扭紧力矩如图 22—2 和表 22—1 所示。

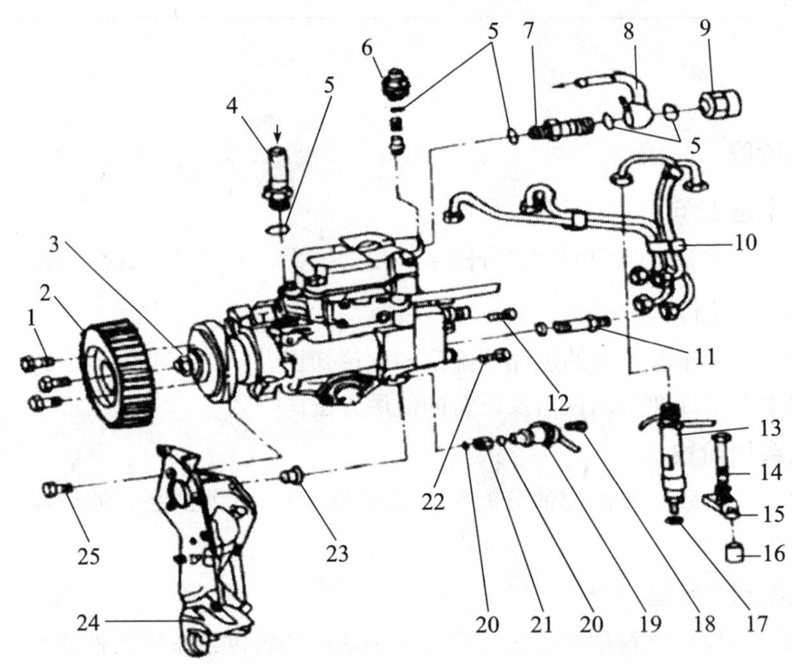

图 22—2　燃油分配泵结构拆解图

表 22—1

零件号	零件名称及要求	零件号	零件名称及要求
1	燃油分配泵驱动轮固定螺栓	5	密封环　更换
2	燃油分配泵驱动轮	6	燃油切断控制阀　力矩 20N·m
3	轮毂螺母	7	连接管　用于回油管　力矩 28N·m
4	连接管　用于进油管　力矩 28N·m	8	回油管　至燃油滤清器

续前表

零件号	零件名称及要求	零件号	零件名称及要求
9	压紧螺母 25N·m。	18	隔热垫更换
10	高压油管　拧紧力矩 25N·m	19	螺栓　拧紧力矩 12N·m
11	连接管　带压力阀/拧紧力矩 45N·m	20	喷油起始控制阀——N108
12	螺栓　拧紧力矩 25N·m	21	O 形环
13	喷油嘴	22	滤网
14	升程传感器——G80	23	螺栓　拧紧力矩 30N·m
15	压板螺栓　拧紧力矩 20N·m	24	轴套　带螺母
16	压板	25	分配泵支架　固定螺栓　拧紧力矩 30N·m
17	支架轴承		

1. 燃油分配泵的拆卸方法

（1）松开同步带张紧器，将同步带从凸轮轴和喷油泵链轮上拆下。

（2）松开所有与泵相连的燃油管。注意不要改变油管的弯曲形状。

（3）用干净的抹布盖好打开处。

（4）拔下油量调节器插头并将其从支架上拆下。

（5）拆下喷油泵链轮紧固螺栓 1，如图 22—3 所示。

⚠ **提示：** 不要松开轮毂上的紧固螺母 2，否则喷油泵基本设定将会被改变。

（6）从支架上拆下紧固螺栓 1，如图 22—4 所示。

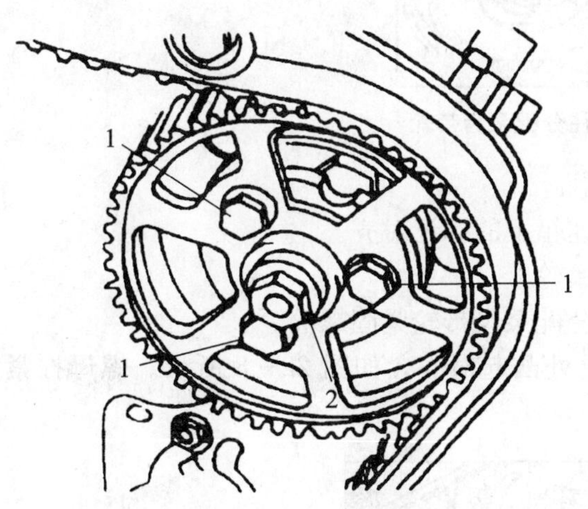

图 22—3　喷油泵链轮紧固定螺栓的拆卸

1—紧固螺栓；2—紧固螺母

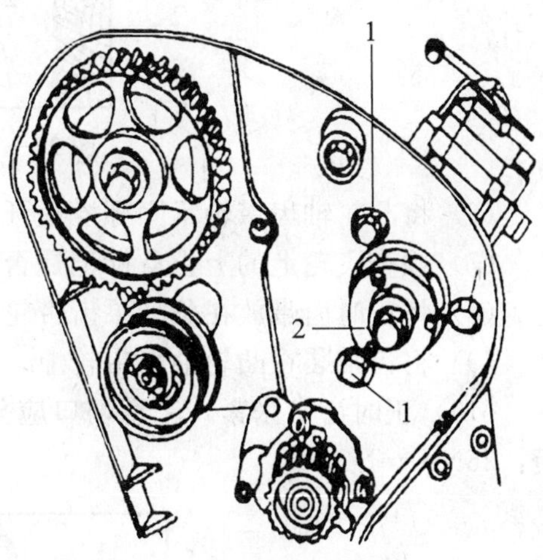

图 22—4　支架紧固螺栓的拆卸

1—紧固螺栓；2—紧固螺母

（7）拆开分配泵的 10 芯插座，如图 22—5 所示。

（8）从后支架上拆下紧固螺栓，如图 22—6 所示。

（9）拆下喷油泵。

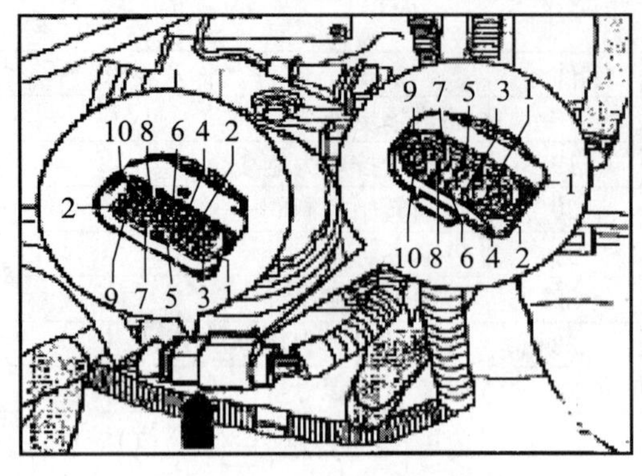

图 22—5　拆开分配泵插座

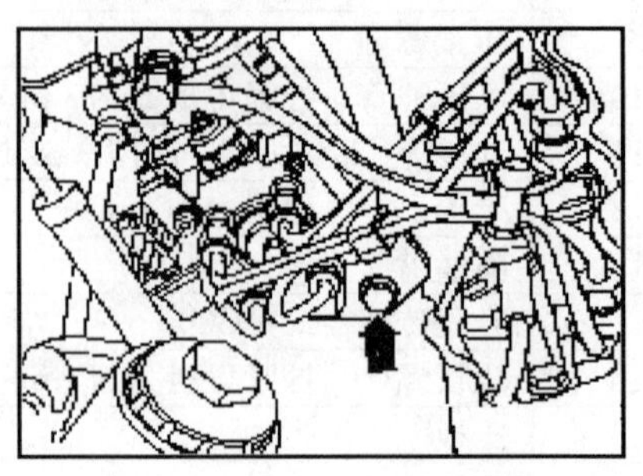

图 22—6　拆下支架紧固螺栓

2. 燃油分配泵的安装方法

(1) 将分配泵放入支架里，并首先固定后支架螺栓。

(2) 固定前螺栓 1，拧紧力矩 30N·m，如图 22—7 所示。

(3) 用手将分配泵齿带轮和螺栓装在轮毂上。

(4) 用插销 MP1-301 锁住分配泵齿带轮，如图 22—7 所示。

(5) 分配泵齿带轮处于长孔的中间位置。

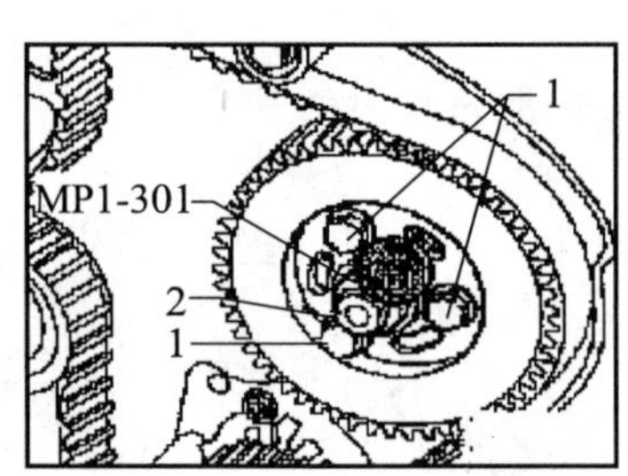

图 22—7　锁住分配泵齿带轮

(6) 将凸轮轴齿带轮紧固螺栓松开 1 圈。

(7) 检查飞轮上的上止点标记是否与变速箱上的标记对齐。

(8) 将正时齿带放在分配泵齿带轮和张紧轮上。

(9) 将齿带装在凸轮轴齿带轮上，拧紧分配泵齿带轮紧固螺栓。

(10) 正时齿带张紧，注意切口应与箭头处凸起对齐，如图 22—8 所示。螺母拧紧力矩：25N·m。

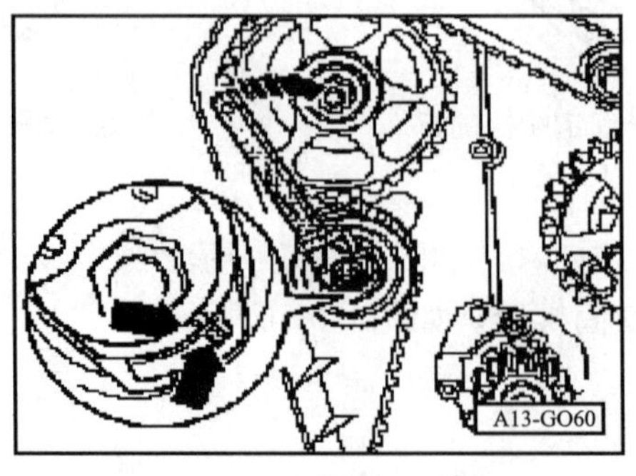

图 22—8　正时齿带张紧

⚠ **提示：**注意固定夹头的正确位置。

（11）再一次检查飞轮上的上止点标记，如图 22—9 所示。

（12）拧紧凸轮轴齿带轮固定螺栓，力矩 45N·m。

（13）取下调整尺 MP1-312，拔出插销 MP1-301。

（14）沿发动机运转方向转动曲轴两圈，重回 1 缸上止点。

（15）检查飞轮上止点标记和张紧轮的调整是否正确。

（16）接上油管和线束。

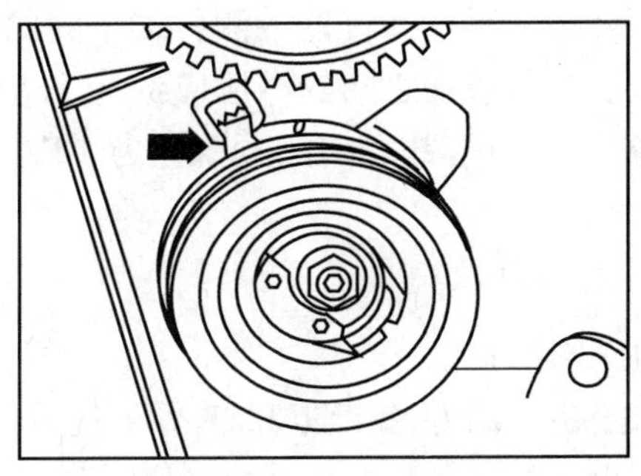

图 22—9　飞轮上止点标记

三、燃油分配泵检测

以捷达柴油机电控分配泵为例介绍其检测内容和方法，其控制电路如图 22—10 所示。

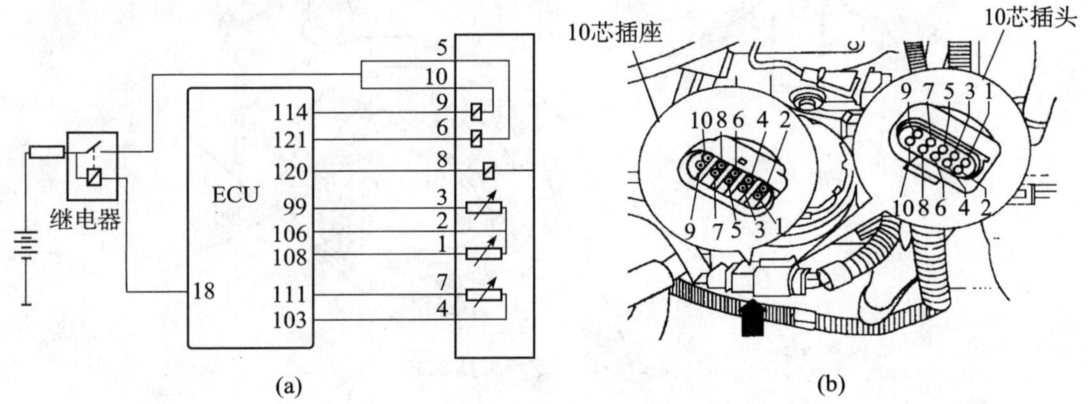

图 22—10　捷达柴油机电控分配泵的控制电路

1. 端子的功能

捷达柴油机分配泵上有 10 个端子，各端子的功能如下：

（1）端子 1、2、3 分别为油量控制滑套位置传感器的电源端子、信号端子和搭铁端子；

（2）端子 4 和 7 分别为燃油温度传感器的信号端子和搭铁端子；

（3）端子 5 和 6 分别为电子调速器的电源（12V）端子和控制端子；

（4）端子 8 为熄火断油电磁阀（通过壳体搭铁）的控制端子；

（5）端子 9 和 10 分别为正时控制电磁阀的控制端子和电源（12V）端子。

2. 测量各端子的阻值

对分配泵上的各端子进行检测时，应先关闭点火开关，拆开电控分配泵的线束插接器，再用万用表测量分配泵一侧的端子阻值。

（1）端子 4 与 7 之间（燃油温度传感器）的阻值，30℃时应为 1 500～2 000Ω，80℃时应为 275～375Ω；

（2）端子 5 与 6 之间（电子调速器）的阻值，正常为 0.5～2.5Ω；

（3）端子 9 与 10 之间（正时控制电磁阀）的阻值，正常为 12～20Ω。

3. 测量各端子的电压

打开点火开关，用万用表测量线束插接器一侧各端子间的电压。

（1）端子 1 与搭铁、端子 3 与搭铁之间的电压应约为 2.5V；

（2）端子 5 与搭铁、端子 10 与搭铁之间的电压应为 12V（蓄电池电压）。

四、电动油泵的拆装

1. 电动油泵的拆卸

（1）将供油系统内的油压卸掉；

（2）按下软管接头上的按钮，用专用工具 3217 拆下连接螺母，如图 22—11 所示；

（3）拆下进油管；

（4）拆下油泵上的回油管；

（5）将油泵和油封从油箱中拉出。

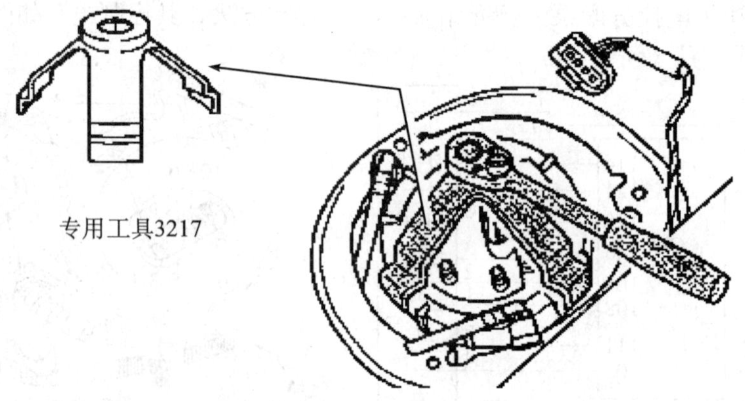

图 22—11　专用工具 3217

2. 电动油泵的安装

按拆卸相反的顺序安装油泵，但在安装过程中要注意以下几点：

（1）安装时不要弯折燃油传感器；

（2）确保燃油软管安装牢固；

（3）安装油泵时，注意法兰上的标记必须对准油箱的标记；

（4）注意进油管、回油管要牢固卡在油箱上，如图 22—12 所示。

3. 电动油泵的检查

（1）检查保险丝、蓄电池电压是否正常；

（2）短时操作起动机，应能听到油泵运转声音；

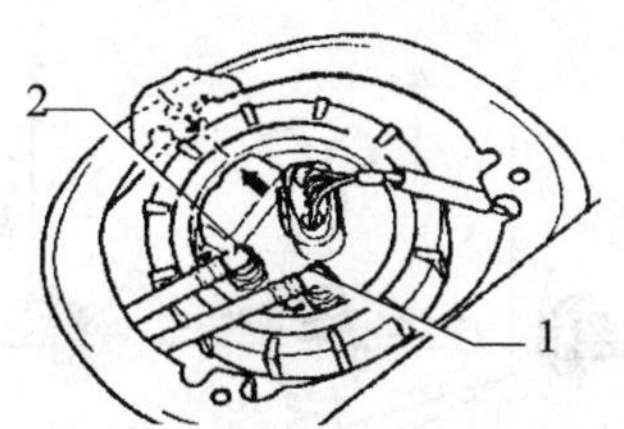

图 22—12　安装标记对正

1—回油管；2—进油管

(3) 若油泵不运转，则拔下插头，用二极管检查，如图 22—13 所示，若二极管亮，说明其供电电压正常，应检查法兰和油泵之间的导线是否连通；

(4) 若二极管不亮，应检查油泵继电器和导线是否有短路或断路；

(5) 若上述检查正常，油泵仍不工作，应更换电控单元。

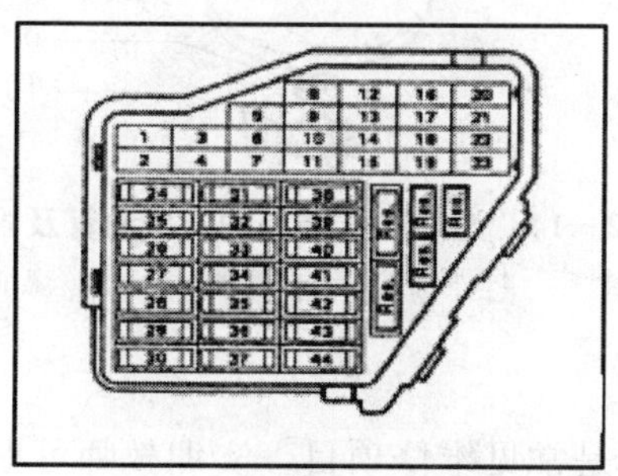

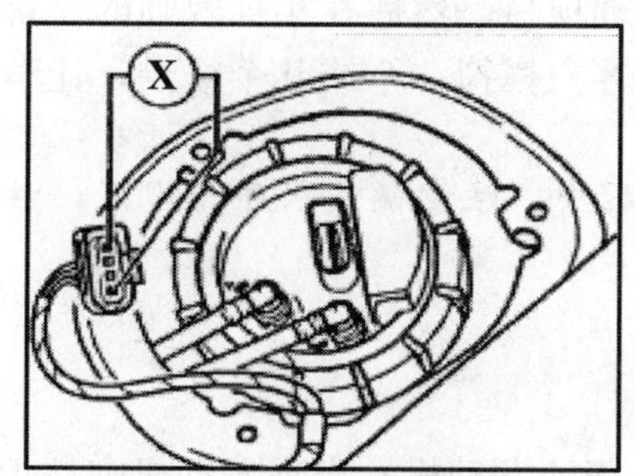

图 22—13　油泵检查方法

五、燃油滤清器的拆装

燃油滤清器上的连接油管及附件如图 22—14 所示。

1. 拆卸要求

(1) 将燃油滤清器上的连接油管进行标记，以防安装错误。

(2) 先松动油管，拉拔油管。

2. 安装要求

(1) 安装进油管时，注意管上的标记，并保证安装牢固；

(2) 安装回油管时，注意管上的标记，并保证安装牢固；

(3) 安装控制阀时，其箭头应朝向燃油箱；然后检查在 15℃以下时，控制阀通向滤清器的通道应打开；在 31℃以上时，通向滤清器的通道应关闭；

(4) 安装滤清器时，应注意其箭头方向。

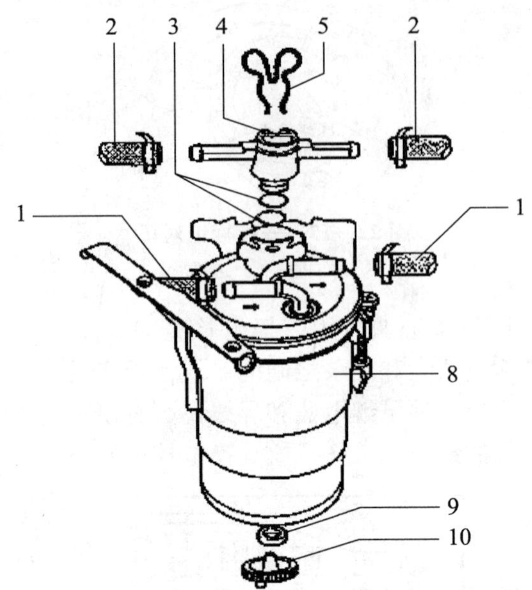

图 22—14　燃油滤清器上的连接油管及附件

1—进油管；2—回油管；3—O 形密封环；4—控制阀；5—筋骨卡箍；8—燃油滤清器；9—密封垫；10—放水管

检验学生实训能力阶段

燃油分配泵的拆装与检测是常见维修项目，实训教师可根据实训条件设置燃油分配泵的拆装、控制电路的检测等实训项目。然后在实训教师的监督下，由学生独立完成故障的诊断与排除；或者由教师充当客户模拟一个或几个场景，让学生分组完成故障排除。

⚠ **提示：**在操作过程中，注意操作程序与规范，注意设备的正确使用，防止出现实训事故。

一辆捷达汽车（配置 SDI 柴油发动机）出现发动机突然熄火故障，多次起动无果。客户已经在其他维修厂检修了低压油路、气缸压力，但故障未能解决。客户现在要求维修人员诊断维修。

让学生分析并说出检查步骤和方法（参考方法）：

（1）检查正时皮带。

（2）检查故障码。

（3）检查油路是否漏气。

（4）检查供油正时。

（5）检查熄火断油电磁阀及相关电路。

由学生对下列问题，向教师进行解释并提出解决方案：

（1）根据检查情况，分析出可能导致以上故障的原因有哪些？

（2）将上述检查流程进行排序，并解释原因。

（3）对检查结果进行理论分析。

组织学生填写实训记录单

教师总结及信息反馈

（1）总结本次实训的要点内容；

（2）解答学生记录单中提出的各种疑问及实训中存在的难点；

（3）对学生解决实际问题的能力进行考核，做出点评，并给出本次实训成绩；

（4）结合本次实训存在的问题，比如在问题答疑、实训步骤、方法及故障设置等方面的问题，完成本次实训记录。

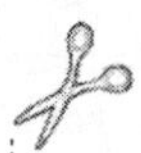

学生实训记录单

班级		车型			
姓名		发动机型号			
学号		VIN 码			
日期		行驶里程		年款	

1. 描述供油正时过晚时的发动机故障现象。

____

____

2. 简述燃油分配泵的拆装流程。

____

____

3. 关闭点火开关，拆开电控分配泵线束插接器，在分配泵一侧用万用表测量端子之间的电阻。

30℃时，端子 4 与 7 之间（燃油温度传感器）的电阻为__________；80℃时对应的电阻值为__________Ω；

端子 5 与 6 之间（电子调速器）的电阻为__________，正常值为__________Ω；

端子 9 与 10 之间（正时控制电磁阀）的电阻为__________，正常值为__________Ω。

4. 打开点火开关，用万用表测量电压：端子 1 与搭铁、端子 3 与搭铁之间的电压为________V，端子 5 与搭铁、端子 10 与搭铁之间的电压________V，是否正常？

是□　否□

5. 本次实训中存在的疑问有哪些？最大的难点是什么？

____

____

教师评语：	本次实训成绩		
	良好	合格	不合格
年　月　日			

实训二十三

涡轮增压控制系统的检测

实训计划

实训能力目标	内容及时间安排（分钟）		建议学时
1. 掌握涡轮增压器的拆装方法。 2. 掌握涡轮增压器的检查内容和检查方法。 3. 掌握增压控制系统及其电气元件的检测。	实训准备工作的检查	10	4 学时 （200 分钟）
	实训安全工作的检查及说明	10	
	指导学生拆装涡轮增压器	50	
	指导学生检测涡轮增压器	40	
	组织学生讨论增压控制系统的检测流程	10	
	指导学生对增压控制系统及电气元件进行检测	50	
	组织学生讨论并完成记录单	20	
	教师总结及信息反馈	10	

实训过程

实训准备阶段

一、教师准备工作

教师在实训前准备能工作的试验发动机、万用表、压力表、诊断仪、百分表等。

二、学生准备工作

（1）掌握与实训车型相关的涡轮增压控制系统的理论知识。

（2）了解本次实训课所用仪器及设备的使用方法。

指导学生实训阶段

一、涡轮增压器的拆装

1. 使用、维修注意事项

（1）停机时间过长或在冬季，以及更换增压器时，必须提前润滑增压器。

（2）发动机起动后应怠速运转 3～5min，使润滑油达到一定的工作温度和压力，以免突然增加负荷时因轴承无油而加速磨损，甚至卡死。

（3）车辆停车时不要立即熄火，应怠速运转 3～5min，以使增压器转子的温度和转速逐渐下降。立即熄火会使机油丧失压力，转子靠惯性转动且得不到润滑而损坏。

（4）经常检查机油油量，避免因缺少机油而导致轴承失效或转动件卡死。

（5）定期更换机油及机滤，全浮动轴承对机油的要求很高，应使用厂家规定牌号的机油。

(6) 定期清洗更换空气滤芯，空滤过脏会造成进气阻力增加，使发动机功率下降。

(7) 经常检查进气系统的密闭性，漏气会使灰尘被吸入增压器及发动机，造成增压器和发动机的损坏。

(8) 旁通阀执行器总成压力的设定和校验是在专门设定/检验机构上进行的，客户和其他人员不能随意变动。

(9) 由于涡轮增压器的转子轴承的精密度很高，维修及安装时的工作环境要求很严格，所以增压器出现故障或损坏时应到指定的维修站进行维修。

2. 涡轮增压器的拆卸

(1) 把出风口的铝壳拆下；

(2) 拆下增压器的排气外壳；

(3) 拆下进气涡轮叶；

(4) 拆下涡轮主轴和其他附件；

(5) 拆下涡轮主轴轴承及其附件；

(6) 取下推力轴承及主轴承卡环；

(7) 用柴油清洗配件，用风枪吹干，准备安装，如图 23—1 所示。

图 23—1 涡轮增压器的拆装

3. 涡轮增压器的组装

涡轮增压器的组装步骤与拆卸步骤相反，即先拆的后装，后拆的先装。但必须注意以下安装要求：

(1) 用螺栓将涡轮增压器的涡轮壳进气法兰直接固定在发动机排气管上，中间壳上的机油出口垂直向下。

(2) 增压器安装在发动机上以后，先从增压器进油口注入干净的机油，并用手转动转子，使增压器轴承系统充满油后再连接油管。

(3) 增压器的各个进出口连接螺栓，须仔细紧固，保证密封。

(4) 在发动机起动前，应先将曲轴转几次。

(5) 起动发动机后，应先怠速一段时间（大约十分钟），再高速运转，以建立起整个润滑循环和压力。

(6) 必须更换三滤（机油滤清器、空气滤清器、柴油或汽油滤清器）。

二、涡轮增压器的检查

1. 涡轮增压器的常规检查

涡轮增压控制系统的常见故障有：工作异常、漏油、异响、油耗过多、冒黑烟及动力不足等。很多故障可以通过常规检查确定故障部位，涡轮增压器的常规检查方法包括：

(1) 检查空气滤清器与涡轮增压器之间、涡轮增压器与气缸盖之间、涡轮增压器与排气管之间是否有泄漏或堵塞。

(2) 脱开空气滤清器软管，用手转动压缩机叶轮，转动应平顺、灵活，不应有卡滞现象，如图 23—2 所示。

(3) 脱开空气滤清器软管，检查软管内壁是否有大量机油，以便确定涡轮增压器的密封圈是否良好。

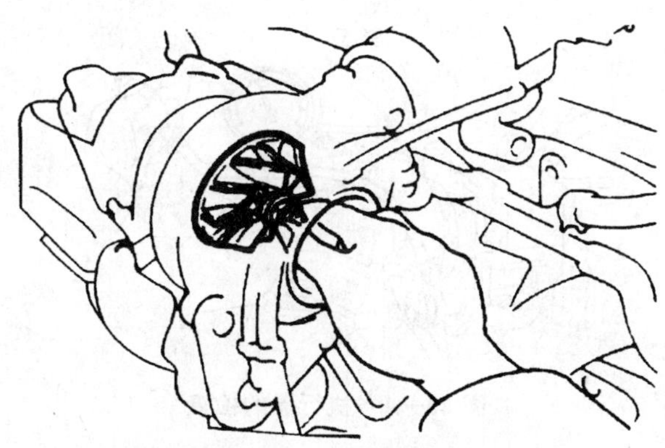

图 23—2　压缩机叶轮的旋转检查

2. 涡轮增压器增压压力的检查

(1) 预热发动机。

(2) 将三通管与增压补偿器压力软管连接，装上 SST（涡轮增压器压力表：SST 09992—00241）。

(3) 踩下离合器踏板，然后将加速踏板踩到底。在不低于 2 400r/min 时，测量涡轮增压压力，标准压力应为：60～79kPa。如压力低于标准压力，应检查进气和排气系统是否有泄漏，如无泄漏，则更换涡轮增压器总成。如压力高于标准压力，应检查执行器软管是否脱开或破裂，如无脱开或破裂，则更换涡轮增压器总成，如图 23—3 所示。

(4) 脱开执行器软管。

(5) 用涡轮增压器压力表在执行器上施加约 79kPa 压力，检查连杆应移动，如图 23—4 所示。如连杆不移动，应更换涡轮增压器总成。

⚠ **提示：**施加在执行器上的压力切勿超过 94kPa。

3. 涡轮增压器零件的检查

(1) 将百分表插入涡轮机壳的孔中，使其接触轴端。

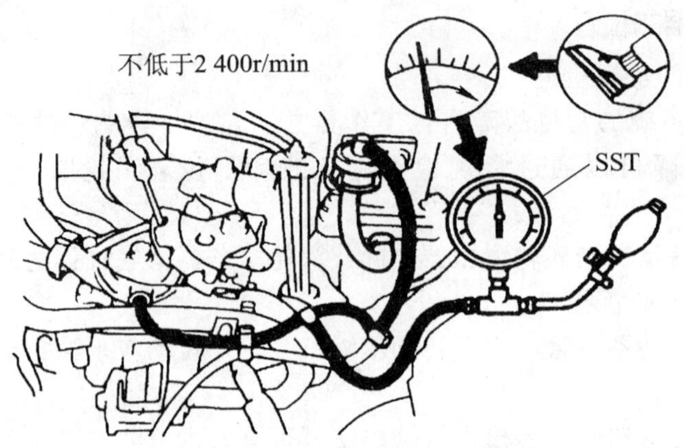

图 23—3　涡轮增压压力的检查

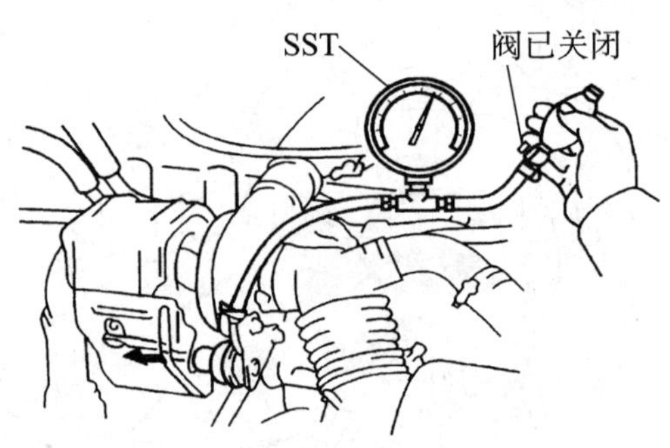

图 23—4　执行器的检查

(2) 沿轴向移动涡轮机轴，测量轴的轴向间隙，如图 23—5 所示。轴向间隙应不大于 0.13mm。如轴向间隙与规范不符，则更换涡轮增压器总成。

(3) 将百分表从机油排出口穿过轴承隔圈的孔，使其接触涡轮机轴的中心。

(4) 上下移动涡轮机轴，测量轴的径向间隙，如图 23—6 所示。径向间隙应不大于 0.18mm。如径向间隙与规定不符，则更换涡轮增压器总成。

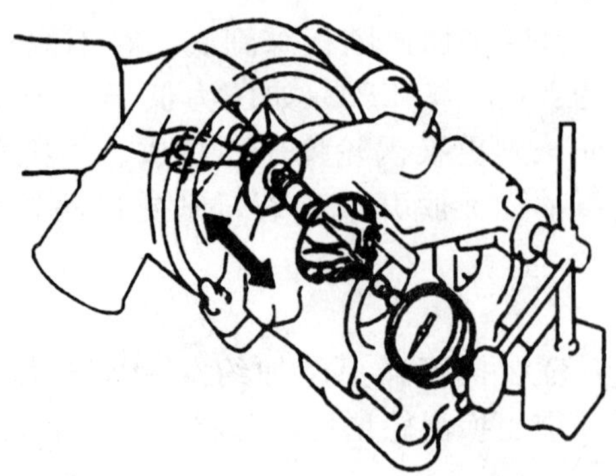

图 23—5　涡轮机轴的轴向间隙检查

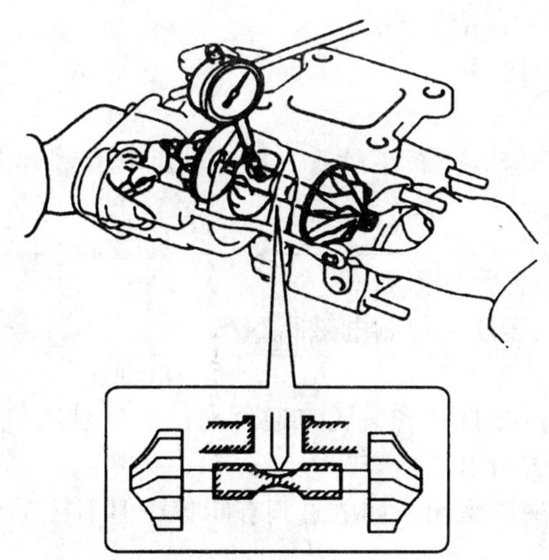

图 23—6　涡轮机轴的径向间隙检查

三、控制系统及电气元件的检测

1. 增压控制系统数据流的读取

以帕萨特 B5 涡轮增压控制系统的检测为例，其检测方法和步骤如下：

（1）选择“读取测量数据块”（功能 08）及显示组 25，屏幕显示：

读取测量数据块 25			→
7.40ms	7.10ms	7.05ms	67%

（2）全负荷（节气门全开）进行路试，当发动机转速为 4 000r/min 时，查看各显示区数值。

（3）查看显示区 4（增压控制电磁阀的占空比）：规定值为 5%～95%。如没有达到规定值，则通过改变发动机转速使占空比在规定值范围内。

读取测量数据块 25			→
7.40ms	7.10ms	7.05ms	67%

（4）查看显示区 2（经校正的发动机规定负荷）：规定值为 0.00～8.00ms。

读取测量数据块 25			→
7.40ms	7.10ms	7.05ms	67%

（5）查看显示区 3（发动机实际负荷）：规定值与显示区 2 中经校正的发动机规定负荷相同（公差为±0.3ms）。

读取测量数据块 25			→
7.40ms	7.10ms	7.05ms	67%

2. 增压控制系统电气元件的检测

(1) 增压控制电磁阀的检测。

1) 解码器检测。

从增压控制电磁阀(N75)上拆下软管,接上辅助软管,起动执行元件诊断,并触发增压控制电磁阀,屏幕显示:

执行元件诊断 →
增压压力控制电磁阀 N75

电磁阀将发出咔嚓响,并打开和关闭(通过向辅助软管吹气检查)。如果电磁阀无咔嚓声应对增压控制电磁阀进行电气检查。

当没有电信号时,电磁阀常闭。如电磁阀有咔嚓声但不正常地打开和关闭,应更换增压控制电磁阀。

2) 万用表检测。

拔下电磁阀的供电插头,如图 23—7 所示,用万用表的电阻挡进行测量,其规定值为 25～35Ω。如没有达到规定值则更换增压控制电磁阀。如果达到了规定值应检查增压控制电磁阀的供电。

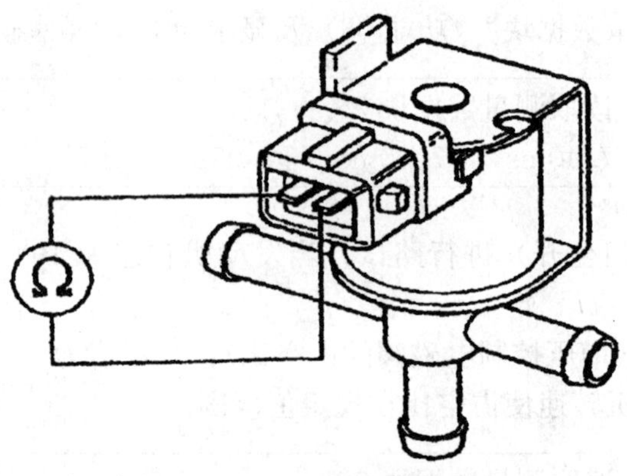

图 23—7 检测增压控制电磁阀

利用万用表检查增压控制电磁阀的供电电压,将万用表串接在搭铁及供电端子之间,使起动机短时间工作(允许发动机短时间起动),其电压规定值为蓄电池电压。如没有达到规定值,则检查相关电路的导线是否断路或短路。

3) 测试灯法检查增压控制电磁阀的触发情况。

拔下增压控制电磁阀的供电插头并把二极管测试灯 V. A. G1527 串接在端子 1 和 2 之间,起动执行元件诊断并触发增压控制电磁阀,二极管测试灯应闪亮。如二极管测试灯不闪亮或常亮,则检测线束的插接。如需要,排除断路/短路故障。

(2) 海拔高度传感器的检测。

当海拔升高及空气密度减小时,增压控制可防止涡轮增压器超速。当空气密度较低(较低的气压)时涡轮增压器增加均压输出(增加转速),从而达到要求的增压压力。这样可使进气温度过高并增加了发动机爆震的危险。为此增压压力要受到限制。

发动机起动时混合气的配比是由储存在发动机控制单元内的特性图确定的，并且随着海拔高度的增加按由海拔高度传感器确定的校正系数进行变稀修正（海拔高度增加时，空气密度降低）。

1）打开点火开关，选择“读取测量数据块”（功能 08）及显示组 18，屏幕显示：

读取测量数据块 18　　　→
1　　2　　3　　4

2）查看显示区 4：显示区 4 显示百分比，表示大气压力，不同百分比对应的大气压力如表 23—1 所示。

表 23—1　　不同百分比对应的大气压力

显示区 4 的显示	大气压力（10^2 Pa）
0	1 013（海平面）
−10%	900（1 000m 高度）
−20%	800（2 000m 高度）
−30%	700（3 000m 高度）

3）如果在显示区 4 有不可靠值，则拔下传感器的线束接头，用万用表检测，方法是：打开点火开关，把万用表（电压测量挡）串接在海拔高度传感器的端子 1 与端子 3 以及端子 2 与端子 3 之间。其电压规定值均为约 5V。如果没达到规定值，关闭点火开关，检查传感器端子与电脑相关端子是否短路、断路。必要时排除导线的断路或短路故障。海拔高度传感器的端子如图 23—8 所示。

4）如果导线没有故障，换装一个新的海拔高度传感器。如果更换新的海拔高度传感器后，显示区继续显示不可靠值，则换装一个新的发动机控制单元。

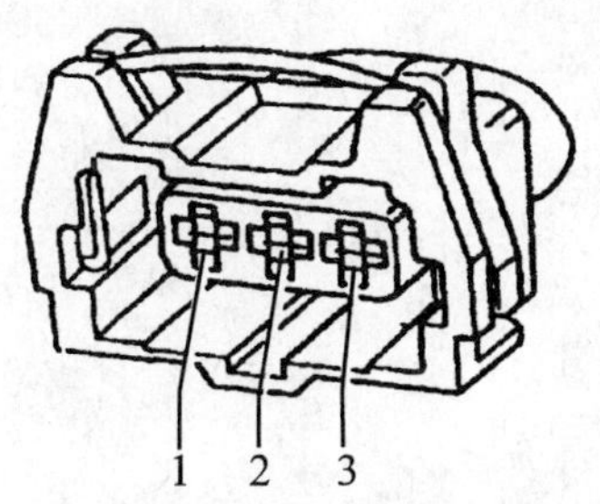

图 23—8　海拔高度传感器端子

检验学生实训能力阶段

涡轮增压控制系统的常见故障有：工作异常、漏油、异响、油耗过多、冒黑烟及动力不足等。实训教师可根据实训条件设置涡轮增压控制系统故障。比如可设计增压控制电磁阀不工作或工作不良、海拔高度传感器损坏等故障。然后在实训教师的监督下，由学生独立完成故障的诊断与排除；或者由教师充当客户模拟一个或几个场景，让学生分组完成故障排除。

⚠ **提示：** 在操作过程中，注意操作程序与规范，注意设备的正确使用，防止出现实训事故。

一辆帕萨特 1.8T 汽车出现发动机加速无力现象。客户已经更换了电动油泵、检查了进排气系统，但故障未能解决。客户现在要求维修人员诊断维修。

让学生分析并说出检查步骤和方法（参考方法）：

（1）检查故障码；

（2）检查油压；

（3）检查气缸压力；

（4）检查点火系统；

（5）检查增压器。

由学生对下列问题，向教师进行解释并提出解决方案：

（1）根据检查情况，分析可能导致增压控制系统故障的原因有哪些？

（2）在增压控制系统测试之前要先进行什么检查？

（3）对检查结果进行理论分析。

组织学生填写实训记录单

教师总结及信息反馈

（1）总结本次实训的要点内容；

（2）解答学生记录单中提出的各种疑问及实训中存在的难点；

（3）对学生解决实际问题的能力进行考核，做出点评，并给出本次实训成绩；

（4）结合本次实训存在的问题，比如在问题答疑、实训步骤、方法及故障设置等方面的问题，完成本次实训记录。

学生实训记录单

班级		车型			
姓名		发动机型号			
学号		VIN 码			
日期		行驶里程		年款	

1. 写出涡轮增压器的拆卸流程：

____

____

____

2. 写出涡轮增压器的检查内容及检测数据：

____

3. 读取增压控制系统的数据流：______________________

请你判断该车增压控制系统是否正常？ 是□ 否□

4. 写出增压控制电磁阀的检测数据：______________________

请你判断该车增压控制电磁阀是否正常？ 是□ 否□

5. 写出海拔高度传感器的检测数据：______________________

请你判断该车增压控制电磁阀是否正常？ 是□ 否□

6. 本次实训中存在的疑问有哪些？最大的难点是什么？

____

____

____

教师评语：	本次实训成绩		
	良好	合格	不合格
年 月 日			

实训二十四

催化转化器的检测

实训计划

实训能力目标	内容及时间安排（分钟）		建议学时
1. 掌握催化转化器的检测方法。 2. 掌握发动机尾气的检测方法。	实训准备工作的检查及实训安全工作的说明	10	2 学时 （100 分钟）
	指导学生用真空表检测催化转化器	30	
	指导学生用尾气分析仪、示波器等检测尾气	30	
	组织学生讨论	10	
	学生完成记录单	10	
	教师总结及信息反馈	10	

实训过程

实训准备阶段

一、教师准备工作

教师在实训前准备能工作的试验发动机、尾气分析仪、示波器、真空表、压力表等。

二、学生准备工作

（1）掌握与实训车型相关的催化转化器及尾气检测的理论知识。

（2）了解本次实训课所用仪器及设备的使用方法。

指导学生实训阶段

三元催化转换器（TWC）安装在排气管中部，其功能是通过贵金属（铂、铑、钯）的催化作用，使汽车尾气中的有害物质：碳氢化合物（HC）、一氧化碳（CO）、氮氧化物（NO_x），经化学反应转化为无害的二氧化碳（CO_2）、水（H_2O）及氮气（N_2）。

三元催化转化器一般由壳体、减振层、载体和催化剂涂层组成，如图 24—1 所示。催化器壳体由不锈钢材料制成，以防氧化皮脱落造成载体堵塞。减振层一般采用膨胀垫片或钢丝网垫，起密封、保温和固定载体的作用，防止催化器壳体受热变形等对载体造成损害。

一、常规检查

1. 外观检查

（1）检查催化转换器是否有积炭或阻塞。

方法是：将催化转换器拆下，目测催化转换器表面是否积炭、阻塞；或用压力表检测

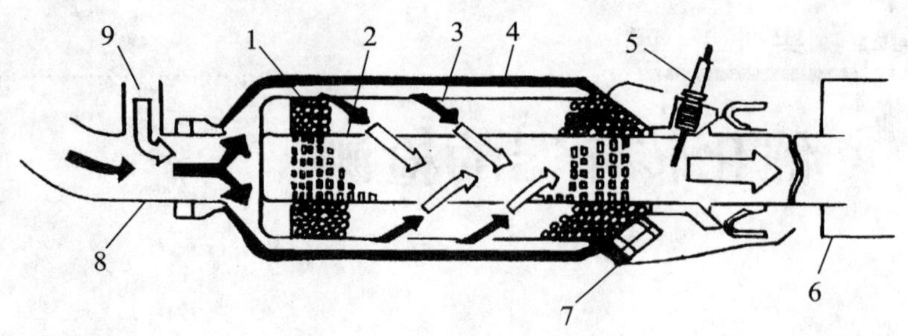

图 24—1　三元催化转换器

1—催化剂；2—内筒；3—外筒；4—壳体；5—排气温度传感器；6—消声器；7—排泄口塞；8—排气管

催化转换器前面的排气压力。如果压力高于正常值则检查 TWC 内部是否阻塞。

(2) 检查催化转换器的陶瓷芯子是否破损、熔化。

方法是：用橡皮槌轻轻敲打 TWC，听有无“咔啦”声，并伴随有散碎物体落下。如果有此异响，则说明 TWC 内部催化物质剥落或蜂窝陶瓷载体破碎，必须更换整个转换器。

2. 进气歧管真空度检测

进气歧管真空度的检测如图 24—2 所示，方法和步骤如下：

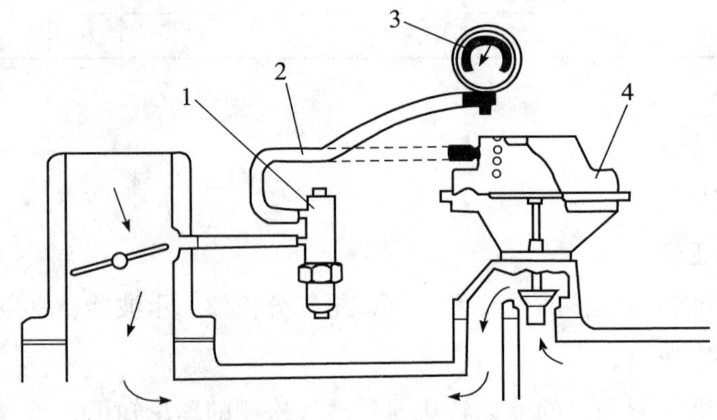

图 24—2　进气歧管真空度检测

1—真空阀；2—软管；3—真空表；4—EGR 阀

(1) 将废气再循环（EGR）阀上的真空管取下，将管口塞住；

(2) 将真空表接到真空管上，让发动机缓慢加速到 2 500r/min。

(3) 观察真空表，若真空表读数瞬间又回到原有水平（47.5～74.5kPa）并能维持 15s，则说明 TWC 没有堵塞。否则应该怀疑是 TWC 或排气管堵塞。如果排气系统阻塞会顶开 EGR 阀，降低进气系统真空度。

3. 排气背压检测

排气背压检测如图 24—3 所示，方法和步骤如下：

(1) 从二次空气喷射管路上脱开空气泵止回阀的接头；

(2) 在二次空气喷射管路中接一个压力表；

(3) 起动发动机，使发动机转速为 2 500r/min；

(4) 观察压力表的读数，读数小于 17.24kPa 时，为正常；

(5) 如果排气背压大于或等于 20.70kPa，则表明排气系统堵塞。

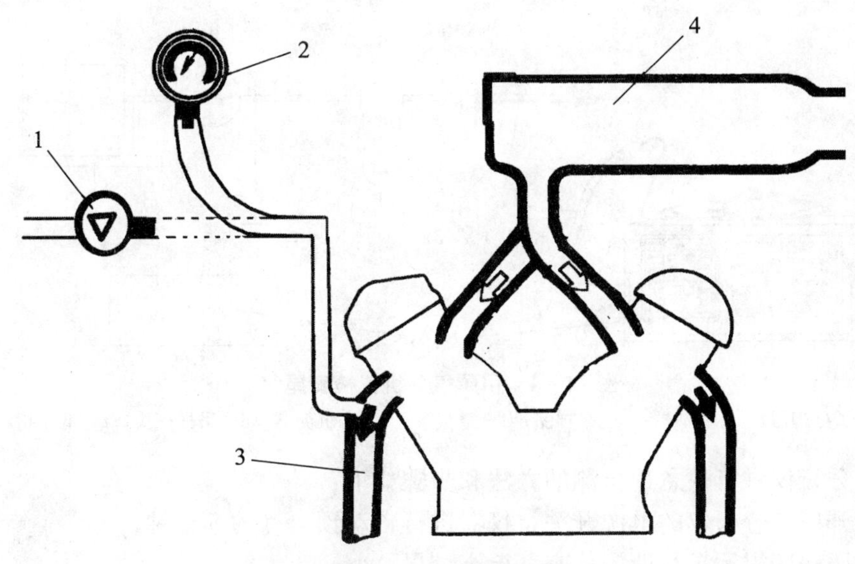

图 24—3　排气背压检测

1—空气泵；2—压力表；3—排气管；4—进气管

4. 分段断开法检查

若观察 TWC、消声器及排气管没有外伤，则可将 TWC 及消声器逐段断开，依次进行发动机加速性能检查，脱开某个部件后观察加速性能是否有变化。若断开 TWC 后发动机加速明显变好，则说明堵塞发生在 TWC，应更换。

⚠ **提示：**动态检测三元催化转换器时，检测仪、测试线要远离发动机发热部件及风扇等旋转件。测量三元催化转换器进、出口管道温度时要搞好防护，以防烫伤。

二、尾气检测

让发动机怠速运转，使用尾气分析仪测量此时的 CO 值。当发动机正常工作时（空燃比为 14.7∶1），CO 值为 0.5%～1%，使用二次空气喷射和 TWC 技术可以使怠速时的 CO 值接近于 0，最大不应超过 0.3%，否则说明 TWC 损坏。另外，据经验分析，怠速时 NO_x 的排放量也能给我们一些帮助。通常在怠速时 NO_x 的数值应不高于 100ppm，而在稳定的工况下，NO_x 的数值应该不高于 1 000ppm。在发动机一切正常的情况下，如果 NO_x 的数值过高就可以怀疑是 TWC 故障了。

按图 24—4 连接尾气分析仪，让发动机处于快怠速运转状态，并用转速表测量快怠速是否符合规定值。用尾气分析仪测量发动机处于快怠速状态时的尾气中的 CO 和 HC 含量。如果发动机性能良好，则 CO 值应该在 1.0%以下，HC 值应该在 10ppm 以下。若两种数值都超标，则可临时拔下空气泵的出气软管，此时若 CO 和 HC 值不变，则可以判定 TWC 已损坏，若读数上升，而重新接上软管后又下降，则说明燃油喷射系统故障或是点火系统故障。

⚠ **提示：**在测量尾气时，先脱开 TWC 进气口，使发动机运转至正常温度，将测量管插入排气管中至少 400mm，按照怠速法进行测量。该项测试应该在 3min 内完成。

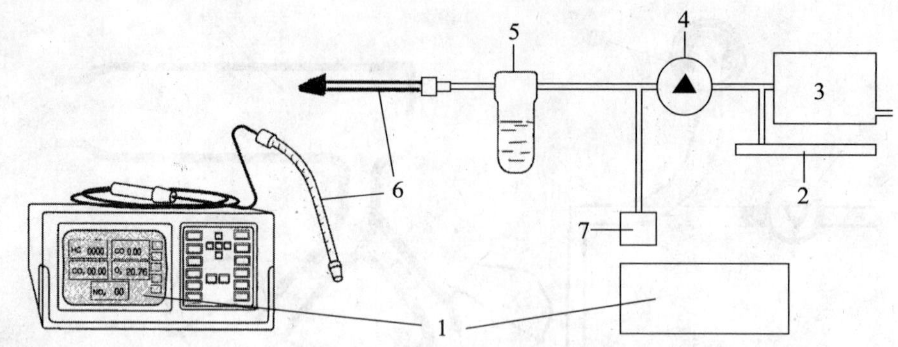

图 24—4　用尾气分析仪检测尾气

1—电子处理器；2—滤清器；3—采样室；4—空气泵；5—水沉淀器；6—采样探头；7—低压指示器

用尾气分析仪进行快怠速检测的方法和步骤如下：

（1）打开尾气分析仪的电源开关，仪器进行自动预热（约 5 分钟）。

（2）按照程序提示进行泄漏检查。检查结果：＿＿＿＿＿＿＿＿。

（3）按照程序提示进行吸附测试。测试结果：＿＿＿＿＿＿＿＿。

（4）按照程序提示输入车辆信息（包括车牌号码、转速信息、燃料类型）。

（5）仪器校准（按仪器使用说明进行校准）。

（6）将取样探头插入汽车的排气管，插入深度不小于 400mm。

（7）选择所需的测量类型，起动发动机，按照测量程序的提示，进行测量。

（8）完成测量并打印测量结果（格式见表 24—1）。

（9）从汽车的排气管中取出探头，清洗气路 120 秒。

（10）检测结束，将仪器、车辆整理归位。

表 24—1　　　　实际测量结果

测量类型	
HC 测量值	
CO 测量值	
CO_2 测量值	
O_2 测量值	
NO 测量值	
λ 测量值	

（11）按规定接好汽车专用数字式转速表，使发动机缓慢加速，同时应观察尾气分析仪上的 CO 和 HC 值，当转速升到 2 500r/min 并稳定后，CO 和 HC 值应缓慢下降，并且稳定在低于或接近于怠速时的排放水平，否则，可判定 TWC 已损坏。

三、温度检测

用红外线温度计（如图 24—5 所示）测量 TWC 进口管和出口管处的温度，根据进出口处的温度差，可以确定 TWC 是否良好。TWC 在实际使用过程中，出口管的温度比进口管的温度至少高出 38℃，在怠速时，其温度也相差 10%。其检测步骤如下：

（1）检查并保证二次空气喷射装置工作正常；

（2）使发动机怠速，并达到 TWC 工作的条件；

(3) 用红外线温度计测量 TWC 进口管处的温度，并记录；

(4) 用红外线温度计测量 TWC 出口管处的温度，并记录；

(5) 计算 TWC 进出口管处的温度差，若出口管与进口管处的温度没有差别或出口温度低于进口温度，则说明 TWC 没有工作或已经损坏。

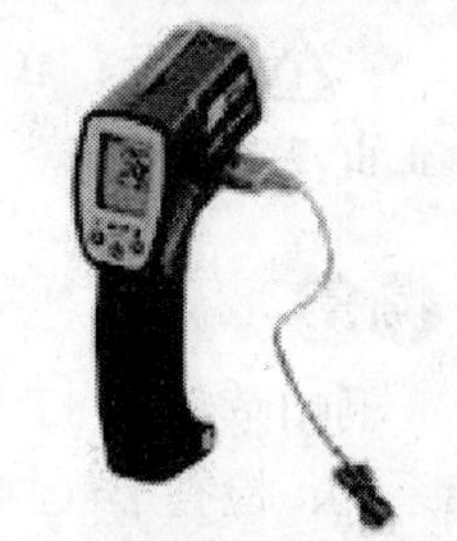

图 24—5　红外线温度计

四、氧传感器波形检测

对于装有氧传感器的控制系统，可以通过测试氧传感器的电压波形，诊断 TWC 是否良好。对于安装两个氧传感器的控制系统，可以通过测试分析两个氧传感器的波形，确定 TWC 的工作性能。其检测步骤如下：

(1) 按要求连接示波器；

(2) 检查并保证氧传感器良好；

(3) 使发动机怠速，并达到 TWC 工作的条件；

(4) 观察氧传感器的波形，并保持。

正常波形是：在 TWC 后端的氧传感器的电压波动要比安装在 TWC 前端的氧传感器的电压波动少得多，如图 24—6 所示。若测试波形不符合要求，说明 TWC 工作性能下降或 TWC 已损坏。

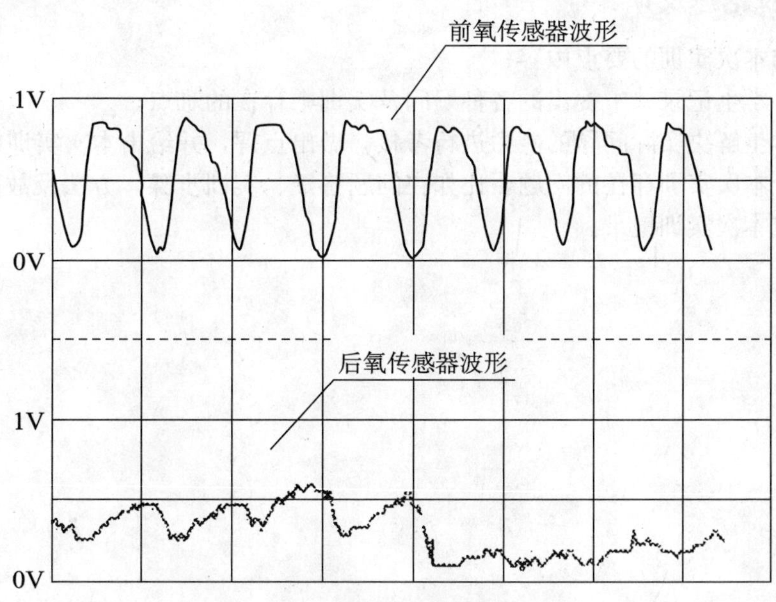

图 24—6　双氧传感器的正常波形

检验学生实训能力阶段

常见的三元催化转换器故障包括阻塞、三元催化转换器转换效率低、三元催化转换器破碎等。实训教师可根据实训条件设置三元催化转换器故障，然后在实训教师的监督下，由学生独立完成故障的诊断与排除，或者由教师充当客户模拟一个或几个场景，让学生分组完成故障排除。

⚠ **提示：**在操作过程中，注意操作程序与规范，注意设备的正确使用，防止出现实训事故。

场景

一辆帕萨特 1.8T 汽车出现发动机加速无力现象。客户已经更换了电动油泵、检查了电控系统、检查了气缸压力，但故障未能解决。客户现在要求维修人员诊断维修。

让学生分析并说出检查步骤和方法（参考方法）：

（1）检查故障码；

（2）检查油压；

（3）检查气缸压力；

（4）检查点火系统；

（5）检查三元催化转换器是否阻塞。

由学生对下列问题，向教师进行解释并提出解决方案：

（1）根据检查情况，分析可能导致上述故障的原因有哪些？

（2）如何用简易方法确定三元催化器阻塞？

（3）对检查结果进行理论分析。

组织学生填写实训记录单

教师总结及信息反馈

（1）总结本次实训的要点内容；

（2）解答学生记录单中提出的各种疑问及实训中存在的难点；

（3）对学生解决实际问题的能力进行考核，做出点评，并给出本次实训成绩；

（4）结合本次实训存在的问题，比如在问题答疑、实训步骤、方法及故障设置等方面的问题，完成本次实训记录。

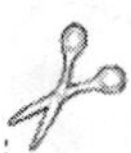

学生实训记录单

班级		车型			
姓名		发动机型号			
学号		VIN 码			
日期		行驶里程		年款	

1. 检查三元催化转换器是否有积炭、污染？　是□　否□

2. 检查三元催化转换器的陶瓷芯子是否破损、熔化？　是□　否□

3. 检查排气温度传感器是否良好？　是□　否□

4. 真空表和压力表二选一，检测催化转换器。描述检测催化转换器时表的指示情况：

____

分析判断催化转换器是否良好？　是□　否□

5. 用废气分析仪检测发动机尾气，将测试结果填入下表：

HC 测量值		参照标准，判断所测量的数据是否在规定范围内	是□　否□
CO 测量值			是□　否□
CO_2 测量值			是□　否□
O_2 测量值			是□　否□
NO 测量值			是□　否□
λ 测量值			是□　否□

6. 本次实训中存在的疑问有哪些？最大的难点是什么？

____

____

教师评语：	本次实训成绩		
	良好	合格	不合格
年　月　日			

实训二十五

发动机典型故障的排除

实训计划

实训能力目标	内容及时间安排（分钟）		建议学时
1. 掌握发动机不能起动故障的诊断方法。 2. 掌握发动机起动困难故障的诊断方法。 3. 掌握发动机怠速不良故障的诊断方法。 4. 掌握发动机加速不良故障的诊断方法。	实训准备工作的检查及实训安全工作的说明	10	8学时 （400分钟）
	组织学生讨论发动机不能起动的检测流程	10	
	指导学生排除发动机不能起动故障	80	
	组织学生讨论发动机起动困难的检测流程	10	
	指导学生排除发动机起动困难故障	80	
	组织学生讨论发动机怠速不良的检测流程	10	
	指导学生排除发动机怠速不良故障	80	
	组织学生讨论发动机加速不良的检测流程	10	
	指导学生排除发动机加速不良故障	80	
	组织学生讨论	10	
	学生完成记录单	10	
	教师总结及信息反馈	10	

实训过程

实训准备阶段

一、教师准备工作

教师在实训前准备能工作的试验发动机及备用元件、万用表、解码器、示波器等。

二、学生准备工作

（1）掌握与实训车型相关的典型故障的理论知识。

（2）了解本次实训课所用仪器及设备的使用方法。

指导学生实训阶段

电控发动机的常见故障有不能起动、起动困难、怠速不稳、怠速过高、空调工作时易熄火、加速无力等，下面以典型故障为例进行分析。

一、发动机不能起动的故障诊断

1. 故障现象

（1）发动机有着火征兆，但不能起动。

（2）起动发动机时，发动机无着火征兆。

2. 故障原因

(1) 油泵供油压力过低；

(2) 供油管路、滤网或燃油滤清器堵塞、渗漏等；

(3) 油泵控制电路故障；

(4) 燃油压力调节器故障；

(5) 喷油器故障；

(6) 空气流量计或进气压力传感器故障；

(7) 冷却液温度传感器故障；

(8) 节气门、节气门位置传感器故障；

(9) 曲轴位置传感器、凸轮轴位置传感器故障；

(10) 怠速控制装置故障；

(11) 电控单元故障；

(12) 点火系故障；

(13) 起动系故障；

(14) 其他机械故障。

3. 故障诊断流程

(1) 发动机有着火征兆但不起动故障的诊断流程。

发动机有着火征兆但不起动故障的诊断流程如图 25—1 所示。

(2) 发动机无着火征兆故障的诊断流程。

发动机无着火征兆故障的诊断流程如图 25—2 所示。

4. 故障设置与实训组织

根据实训条件及学校实际情况设置下面故障，检验学生故障诊断的能力。

(1) 设置冷却液温度传感器故障。

若冷却液温度传感器提供给 ECU 的信号失准，则会造成发动机冷车或热车不能起动。可设置传感器或相关线路故障，以检验学生利用解码器、示波器、万用表等检测仪器检测冷却液温度传感器本身或相关线路故障的能力。

(2) 设置发动机曲轴/凸轮轴位置传感器故障。

若电控单元检测不到曲轴/凸轮轴位置传感器提供的信号时，将无法控制发动机的喷油正时和点火正时，所以发动机不能起动。可设置曲轴/凸轮轴位置传感器间隙过大、损坏或相关线路故障，以检验学生利用解码器、示波器、万用表等检测仪器检测曲轴/凸轮轴位置传感器本身或相关线路故障的能力。

(3) 设置怠速控制阀故障。

发动机电控单元将怠速控制阀保持在最佳起动位置。当怠速控制阀出现故障时，会使发动机起动进气量异常，造成发动机不能起动或起动困难。可设置怠速控制阀卡滞、损坏或相关线路故障，以检验学生利用解码器、示波器、万用表等检测仪器检测怠速控制阀本身或相关线路故障的能力。

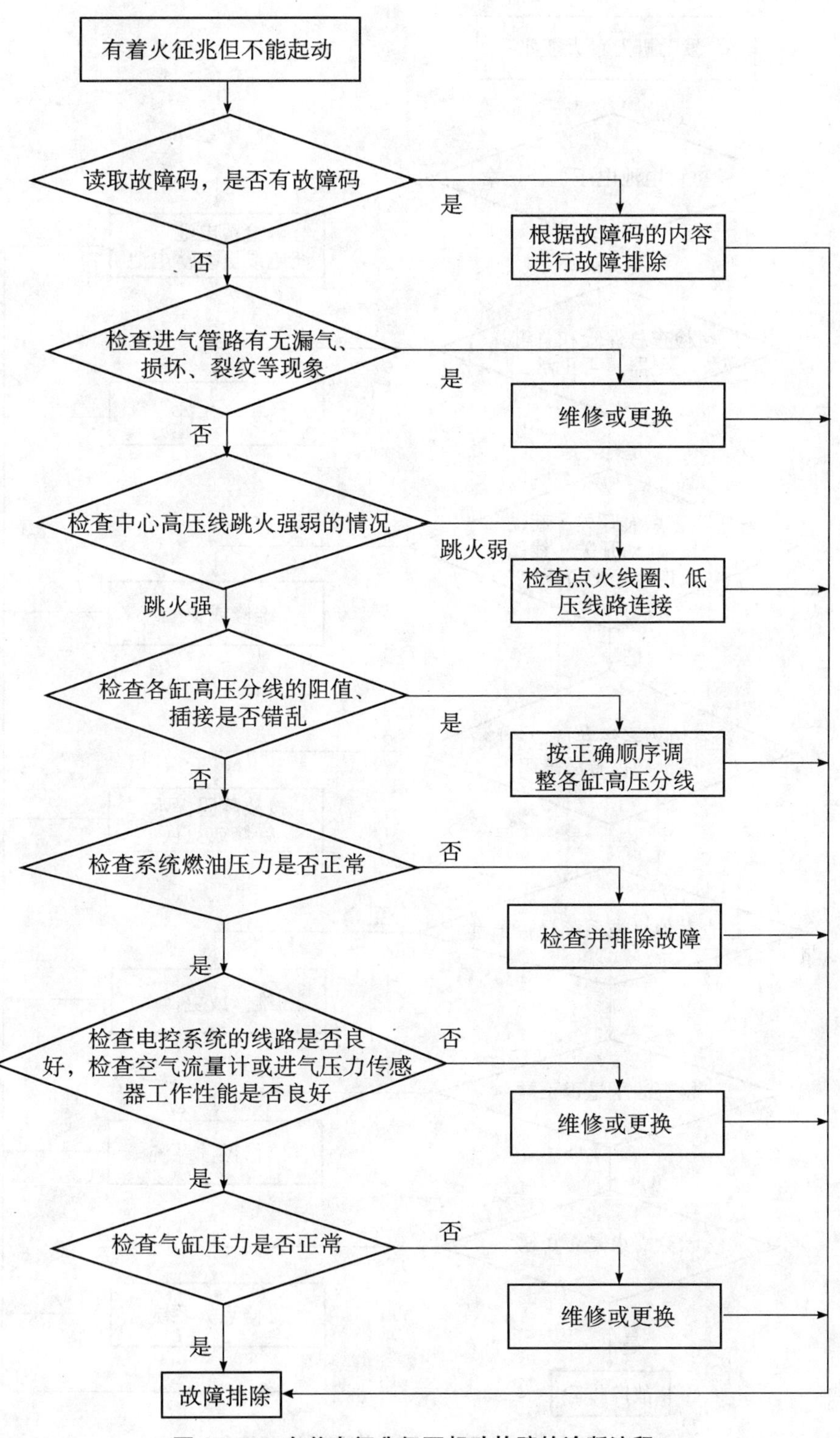

图 25—1　有着火征兆但不起动故障的诊断流程

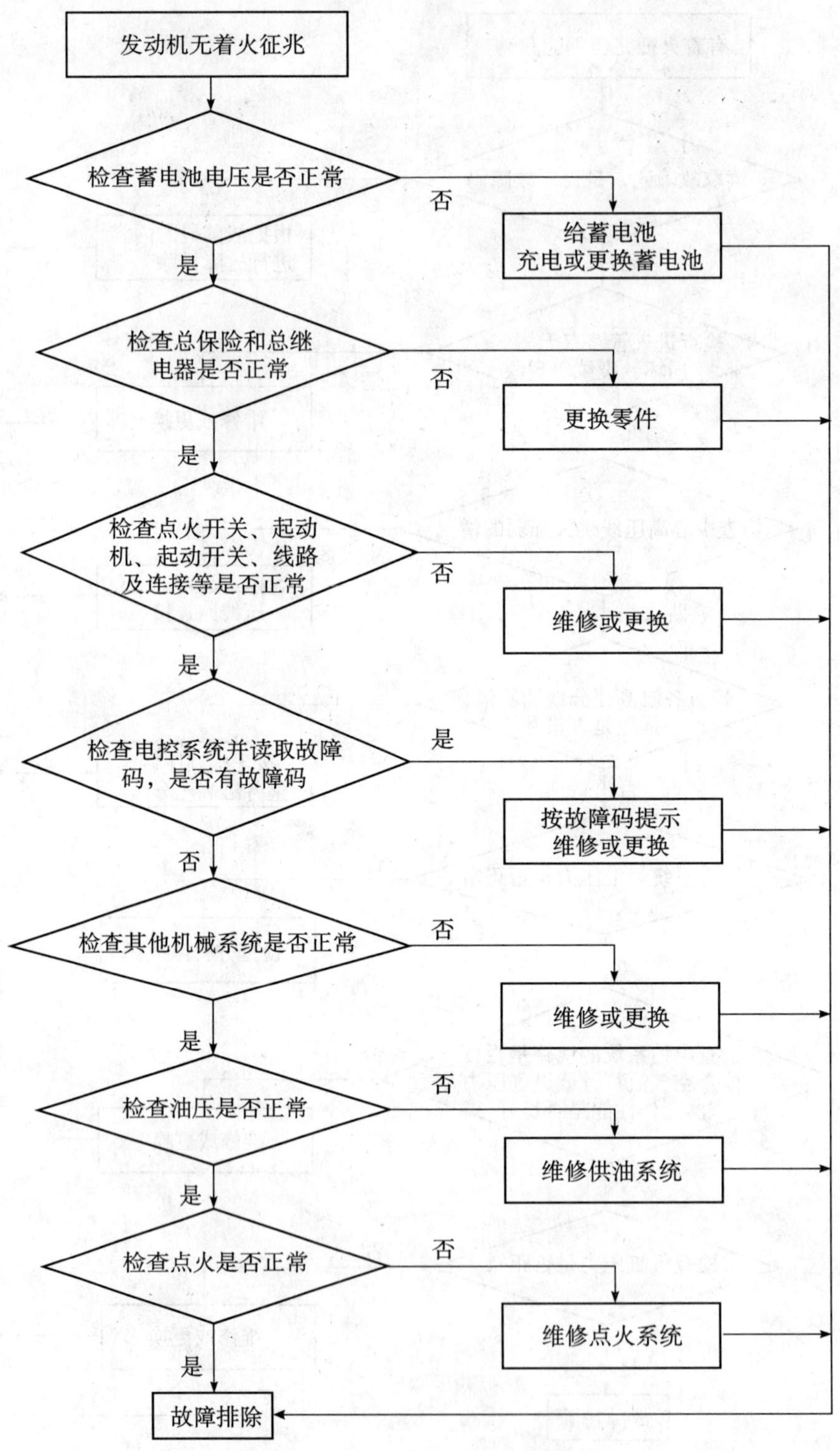

图 25—2　无着火征兆故障的诊断流程

⚠ **提示：**（1）拔下怠速控制阀的线束插头，起动发动机后再插上，观察发动机转速有无变化，若转速有变化，说明怠速控制阀工作正常，若转速无变化，说明怠速控制阀不工作。

（2）检查线束插头是否有脉冲电压信号，若无信号则应检查线路；若有信号，说明控制阀损坏。

（4）设置空气流量计或进气压力传感器故障。

空气流量计或进气压力传感器将信号输入给 ECU，ECU 根据此信号控制燃油喷射和点火。当空气流量计或进气压力传感器出现故障导致信号中断时，ECU 使发动机进入应急状态，造成发动机不能起动或起动困难。可设置传感器或相关线路故障，以检验学生检测空气流量计或进气压力传感器本身或相关线路故障的能力。

（5）设置燃油泵及燃油泵继电器故障。

接通点火开关时，燃油泵继电器触点闭合，使燃油泵工作。此继电器故障或连接线路发生故障，发动机电控单元就停止点火线圈、喷油器和燃油泵的工作，发动机不能起动。可设置油泵继电器、燃油泵或相关线路故障，以检验学生检测燃油泵控制电路的能力。

（6）设置点火系与起动系故障。

点火系统故障可能会使发动机点火能量低或点火正时不准，导致发动机不能起动。可设置点火系统的火花塞损坏、点火线圈损坏、相关线路损坏等故障。

起动系可设置起动继电器、起动开关、相关线路及起动机本身等故障，以检验学生检测起动电路故障的能力。

（7）设置发动机电控单元故障。

电控单元自身或线路出现故障后，将不能有效接收信号和输出执行信号。检查钥匙是否是非法钥匙；检查通信线路、电控单元编码、防盗系统等是否正常。另外，电控单元更换后若没有和电子防盗系统进行匹配，也会引起发动机电控单元锁死，此时发动机只能短暂起动，随后即立即停止转动。可设置非法钥匙起动、更换电控单元后未编码等故障，以检验学生利用解码器进行钥匙匹配、电控单元编码的能力。

（8）设置空气供给系统故障。

空气滤清器有堵塞现象时，进气量将减小，混合气会过浓，加速性能会降低、耗油会增加；进气管若有漏气，则这些空气将不经空气流量计检测直接进入气缸，使气缸的混合气过稀，发动机不易起动。可设置进气阻塞、漏气等故障，以检验学生检测进气系统的能力。

（9）设置机械系统故障。

发动机机械方面的故障，如气门关闭不严、缸垫密封不严、活塞环与缸壁间隙过大、火花塞座孔漏气等，将导致气缸压力过低，使发动机不能起动或起动困难。可设置上述故障，以检验学生检测机械系统故障的能力。

二、发动机怠速不良的故障诊断

1. 故障现象

（1）怠速不稳易熄火，是指发动机能正常起动，但怠速不稳定、发抖甚至熄火。

（2）怠速过高，是指发动机起动后，怠速稳定、转速过高。

2. 故障原因

(1) 进气系统漏气。

(2) 冷却液温度传感器故障。

(3) 空气流量计或进气压力传感器故障。

(4) 节气门体、节气门位置传感器故障。

(5) 怠速控制装置故障。

(6) 燃油压力过低。

(7) 个别喷油器不工作。

(8) 高压线漏电或火花塞有油污、积炭等。

(9) 气缸压力过低。

(10) 电控单元故障。

3. 故障诊断流程

(1) 发动机怠速不稳易熄火故障的诊断流程。

发动机怠速不稳易熄火故障的诊断流程如图 25—3 所示。

(2) 发动机怠速过高故障的诊断流程。

发动机怠速过高故障的诊断流程如图 25—4 所示。

4. 故障设置与实训组织

根据实训条件及学校实际情况设置下面故障，检验学生故障的综合诊断能力。

(1) 设置节气门和进气道积垢过多故障。

节气门和周围进气道的积炭、污垢过多，空气通道截面积发生变化，使得控制单元无法精确控制怠速进气量，造成混合气过浓或过稀，使燃烧不正常。常见的原因有：节气门周围的进气道有油污、积炭。

(2) 设置空气流量计或进气压力传感器故障。

控制单元接收错误信号而发出错误的指令，引起发动机怠速进气量控制失准，使发动机燃烧不正常，属于怠速不稳的间接原因。常见原因有：空气流量计或其线路故障；进气压力传感器或其线路故障；发动机控制单元插头因进水接触不良或电脑内部故障；进气压力传感器气路泄漏或阻塞。

(3) 设置怠速控制阀或线路故障。

怠速控制阀故障会导致怠速空气控制不准确。常见的原因有：节气门电机损坏或发卡；怠速步进电机、占空比电磁阀、旋转电磁阀、相关线路等故障。

(4) 设置点火系统故障。

1) 设置点火模块与点火线圈故障。

近些年各车型多将点火模块与点火线圈制成一体，点火模块或点火线圈故障主要表现为高压火花弱或火花塞不点火。常见原因有：点火触发信号缺失；点火模块有故障；点火模块供电或接地线连接松动、接触不良；初级线圈或次级线圈有故障等。可根据实训条件设置上述相关故障，检验学生的综合能力。

2) 设置火花塞与高压线故障。

火花塞、高压线故障会导致火花能量下降或失火。常见原因有：火花塞间隙不正确；火花塞电极烧蚀或损坏；火花塞电极有积炭；火花塞绝缘体有裂纹；高压线电阻过大；高压线绝缘外皮或插头漏电；分火头电极烧蚀或绝缘不良等。可根据实训条件设置上述相关故障，检验学生的综合能力。

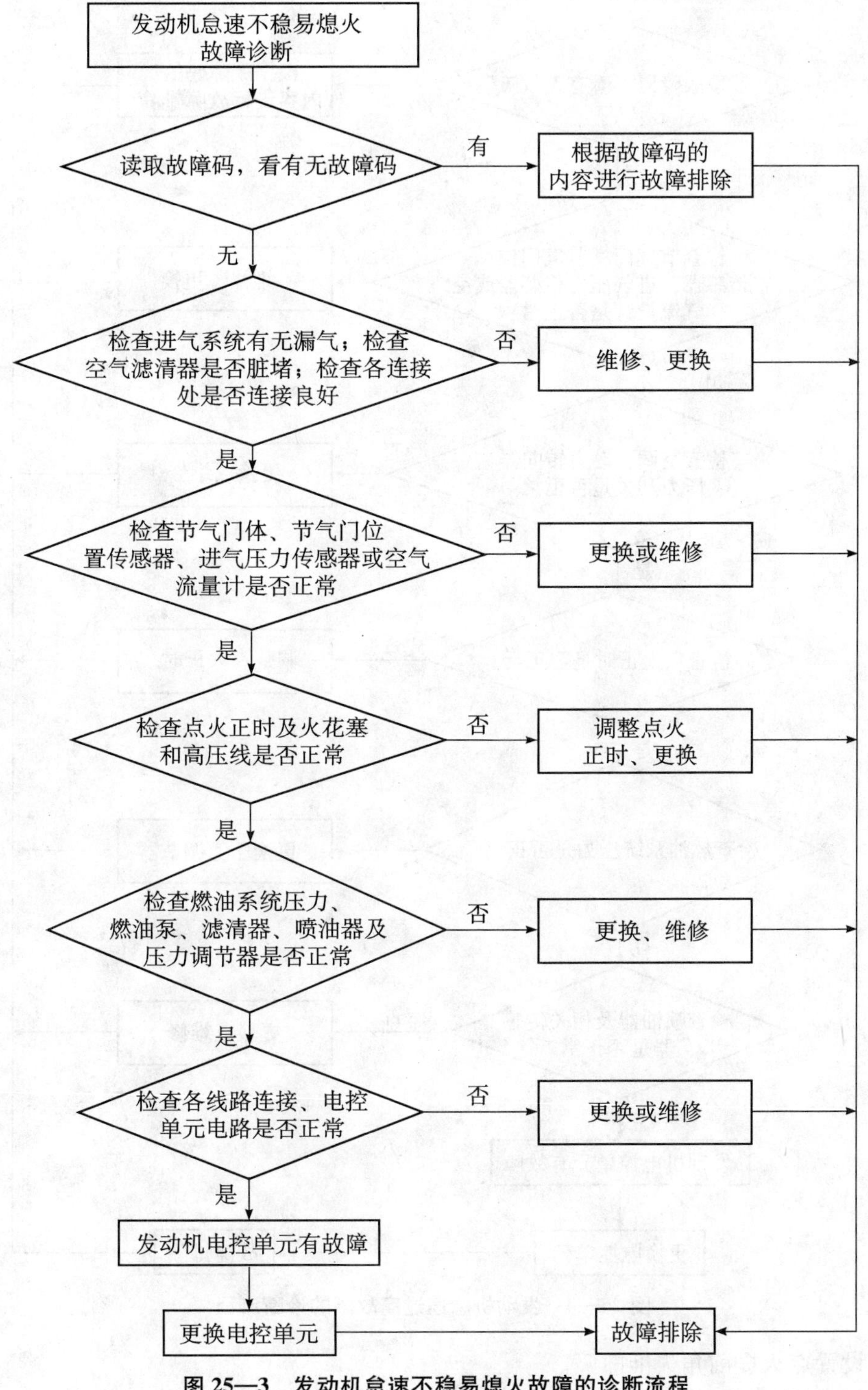

图 25—3　发动机怠速不稳易熄火故障的诊断流程

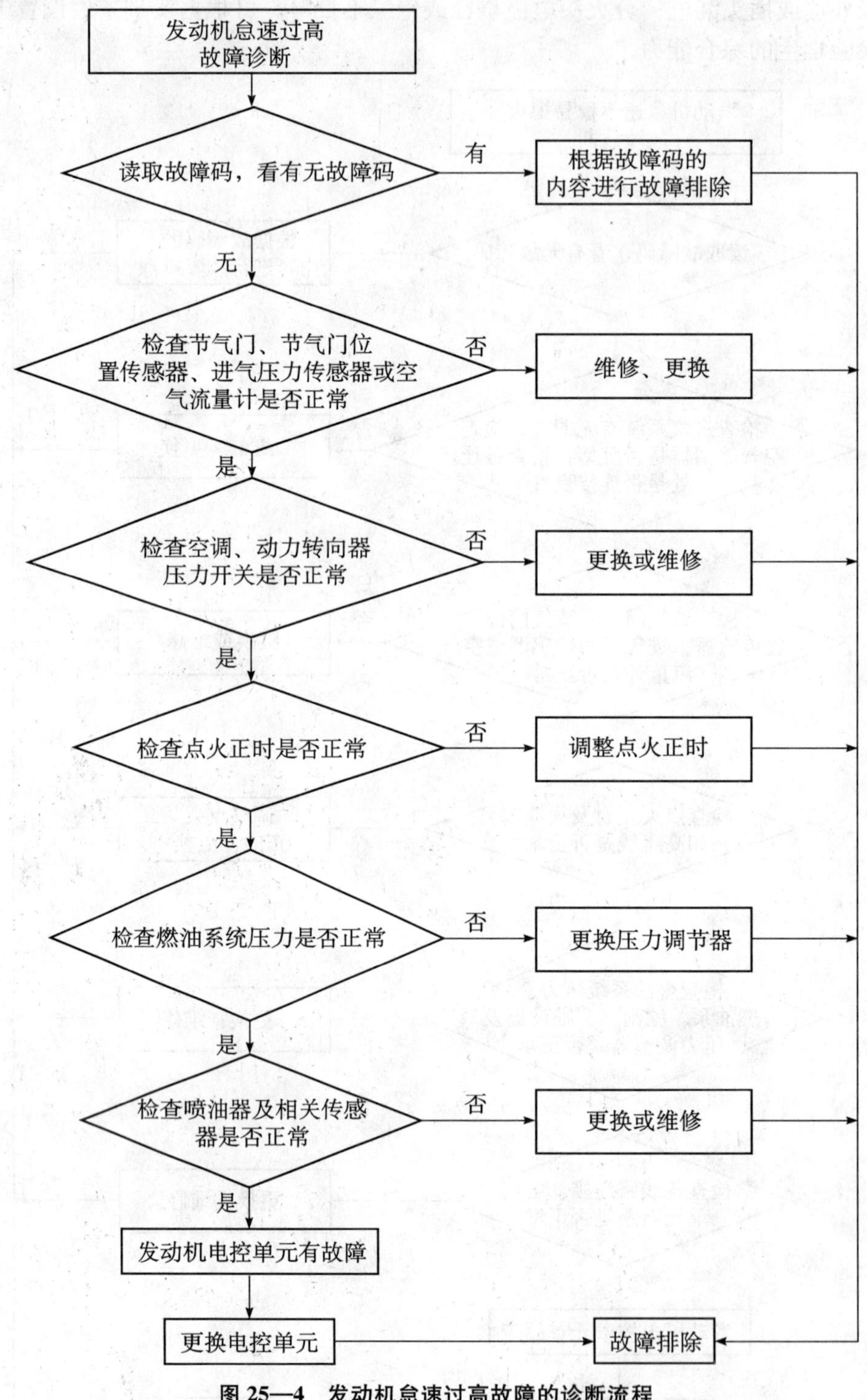

图 25—4　发动机怠速过高故障的诊断流程

3）设置点火提前角失准故障。

传感器及线路故障属于引起怠速不稳的间接原因，控制单元常发出错误指令，使点火提前角不正确，或造成点火提前角大范围波动。常见原因有：空气流量计或进气压力信号故障；霍尔传感器故障；冷却液温度传感器故障；进气温度传感器故障；爆震传感器故障；以上传感器的线路有断路、短路、接地故障；发动机控制单元因进水引起插头接触不良或内部电路损坏等。可根据实训条件设置上述相关故障，检验学生的综合能力。

（5）设置空调、动力转向器压力开关故障。

自动变速器、空调、转向助力器的起动会增加怠速负荷，发动机控制单元与空调、自动变速器控制单元之间的怠速提升信号中断，会引起怠速不稳。安装 CAN-BUS 的车辆存在总线系统故障，也会引起怠速不稳。随着新技术、新结构的增加，引起怠速不稳的因素会更多，维修人员必须加强新技术的学习。可根据实训条件设置上述相关故障，检验学生的综合能力。

（6）设置燃油系统压力故障。

油压过低，从喷油器喷出的燃油雾化状态不良或者喷出的燃油成线状，严重时只喷出油滴，喷油量减少使混合气过稀；油压过高，实际喷油量增加，使混合气过浓。常见原因有：燃油滤清器堵塞、燃油泵滤网堵塞、燃油泵的泵油能力不足、燃油泵安全阀的弹簧弹力过小、进油管变形、燃油压力调节器有故障、回油管压瘪堵塞等。可根据实训条件设置上述相关故障，检验学生的综合能力。

（7）设置喷油器故障。

喷油器的喷油量不均、雾化不好，会造成各气缸发出的功率不平衡。常见原因有：喷油器堵塞、密封不良、喷出的燃油成线状等。可根据实训条件设置上述相关故障，检验学生的综合能力。

（8）设置电控单元故障。

各传感器或线路故障，导致控制单元发出错误指令，使喷油量不正确，造成混合气过浓或过稀，属于怠速不稳的间接原因。具体原因有：空气流量计（或进气歧管压力传感器）故障；节气门位置传感器故障；节气门怠速开关故障；冷却液温度传感器故障；进气温度传感器故障；氧传感器失效；以上传感器的线路有断路、短路、接地故障；发动机控制单元插头因进水接触不良或电脑内部故障。可根据实训条件设置上述相关故障，检验学生的综合能力。

三、发动机加速不良的故障诊断

1. 故障现象

（1）加速冒黑烟（混合气过浓）；

（2）加速进气管回火（混合气过稀）；

（3）发动机加速发抖；

（4）爆震。

2. 故障原因

（1）燃油质量或标号不正确；

（2）空气滤清器堵塞或进气系统漏气；

（3）个别缸喷油器或火花塞失效；

（4）点火正时不正确；

（5）节气门位置传感器、空气流量计/进气歧管压力传感器、爆震传感器故障；

(6) 燃油压力调节器失效；

(7) 气缸压力过低；

(8) 电控单元故障。

3. 故障诊断流程

(1) 发动机混合气过浓故障的诊断流程如图 25—5 所示。

(2) 发动机混合气过稀故障的诊断流程如图 25—6 所示。

(3) 发动机加速发抖故障的诊断流程如图 25—7 所示。

(4) 发动机爆震故障的诊断流程如图 25—8 所示。

4. 故障设置与实训组织

根据实训条件及学校实际情况设置下面的故障，检验学生故障的综合诊断能力。

(1) 设置空气滤清器堵塞或进气系统漏气故障。

(2) 设置燃油质量、标号过低故障。

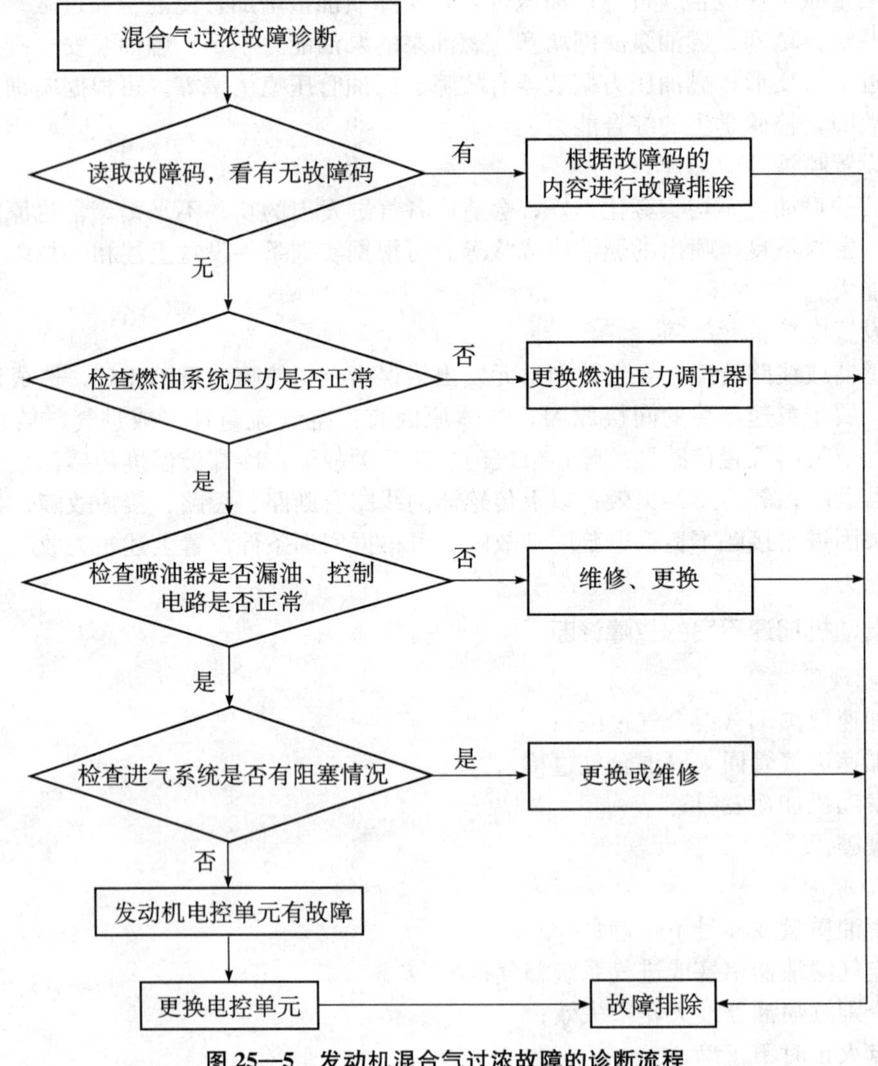

图 25—5 发动机混合气过浓故障的诊断流程

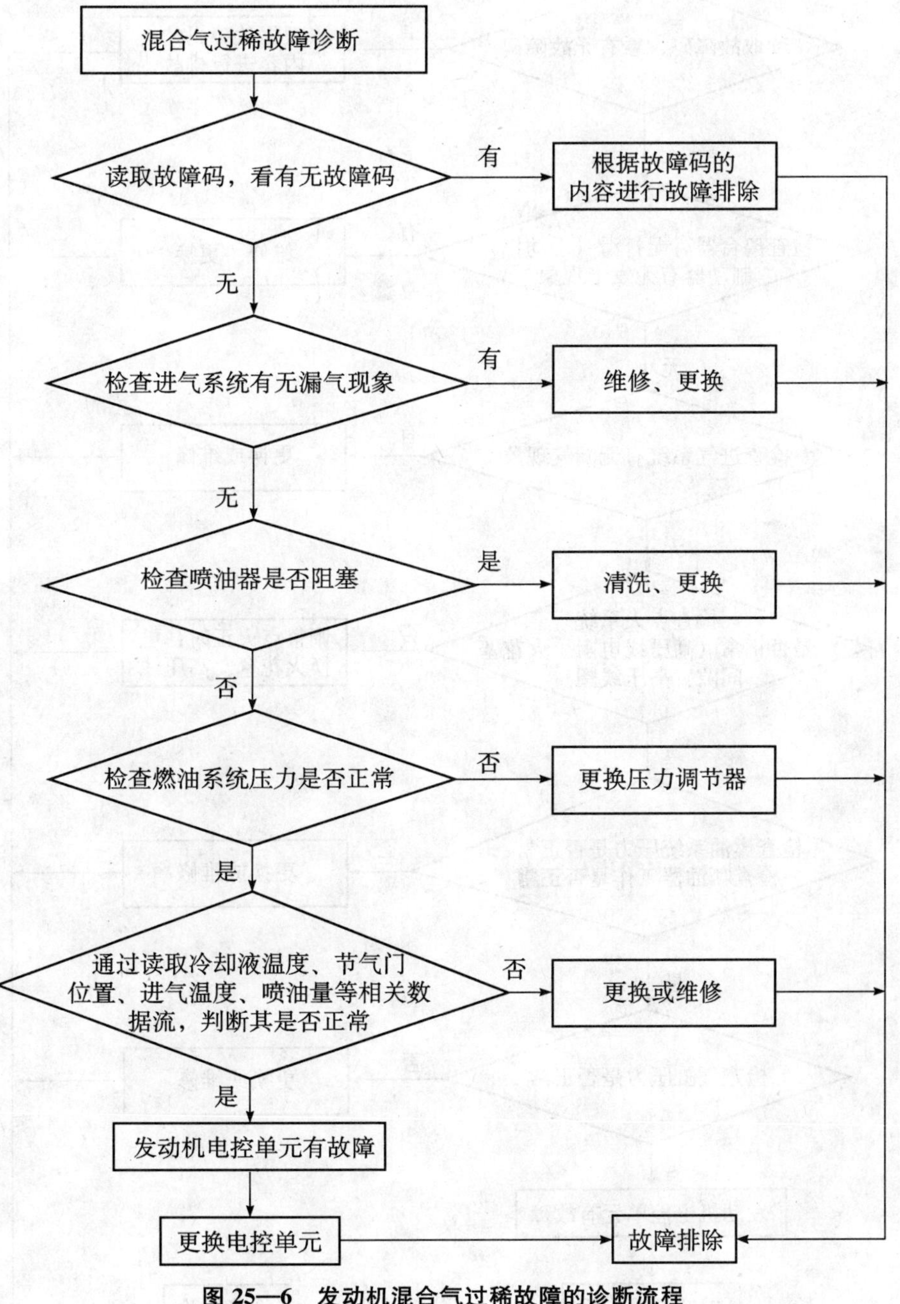

图 25—6　发动机混合气过稀故障的诊断流程

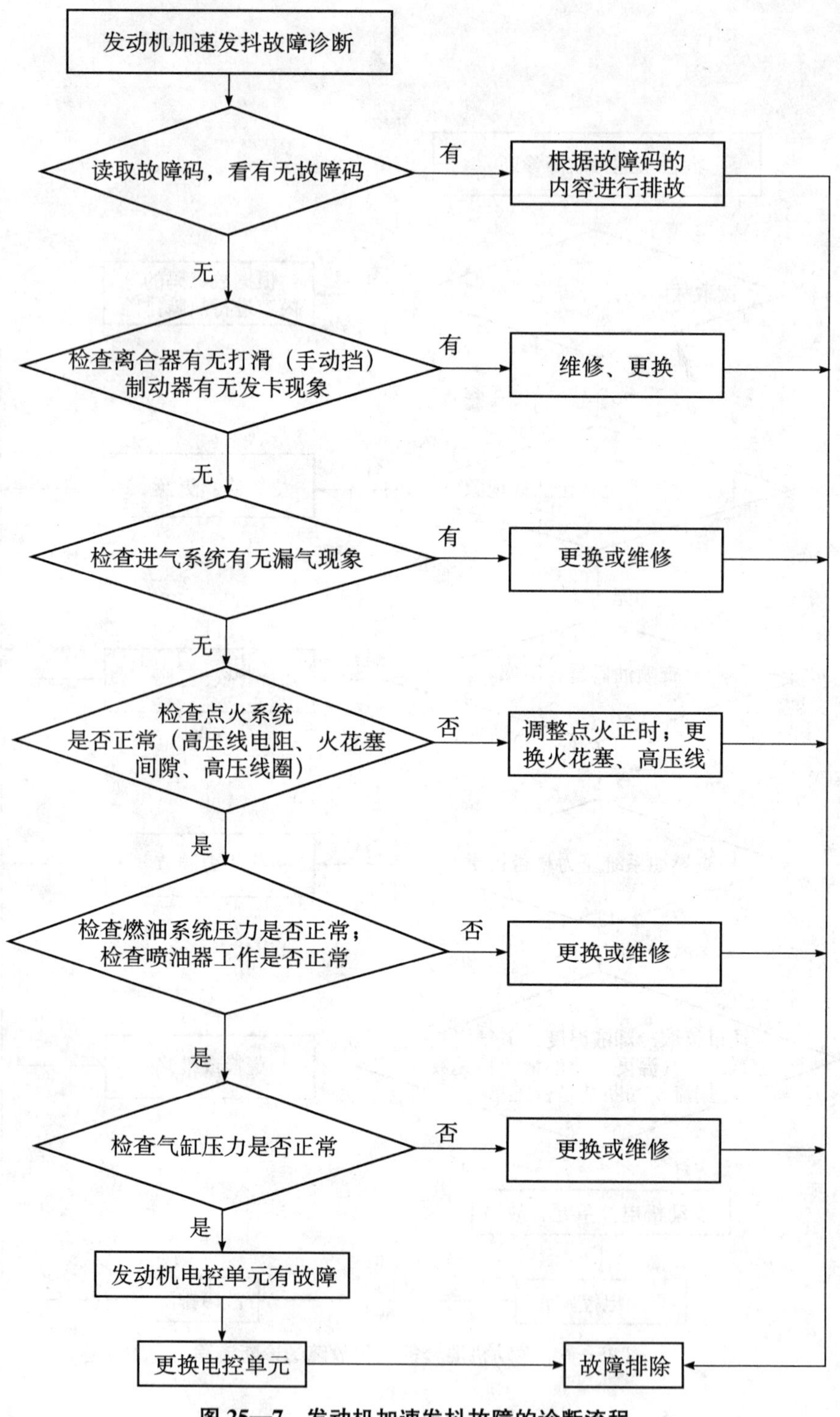

图 25—7　发动机加速发抖故障的诊断流程

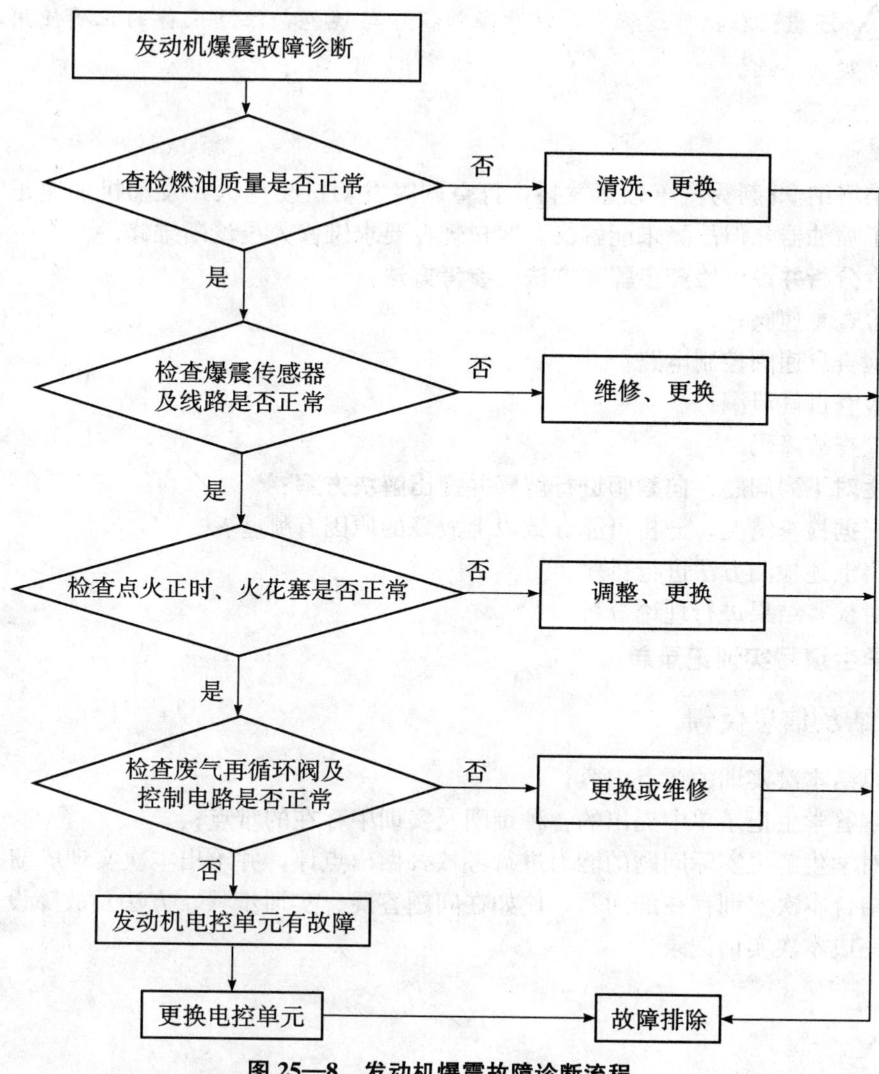

图 25—8　发动机爆震故障诊断流程

(3) 设置空气流量计、进气压力传感器、爆震传感器和线路故障。

(4) 设置点火正时过晚、过早故障。

(5) 设置喷油器、控制电路故障。

(6) 设置燃油系统压力过低、过高故障。

(7) 设置冷却液温度、节气门位置、进气温度传感器故障。

(8) 设置氧传感器故障。

(9) 设置电控单元故障。

检验学生实训能力阶段

常见的发动机故障包括起动困难、怠速不良、加速不良等故障。实训教师可根据实训条件设置上述相关故障。然后在实训教师的监督下，由学生独立完成故障的诊断与排除；或者由教师充当客户模拟一个或几个场景，让学生分组完成故障排除。

⚠ **注意：**在操作过程中，注意操作程序与规范，注意设备的正确使用，防止出现实训事故。

场景

一辆桑塔纳 99 新秀汽车怠速发抖，打空调时发动机易熄火，发动机加速正常。客户已经清洗了喷油器，但故障未能解决。客户现在要求维修人员诊断维修。

让学生分析并说出检查步骤和方法（参考方法）：

（1）检查怠速阀；

（2）检查怠速阀控制电路；

（3）检查进气泄漏；

（4）检查故障码。

由学生对下列问题，向教师进行解释并提出解决方案：

（1）根据检查情况，分析可能导致以上故障的原因有哪些？

（2）将上述检测方法进行排序。

（3）对检查结果进行理论分析。

组织学生填写实训记录单

教师总结及信息反馈

（1）总结本次实训的要点内容；

（2）解答学生记录单中提出的各种疑问及实训中存在的难点；

（3）对学生解决实际问题的能力进行考核，做出点评，并给出本次实训成绩；

（4）结合本次实训存在的问题，比如在问题答疑、实训步骤、方法及故障设置等方面的问题，完成本次实训记录。

学生实训记录单

班级		车型			
姓名		发动机型号			
学号		VIN 码			
日期		行驶里程		年款	

1. 描述你组的故障现象：________________________________

____

2. 根据故障现象，写出可能的故障原因：________________

____

____

3. 根据相应的诊断流程，写出检测过程及重要数据。

____

____

____

4. 故障是否排除？　是□　否□

故障点是：______________________________________

____

分析故障诊断流程：______________________________

____

____

5. 本次实训中存在的疑问有哪些？最大的难点是什么？

____

____

____

教师评语：	本次实训成绩		
	良好	合格	不合格
年　月　日			

附 录

附录 A 发动机电控系统故障检测的基本方法

现代汽车诊断中，“快速”和“准确”是适应现代社会快节奏的一个基本前提。尽可能少用设备，利用快捷、简单的设备，是保证“快速”的基本前提。要达到“快而准”的目的，专业人员需要具有丰富的经验、扎实的专业知识，同时还必须选择正确的诊断方法。电控发动机故障诊断按诊断故障所采用的手段可分为：直观诊断、利用自诊断系统诊断、简单仪表诊断和专用诊断仪器诊断等。

一、直观诊断

直观诊断，也称经验诊断或人工诊断，就是通过人的感觉器官对汽车故障现象进行看、问、听、试、嗅等，了解和掌握故障现象的特点，通过人的大脑进行分析、判断得出结论的诊断方法。

(1) 看：即目测检查，其目的是了解电控发动机的电控系统类型、车型，在进入更为细致的测试和诊断之前，能消除一些一般性的故障原因。比如滤芯及其周围是否有脏物、杂质或其他污染物；传感器或执行器的插接器是否良好；线束间的插接器是否松动或断开；电线是否有断裂或断开现象；插接器是否插接到位；电线是否有磨破或线间短路现象；插接器的插头和插座有无腐蚀现象等。

(2) 问：为了迅速地检查故障源，首先必须了解故障出现时的情形、条件、如何发生以及是否已检修过等与故障有关的情况和信息。为此，必须认真听取客户对故障现象的描述，并确认客户的描述是否与实际相符。

(3) 听：主要是听发动机工作时的声音，有无爆震、有无敲缸、有无失速、有无进气管或排气管放炮等。

(4) 试：主要是维修人员根据前述检查，有针对性地试车，以便进一步确认故障。

(5) 嗅：用鼻嗅汽车在运行中发出的特殊气味，如离合器片烧焦味、烧机油味、线路烧焦味等。

二、利用自诊断系统诊断

随车诊断是利用汽车上电控系统所提供的故障自诊断功能对电控发动机故障进行诊断的方法，即利用故障自诊断系统调取发动机电控系统的有关故障代码，然后根据故障代码表的故障提示，找出故障的所在。随车自诊断系统通常只能提供与电控系统有关的电气装置或线路的故障，一般只能作出初步诊断，具体故障原因，还需要通过直接诊断和简单仪器进行深入诊断。

随车故障自诊断虽然可以对系统的故障进行自诊断，在电控发动机故障诊断中是一种简便快捷的诊断方法，但是其诊断的范围和深度远远满足不了实际使用中对故障诊断的要求。常常出现发动机运行不正常而故障自诊断系统却没有诊断出所出现故障的情况，一方面是由于这些故障产生的原因可能与发动机电控系统无关，另一方面则是由随车自诊断功能的局限性所造成的，不可能设计出一种自诊断系统对所有可能产生的故障都能进行诊断。因此，以直观诊断方法为主进行检查和判断的工作在任何时候对任何系统来说，都是不可替代的。

三、利用简单仪表诊断

利用简单仪表诊断，就是利用以万用表和示波器为主的通用仪表，对电控发动机故障进行诊断的方法。因为电控系统的各部件均有一定的电阻值范围，工作时有输出电压信号和输出脉冲波形，因此用万用表测量元件的电阻或输出电压，用示波器测试元件工作时的输出电压波形，用万用表测量导通性等可判断元器件或线路是否正常。其特点是方法简单、设备费用低，主要用于对电控系统和电气装置的诊断，因此，这种诊断方法可用于对故障进行深入诊断。但对操作者的要求较高，在利用简单仪表进行故障诊断时，要求操作者必须了解系统的结构、线路及其工作原理。

一般情况下，这种方法不太快捷但很有效，该方法常用的设备包括测试灯、万用表、测温计、电流钳表、示波器、发动机综合分析仪、油压表、真空表、气缸压力表等，可以根据故障现象或故障码、数据流有针对性地选择使用。

（1）测试灯、万用表：测电源、搭铁、信号电压、元件电阻、线路通断路等。

（2）油压表、真空表、气缸压力表等：用于判断机械方面的故障。由于需要拆装操作，因此一般在确定电控系统正常，而且最常见的可能性故障（凭经验）已经排除时才使用。

（3）示波器：用于测量传感器波形、喷油器波形、点火波形、其他电磁阀波形、发电机电压波形、电脑之间的信号波形等。操作方法可以很快学会，但读懂波形却不是普通修理工能做到的，需要经过专门的培训。不过需要用到示波器的情况并不多，只有在汽车出现了疑难故障，而且依靠常规的方法无法解决时才选择示波器。

（4）发动机综合分析仪（如 EA3000）：可以用来进行各缸功率的平衡分析、各缸压缩压力的平衡分析以及进行点火波形、进气管真空波形、柴油机高压油路波形、电控系统各信号波形等测试，与废气分析仪连接，还可以进行尾气排放与发动机工作情况的分析。

（5）信号模拟器：可以用来进行曲轴与凸轮轴信号模拟、电压信号模拟、频率信号模拟、开关信号模拟等。在某些情况下确实能够提高诊断速度，不过使用时要注意模拟信号与原车信号之间的匹配，否则可能会引发原车电脑的故障。

四、利用专用诊断仪诊断

汽车专用诊断仪根据其体积大小可分为：台式电脑分析仪、便携式电脑分析仪和袖珍型电脑分析仪。在对发动机电控系统进行的故障诊断时，使用最广的是便携式发动机电脑分析仪。采用电脑分析后，大大提高了对电子控制系统的诊断效率。但是由于专用诊断仪成本较高，因此各种电脑分析仪一般适用于专业化的故障诊断和修理厂家。

当汽车故障超出常见范围，而且经验诊断法又无能为力时，读取故障码或数据流应该是最佳选择。电脑诊断仪连接比较方便，利用原车电脑信息来判断故障具有科学性和准确性。不过某些情况下原车电脑信息较为笼统（如某缸工作不良），需要利用诊断仪读取原车电脑内部的信息来判断故障是具体属于机械故障还是电控系统故障。当汽车电控系统出现故障时，一般会出现两种情况：一种是故障灯亮或存在故障代码；另一种是故障灯不亮或没有故障代码。

1. 故障灯亮或存在故障代码

这种情况可以依照故障代码直接排除故障，判断故障是由代码所指的元件本身引起，还是由相关线路引起（甚至由电脑引起），一般需要用万用表、测试灯之类的工具辅助检测。

故障排除后，应分析故障代码产生的原因。如故障代码显示混合气浓（稀）或混合比失常、氧传感器信号失常等，甚至同时出现混合气浓和混合气稀两个故障代码。在这种情况下，应分析故障代码产生的原因，并制定最佳的、进一步诊断的方案。

2. 故障灯不亮或没有故障代码

在这种情况下应先读取数据流，在读数据流时，应根据故障现象读取有关的数据，并加以分析。因为手册中往往给出了标准数据，却没有给出数据出现偏差的原因，所以需要诊断人员不仅具备丰富的理论基础还要具有实际维修经验。重点观测的数据有：喷油脉宽、空气流量、进气温度、发动机温度、节气门信号、氧传感器信号、点火正时等。

案例分析：有一辆装备 AFE 电控发动机的桑塔纳新秀车，工作一段时间后，出现怠速不稳、发动机加速无力等现象，但故障自诊断系统却无故障码显示。

故障诊断过程及分析：（1）根据故障现象首先读取有关数据，没有故障码；（2）检测点火正时及气缸压力，均正常；（3）测试喷油量，加速时喷油量不正常；（4）测试进气歧管压力传感器数据流，发现急加速时信号不能立即改变。因为进气歧管压力传感器性能的好坏，直接影响发动机喷油器的燃油喷油量，所以，确定进气歧管压力传感器有故障。

由此可见，电控发动机无故障码显示，电控系统不一定无故障。没有故障码输出，不能说明电控系统肯定无故障。

五、置换法诊断

置换法诊断是指用完好的零件直接替换被怀疑零部件的诊断方法，虽然从节约的角度或从专业维修人员的角度来看，只有确定某零、部件确实存在故障，而且无法修复了，才会决定更换。

六、模拟试验法诊断

在故障诊断中最困难的情形是有故障但没有明显的故障征兆。在这种情况下必须进行彻底的故障分析，然后模拟与用户车辆出现故障时相同或相似的条件和环境。在故障征兆模拟试验中，首先必须把可能发生故障的范围缩小，然后再进行故障征兆模拟试验，判断被测试的电路是否正常，同时验证故障征兆。经常使用的模拟试验法有振动法、加热法、水淋法及电器全接通法。

1. 振动法

若有些故障只是在振动时出现，可采用振动法进行诊断，如附图 1 所示。这种方法常用于插接器、配线、零件和传感器的检查。

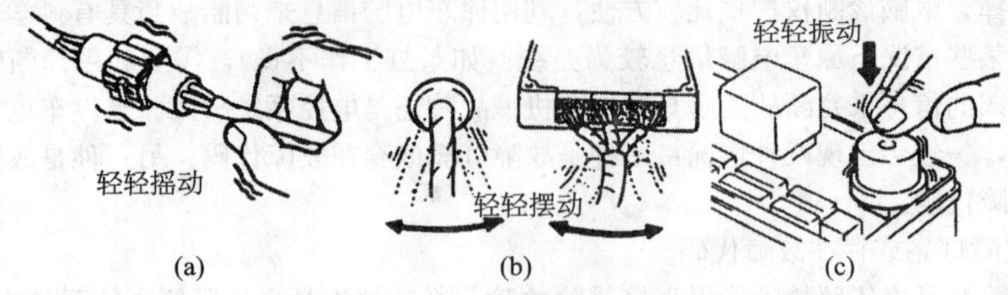

附图 1　用振动法模拟故障

（1）插接器。在垂直和水平方向轻轻摇动插接器，如附图 1a 所示。

（2）配线。在垂直和水平方向轻轻地摆动配线，如附图 1b 所示。插接器的接头、振动支架和插接器体都是应仔细检查的部位。

（3）零件和传感器。用手指轻拍打装有传感器的零件，检查是否失灵，如附图 1c 所示。切记不可用力拍打继电器，否则可能会使继电器开路。

2. 加热法

若有些故障只是在热车时出现，则可能是因为有关零件或传感器受热引起的。可用电吹风或类似加热工具进行故障诊断，如附图 2 所示。但必须注意：加热温度不得高于 60℃（温度限制在不致损坏电子元器件的范围内）；不可直接加热电脑中的零件。

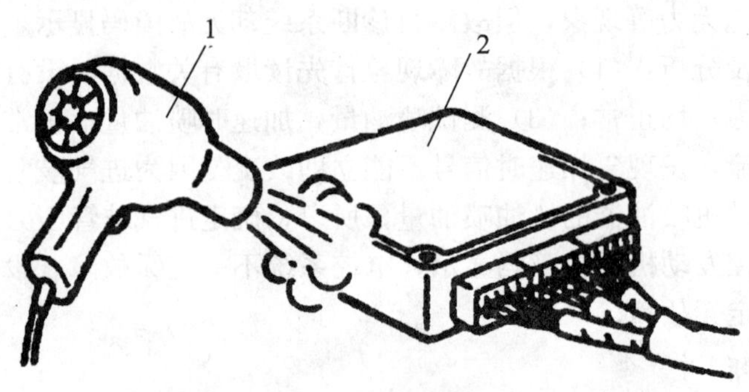

附图 2　用加热法模拟故障

1—电吹风；2—故障电子元件

3. 水淋法

当有些故障是在雨天或高湿度的环境下产生时，可用水喷淋在车辆上，进行故障诊断，如附图 3 所示。但必须注意：不可将水直接喷淋在发动机电控零件上，而应喷淋在散热器前面间接改变湿度和温度；不可将水直接喷在电子器件上；尤其应该防止水渗漏到电脑内部。

4. 电器全接通法

当怀疑故障可能是因用电负荷过大而引起时，可接通车上的全部电气设备，包括点烟器、空调鼓风机、前照灯、后窗除雾器等大功率用电器，观察故障是否再现，这种方法称为电器全接通法。

附图 3　用水淋法模拟故障

附录 B　OBDⅡ故障码规范介绍

OBDⅠ型称为第一代随车诊断装置，主要缺点是不同汽车的诊断插座的规格及故障码的含义不相同，对于综合性维修厂来说，很难用通用仪器来读取故障码。

OBDⅡ称为第二代随车电脑自诊断系统，是由美国汽车工程师协会 SAE 和加州环保组织提出的，统一了汽车故障自诊断的各项技术指标。该规范有三种形式：SAE J-1850 PWM；SAE J-1850 VPW；ISO 9141-2。目前，OBDⅡ故障自诊断规范已被全世界大多数国家所接受。其主要特点是：能大范围地监测发动机电控系统的工作情况，尤其是能重点监测可能造成环境污染的故障。当 OBDⅡ系统监测到发动机的排放污染物超过该车的允许值时，就会点亮故障指示灯。OBDⅡ系统的具体要求如下：

(1) 汽车按标准装用统一的 16 端子诊断座，如附图 4 所示。并将诊断座统一安装在驾驶室仪表盘下方，方便驾驶座上的人使用。

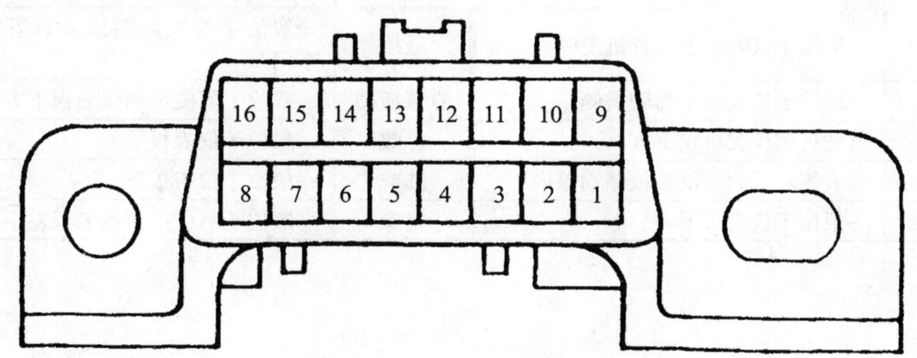

附图 4　OBDⅡ诊断座

(2) OBDⅡ具有数据传输功能，并规定了两个传输线标准：欧洲标准和美国标准。

(3) OBDⅡ具有行车记录功能，能记录车辆行驶过程的有关数据资料；能记忆和重新显示故障码的功能，可利用仪器方便、快速地调取或清除故障码。

(4) 所有汽车的 OBDⅡ的检测引脚的选用各不相同，但电源、搭铁等重要引脚的选用是相同的。

附录 C　常见车型诊断座的安装位置

车型	诊断座位置	车型	诊断座位置
丰田	TOYOTA-17 一般位于仪表板左下侧； SMART OBD Ⅱ一般位于转向柱下方	宝马	525i 和 535i 位于发动机室右侧或左侧； 325 和 635i 位于仪表板下方； 735i 位于发动机左侧
大宇	SMART 一般位于仪表板下； KIA-20 位于驾驶室右侧	奔驰	Benz A 160 一般位于仪表板下驾驶员侧； Benz C180 位于发动机室右后侧； Benz S320. 220 位于底盘仪表板下； Benz S320. 140 位于底盘发动机室右侧； Benz 560SEL 和 300SEL 位于发动机室右侧
起亚	SMART 一般位于仪表板下	马自达	一般位于发动机室内发动机左侧
奥迪	A2、A4/S42000、A6/Allroad1997 位于驾驶员侧仪表板下； A3/S31991～2001 位于中控板内； A4/S41994～2000 位于中控板后侧； 100/A6-1997 位于发电机罩下继电器盒内； A8/S81991～2001 位于前烟灰缸下面； TT1991～2001 位于驾驶员侧仪表板下	大众	帕萨特 1993 位于中控板内，1994～1996 位于转向柱附近，1996～00/09 位于手刹车附近的橡胶垫下； 波罗 1999/10 位于烟灰缸下面，1994～97/07 位于驾驶员手套箱内，1997/08～1999/09 位于仪表板盒内； 甲壳虫位于驾驶员侧仪表板下
		现代	一般位于仪表板下驾驶员侧
日产	一般位于仪表板下收音机左侧	通用	一般位于驾驶员侧仪表板下方靠近车门
三菱	一般位于仪表板下驾驶员侧	克莱斯勒	一般位于驾驶员侧仪表板下方
雷诺	驾驶员侧仪表板左下方	标致	一般位于仪表板下
本田	仪表板左下侧或仪表板储物箱内	陆虎	一般位于仪表板下
索纳塔	一般位于仪表板下	富豪	一般位于驾驶员侧仪表板左下方

附录 D 典型车型发动机电控系统电路图

一、桑塔纳 AJR 发动机 M154 电控燃油喷射系统控制电路图

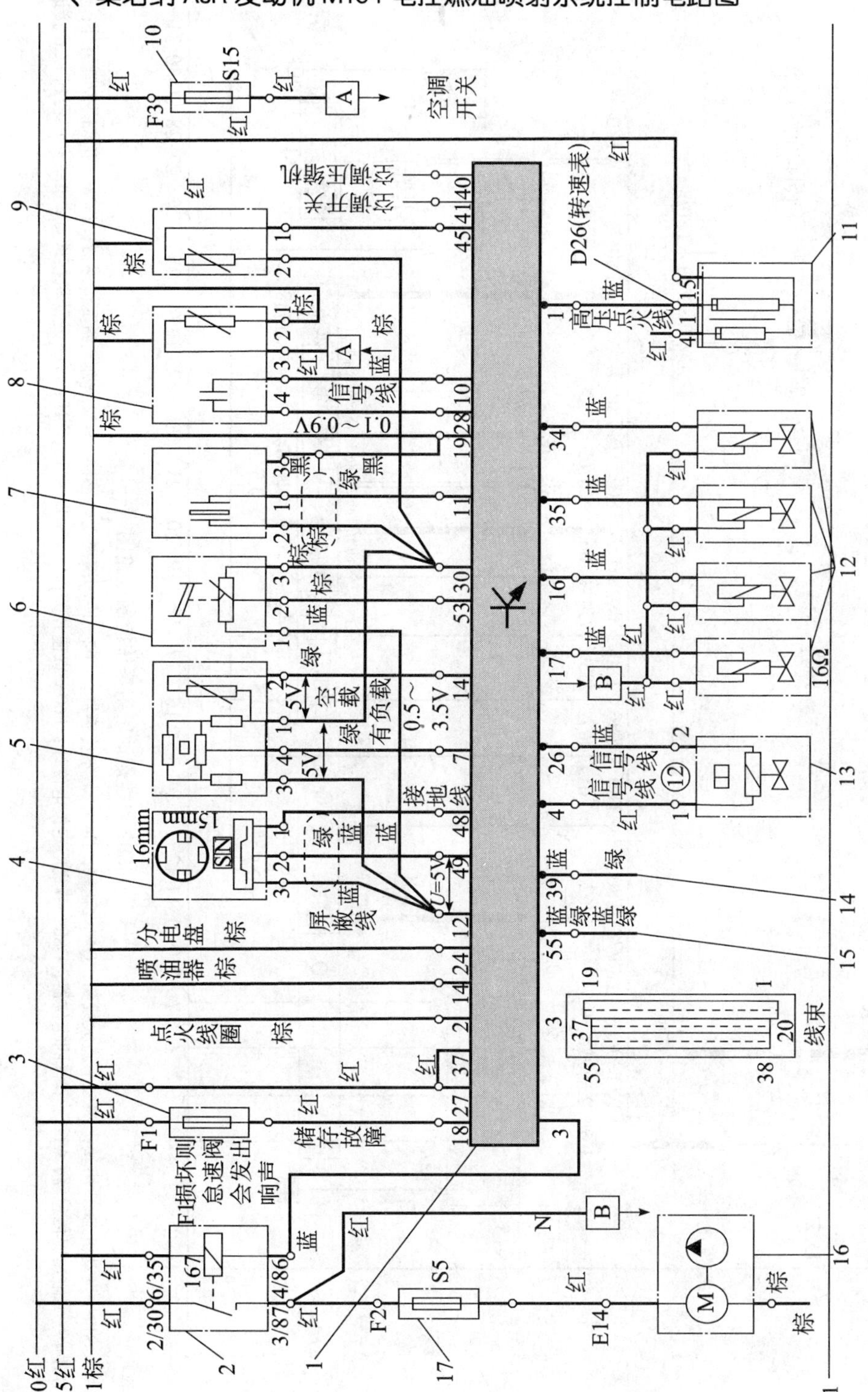

M154 电控燃油喷射系统控制电路图

1—发动机控制单元；2—燃油泵继电器；3—ECU 熔丝；4—霍尔传感器；5—进气歧管压力传感器和进气温度传感器；6—节气门位置传感器；7—爆震传感器；8—氧传感器；9—冷却液温度传感器；10—氧传感器加热丝；11—点火线圈；12—喷油器；13—怠速调节器；14—接地线；15—故障诊断仪接地线；16—电动燃油泵；17—燃油泵保险丝

二、桑塔纳 AJR 发动机 M382 电控燃油喷射系统控制电路图

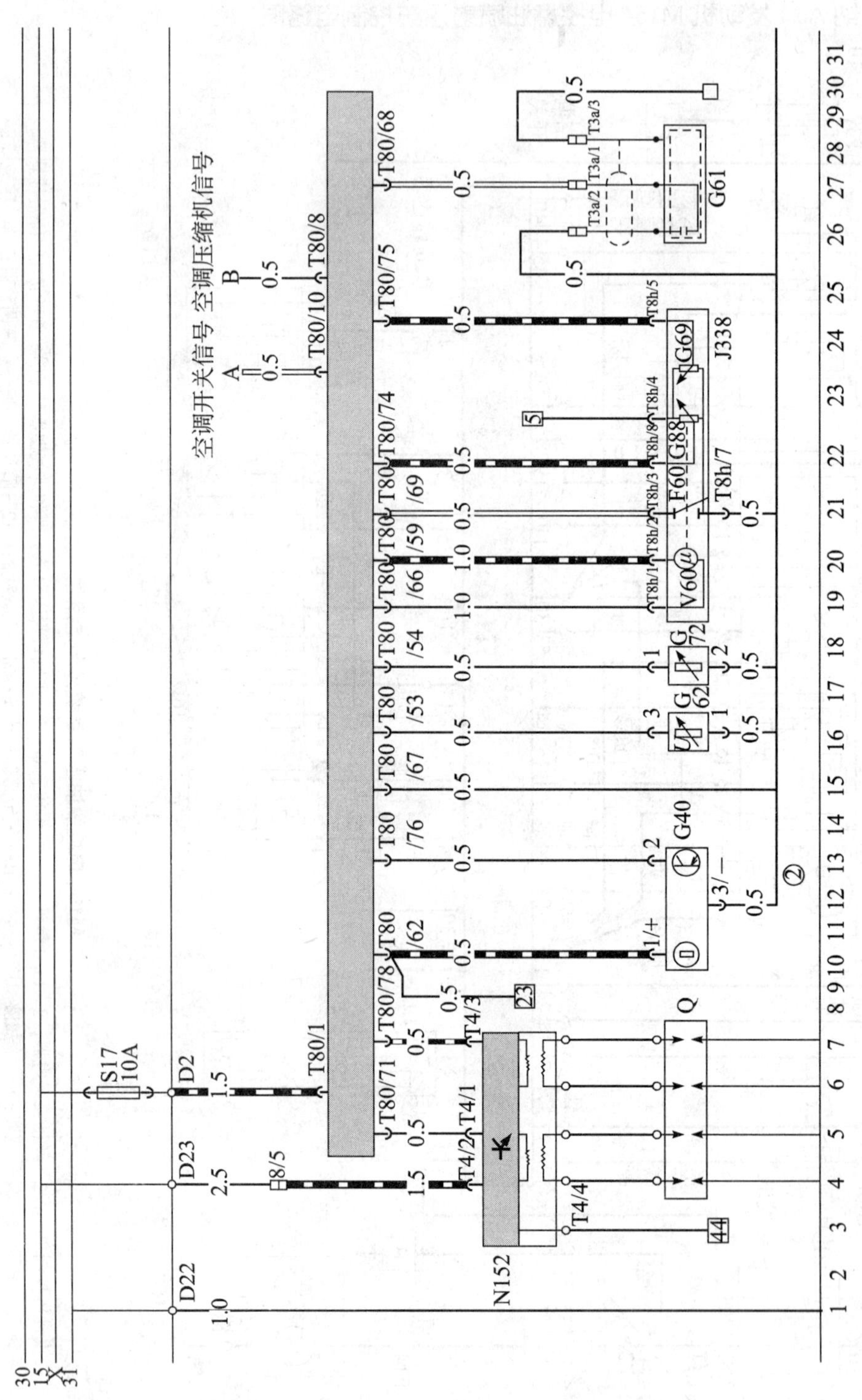

M382 电控燃油喷射系统控制电路图（一）

S17—发动机 ECU 熔丝；N152—点火线圈；Q—火花塞；G40—霍尔传感器；G62—冷却液温度传感器；G72—进气温度传感器；J338—节气门控制组件；

G61—二缸爆震传感器；V60—节气门定位器；G88—节气门定位电位计；F60—怠速开关；G69—节气门电位计；①—发动机接地点；②—传感器到 ECU 接地线

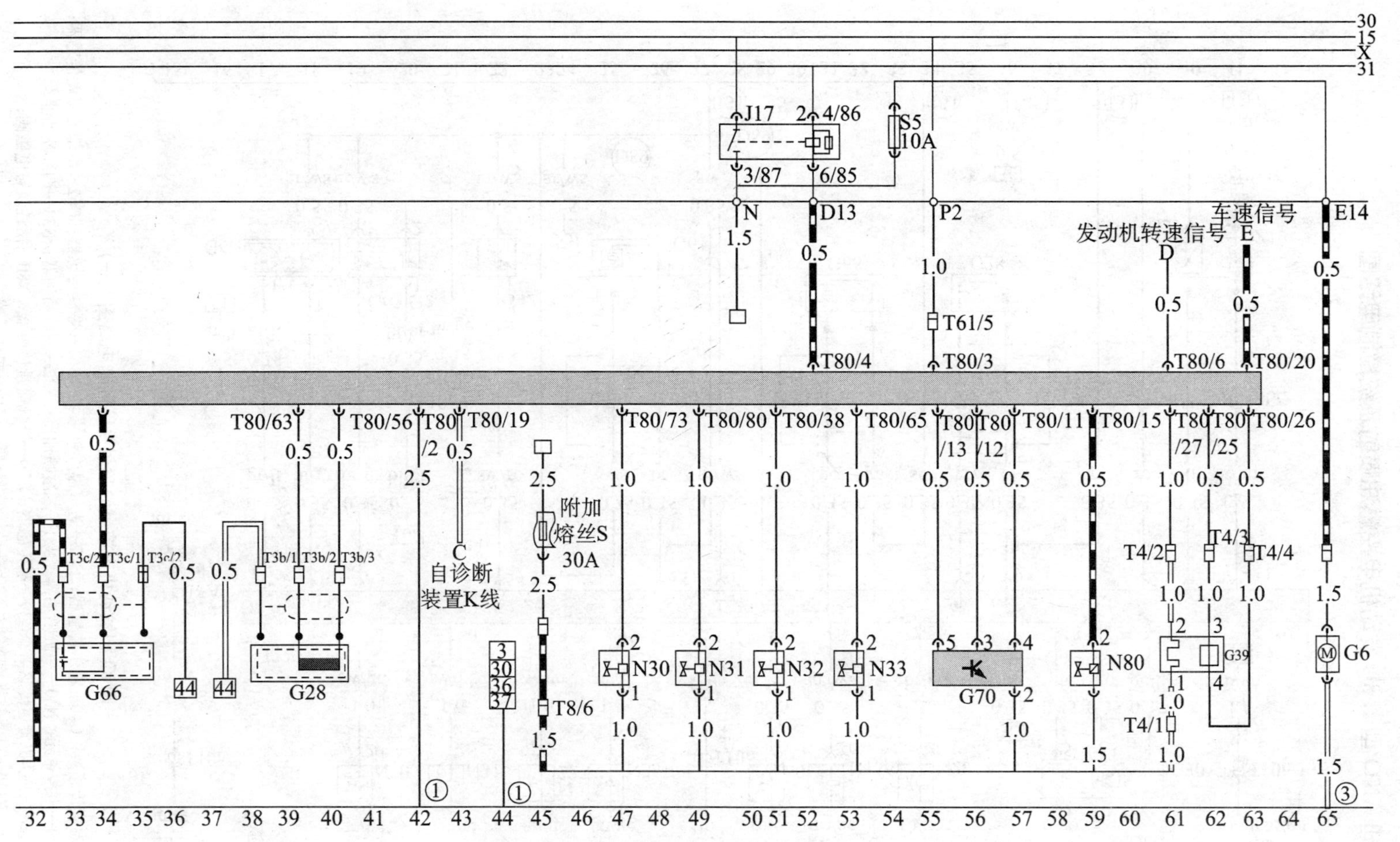

M382 电控燃油喷射系统控制电路图（二）

S5—燃油泵熔丝；J17—燃油泵断电器；G66—三四缸爆震传感器；G28—发动机转速传感器；G70—空气流量传感器；N30——缸喷油器；N32—三缸喷油器；N33—四缸喷油器；N80—活性碳罐电磁阀；G39—氧传感器；G6—燃油泵；①—发动机接地点；③—中央线路板左侧星形接地插座

三、奥迪 ANQ 型 1.8L 发动机电控燃油喷射系统控制电路图

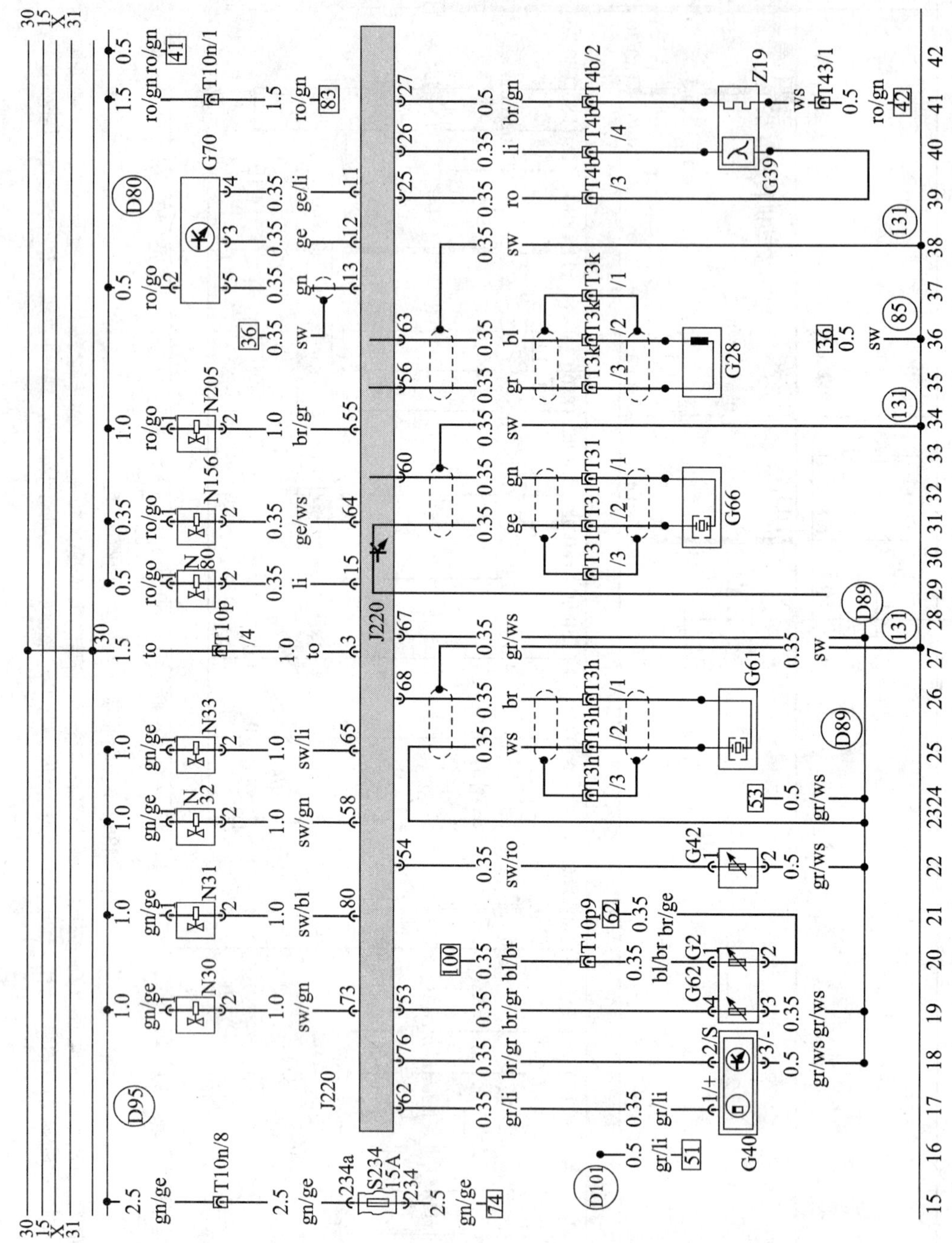

ANQ 型发动机电控燃油喷射系统控制电路图（一）

G2—冷却液温度传感器；G40—霍尔传感器；G42—进气温度传感器；G61—爆震传感器；G62—冷却液温度传感器；J220—电控单元；N30—一缸喷油器；N31—二缸喷油器；N32—三缸喷油器；N33—四缸喷油器；G28—发动机转速传感器；G39—氧传感器；G70—空气流量传感器；N80—活性炭罐电磁阀；N156—进气歧管转换阀；N205—凸轮轴调整阀；Z19—氧传感器加热器；ws—白色；sw—黑色；ro—红色；br—棕色；gn—绿色；bl—蓝色；gr—灰色；li—紫色；ge-黄色

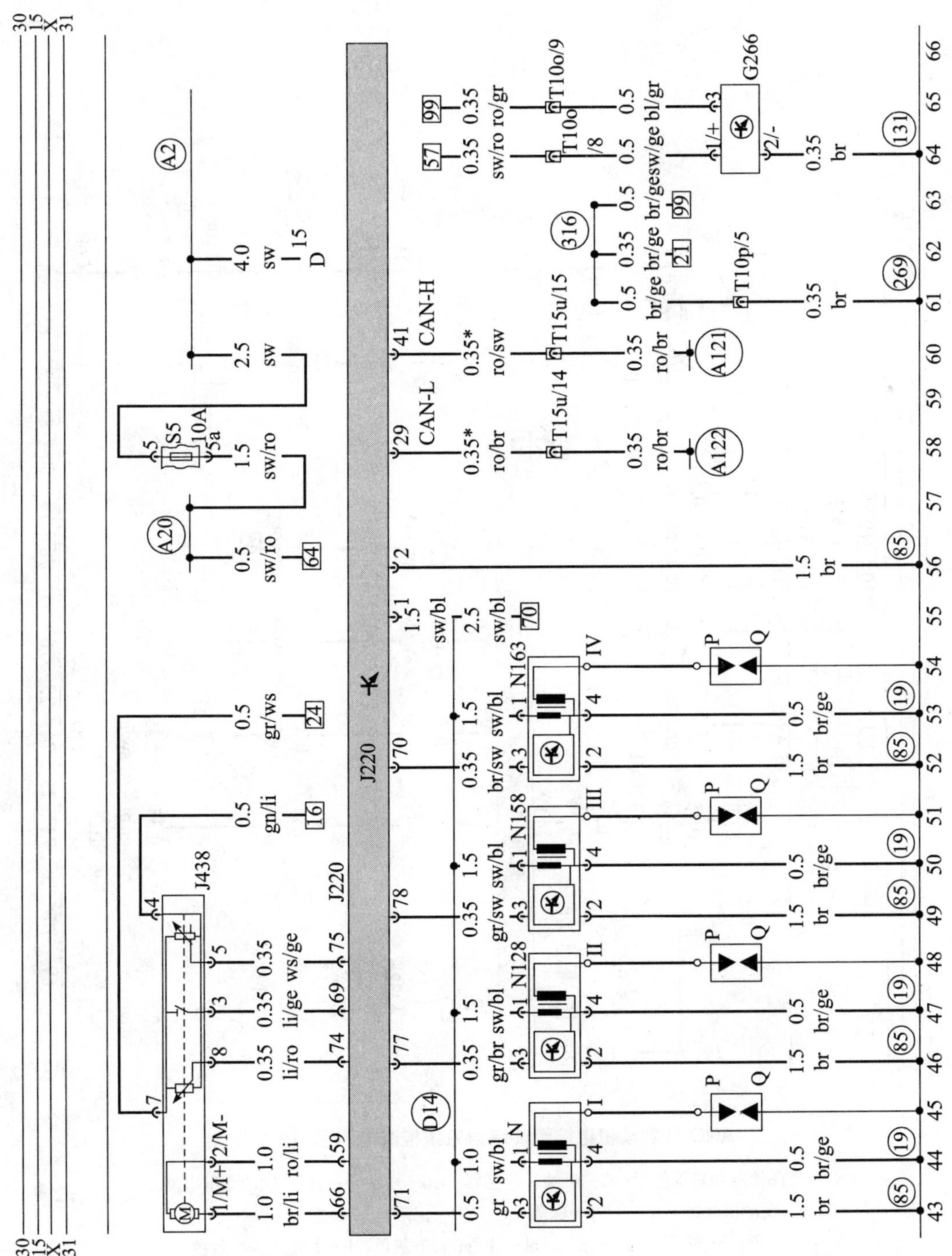

ANQ 型发动机电控燃油喷射系统控制电路图（二）

J220—电控单元；J338—节气门控制单元；N—点火线圈；N128—点火线圈 2；N158—点火线圈 3；N163—点火线圈 4；P—火花塞插头；Q—火花塞；D—点火开关；G266—机油油面高度和温度传感器；ws—白色；sw—黑色；ro—红色；br—棕色；gn—绿色；bl—蓝色；gr—灰色；li—紫色；ge—黄色

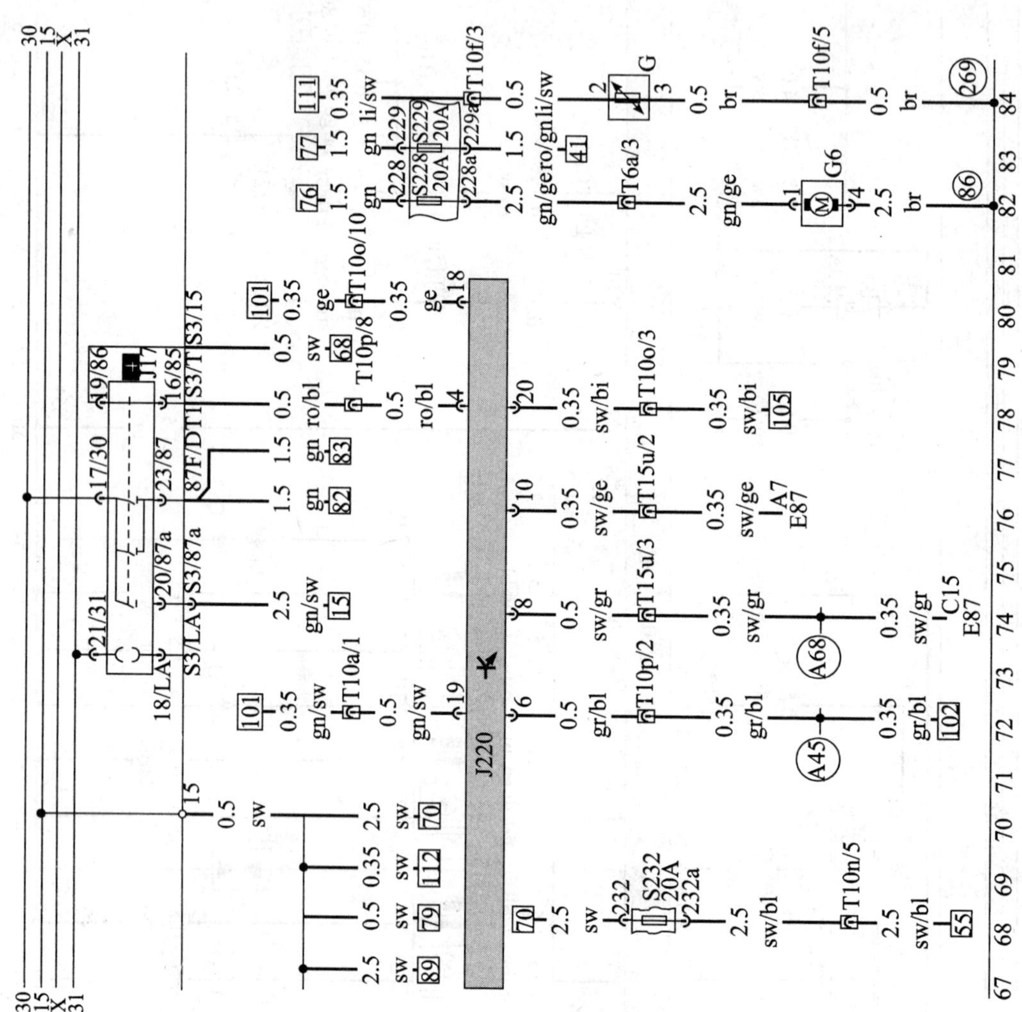

ANQ型发动机电控燃油喷射系统控制电路图（三）

E87—空调控制和显示单元；G—燃油表传感器；G6—燃油泵；J17—燃油泵继电器；J220—发动机电控单元；S228—保险丝；S229—保险丝；ws- 白色；sw—黑色；ro—红色；br—棕色；gn—绿色；bl—蓝色；gr—灰色；li—紫色；ge—黄色

四、奥迪 AWL 型 1.8T 发动机电控燃油喷射系统控制电路图

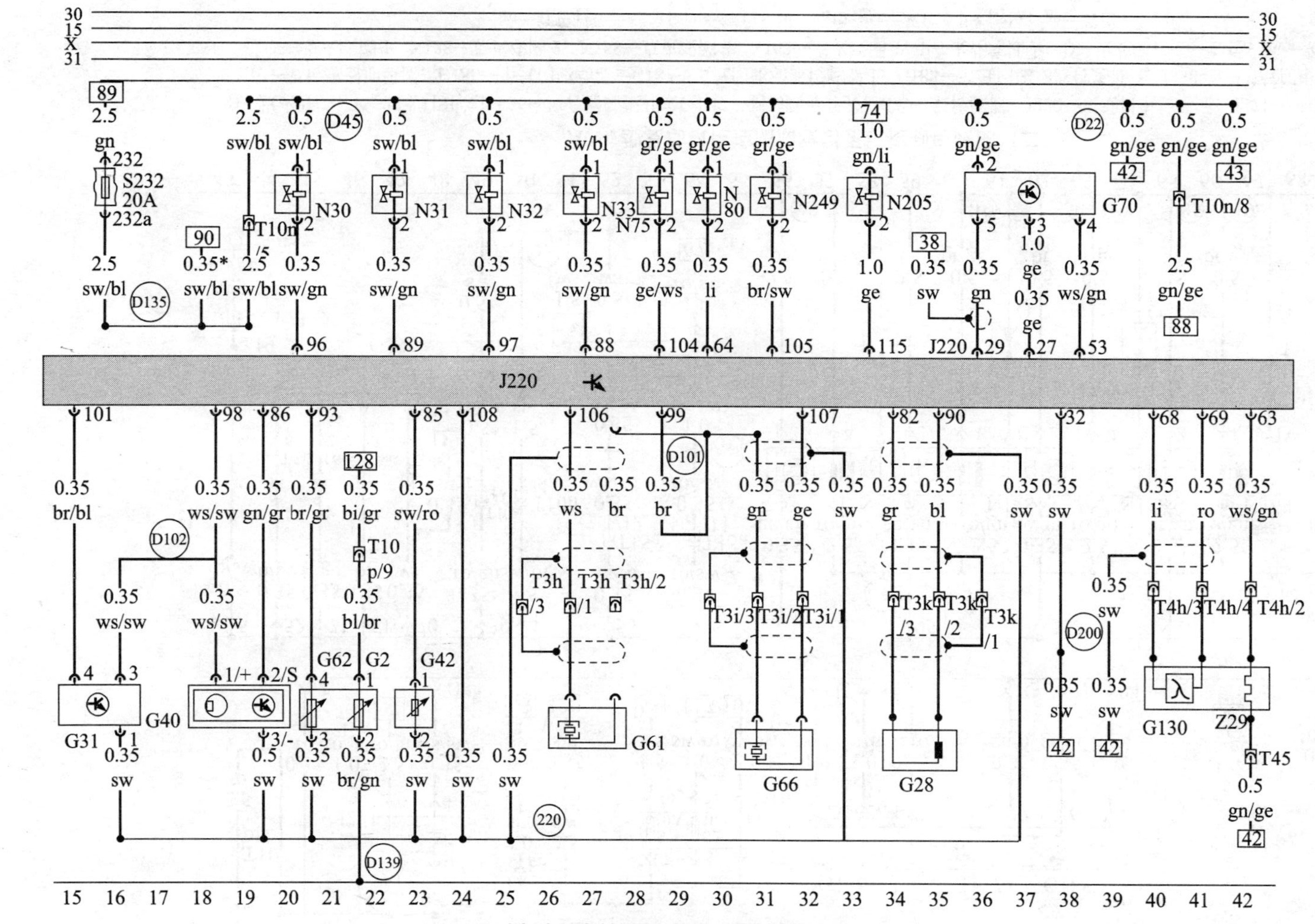

AWL 型发动机电控燃油喷射系统控制电路图（一）

G2—冷却液温度传感器；G31—增压压力传感器；G42—进气温度传感器；G61—爆震传感器；G62—冷却液温度传感器；J220—电控单元；N30—一缸喷油器；N31—二缸喷油器；N32—三缸喷油器；N33—四缸喷油器；G28—发动机转速传感器；G66—爆震传感器；G70—空气流量传感器；G130—副氧传感器；N75—增压压力限制阀；N80—活性炭罐电磁阀；N249—涡轮增压器循环阀；N205—凸轮轴调整阀；ws—白色；sw—黑色；ro—红色；br—棕色；gn—绿色；bl—蓝色；gr—灰色；li—紫色；ge—黄色

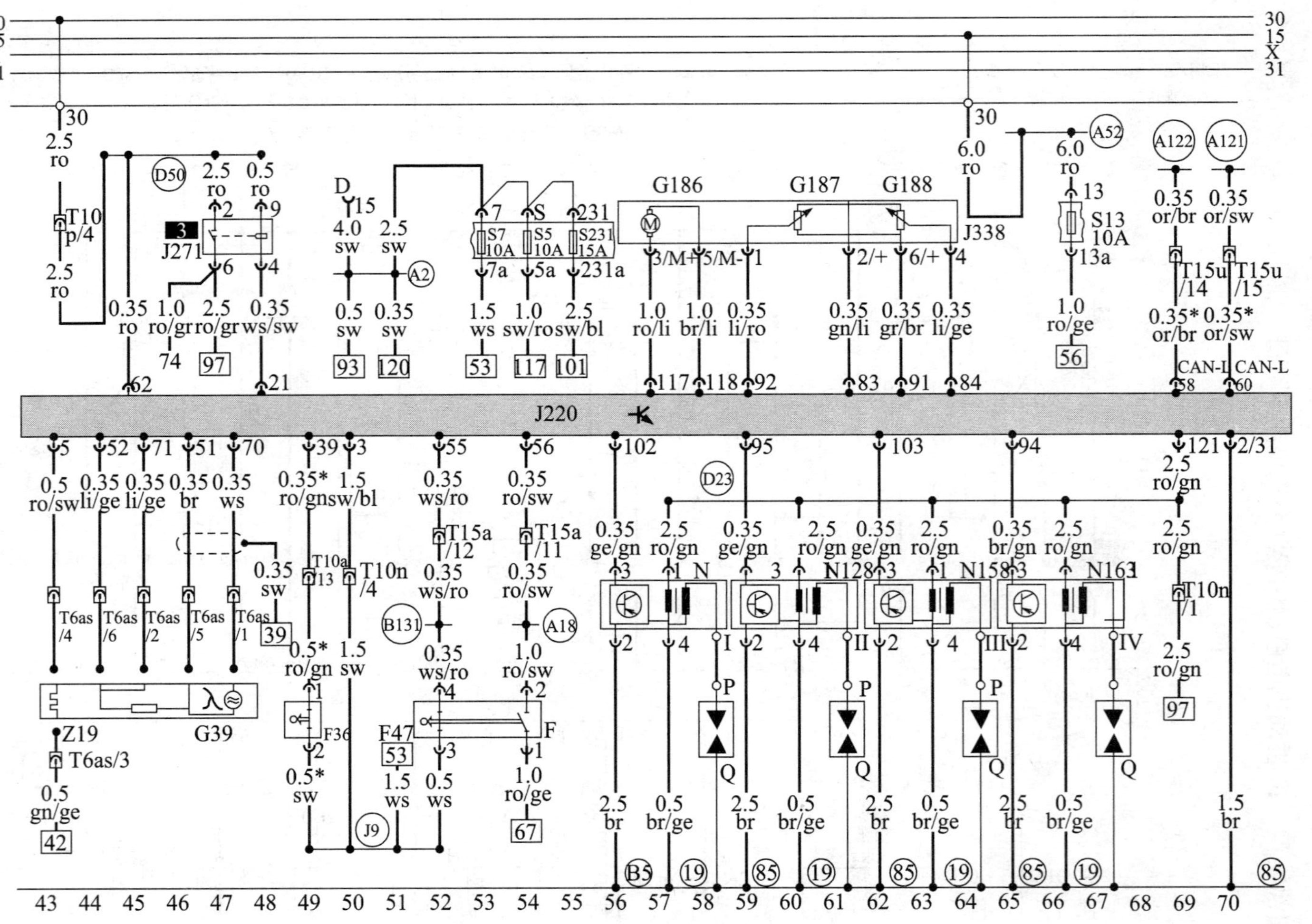

AWL 型发动机电控燃油喷射系统控制电路图（二）

D—点火开关；F—制动灯开关；F36—离合器踏板开关；F47—制动踏板开关；G39—氧传感器；J220—发动机电控单元；J271—供电继电器；Z19—氧传感器加热器；G186—节气门驱动器；G187—节气门驱动器传感器 1；G188—节气门驱动器传感器 2；J338-N—节气门电控单元；N—点火线圈 1；N128—点火线圈 2；N158—点火线圈 3；N163—点火线圈 4；P—火花塞插头；Q—火花塞；ws—白色；sw—黑色；ro—红色；br—棕色；gn—绿色；bl—蓝色；gr—灰色；li—紫色；ge—黄色

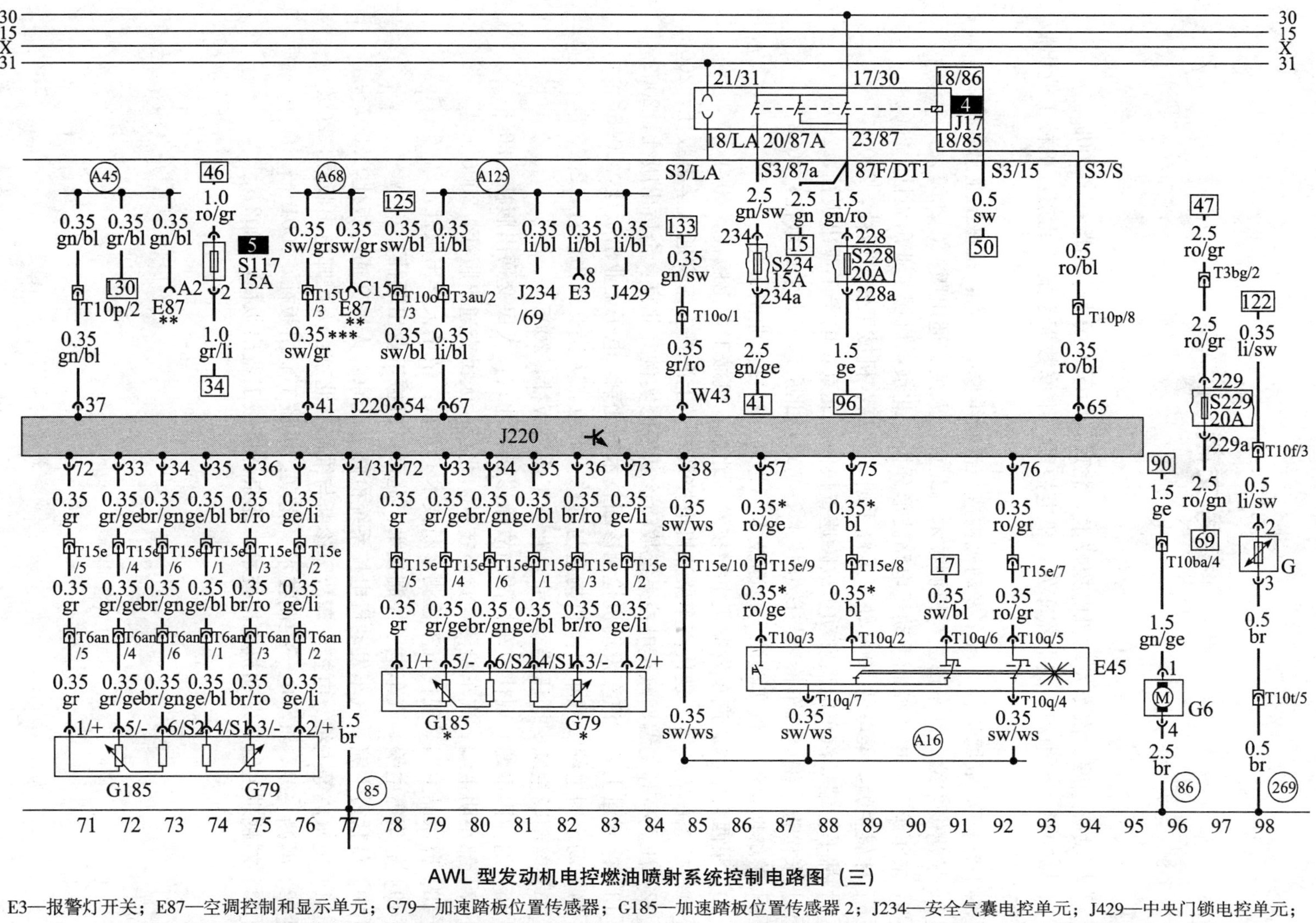

AWL 型发动机电控燃油喷射系统控制电路图（三）

E3—报警灯开关；E87—空调控制和显示单元；G79—加速踏板位置传感器；G185—加速踏板位置传感器 2；J234—安全气囊电控单元；J429—中央门锁电控单元；S117—执行元件保险丝；E45—车速控制开关；G—燃油表传感器；G6—燃油泵；J17—燃油泵继电器；S228—保险丝；S229—保险丝；S234—保险丝；

ws—白色；sw—黑色；ro—红色；br—棕色；gn—绿色；bl—蓝色；gr—灰色；li—紫色；ge—黄色

参考文献

[1] 杨洪庆主编．汽车发动机电控技术．北京：中国人民大学出版社，2009

[2] 杨智勇，代中利主编．汽车发动机电控系统维修数据手册．北京：机械工业出版社，2008

[3] [美] D. 威德尔著．汽车发动机构造与诊断维修．北京：机械工业出版社，2006

[4] 张建俊主编．汽车诊断与检测技术．北京：人民交通出版社，2007

[5] 朱军编著．电子控制发动机电路波形分析．北京：机械工业出版社，2003

[6] 林晨主编．桑塔纳 2000 轿车维修手册．北京：机械工业出版社，2002

[7] 林平主编．汽车电喷发动机故障速查快修．北京：电子工业出版社，2003

[8] 张松青主编．汽车检测与诊断技术．北京：北京理工大学出版社，2008

[9] 董继明主编．汽车检测与诊断技术．北京：机械工业出版社，2006

[10] 张西振主编．汽车发动机电控技术．北京：机械工业出版社，2004

[11] 杨杰民等编著．现代汽车柴油机电控系统．上海：上海交通大学出版社，2002

[12] 汪立亮等主编．汽车电控系统故障诊断检修实例．北京：金盾出版社，2002

[13] 徐元强主编．汽车发动机检测诊断技术．北京：电子工业出版社，2006

[14] 汤定国主编．汽车发动机构造与维修．北京：人民交通出版社，2005

[15] 赵雨旸主编．增压器．北京：化学工业出版社，2005

[16] 刘仲国主编．现代汽车检测与故障诊断．北京：人民交通出版社，2006

[17] 邹小明主编．汽车检测与诊断技术：北京：人民交通出版社，2006

[18] 曹家喆主编．现代汽车检测诊断技术．北京：清华大学出版社，2006

[19] 舒华等主编．汽车电子控制技术．北京：机械工业出版社，2004

[20] 吕秋霞主编．汽车发动机电控系统检修．北京：人民交通出版社，2007

[21] 凌永成等主编．电控汽车故障诊断与维修．北京：人民邮电出版社，2003

[22] 冯渊主编．汽车电子控制技术．北京：机械工业出版社，2001

[23] 刘越琪主编．发动机电控技术．北京：机械工业出版社，2002

图书在版编目（CIP）数据

汽车发动机电控技术实训教程/杨洪庆，张凤云主编．—北京：中国人民大学出版社，2010
21世纪高职高专规划教材．汽车运用与维修系列
ISBN 978-7-300-13214-3

Ⅰ.①汽… Ⅱ.①杨… ②张… Ⅲ.①汽车-发动机-电子系统：控制系统-高等学校：技术学校-教材
Ⅳ.①U464

中国版本图书馆 CIP 数据核字（2010）第 249719 号

21世纪高职高专规划教材·汽车运用与维修系列
汽车发动机电控技术实训教程
主　编　杨洪庆　张凤云

出版发行	中国人民大学出版社		
社　　址	北京中关村大街 31 号	**邮政编码**	100080
电　　话	010－62511242（总编室）		010－62511398（质管部）
	010－82501766（邮购部）		010－62514148（门市部）
	010－62515195（发行公司）		010－62515275（盗版举报）
网　　址	http://www.crup.com.cn http://www.ttrnet.com(人大教研网)		
经　　销	新华书店		
印　　刷	三河市汇鑫印务有限公司		
规　　格	185 mm×260 mm　16 开本	**版　　次**	2011 年 5 月第 1 版
印　　张	16.75	**印　　次**	2011 年 5 月第 1 次印刷
字　　数	330 000	**定　　价**	29.00 元

教师信息反馈表

为了更好地为您服务，提高教学质量，中国人民大学出版社愿意为您提供全面的教学支持，期望与您建立更广泛的合作关系。请您填好下表后以电子或信件的形式反馈给我们。

您使用过或正在使用的我社教材名称		版次	
您希望获得哪些相关教学资料			
您对本书的建议（可附页）			
您的姓名			
您所在的学校、院系			
您所讲授课程名称			
学生人数			
您的联系地址			
邮政编码		联系电话	
电子邮件（必填）			
您是否为人大社教研网会员	□是 会员卡号：___________ □不是，现在申请		
您在相关专业是否有主编或参编教材意向	□是　　□否 □不一定		
您所希望参编或主编的教材的基本情况（包括内容、框架结构、特色等，可附页）			

我们的联系方式： 北京市海淀区中关村大街 31 号
中国人民大学出版社教育分社
邮政编码：100080
电话：010-62515210
网址：http：//www.crup.com.cn/jiaoyu/
E-mail：jyfs _ 2007@126.com